燕京语言学

第五辑

洪波 主编
龙润田 执行主编

学苑出版社

图书在版编目（CIP）数据

燕京语言学．第五辑/洪波主编；龙润田执行主编．—北京：学苑出版社，2023.2
　　ISBN 978-7-5077-6605-9

　　Ⅰ.①燕…　Ⅱ.①洪…②龙…　Ⅲ.①语言学-文集　Ⅳ.①H0-53

中国国家版本馆 CIP 数据核字（2023）第 039984 号

责任编辑：乔素娟
助理编辑：袁博新
出版发行：学苑出版社
社　　址：北京市丰台区南方庄 2 号院 1 号楼
邮政编码：100079
网　　址：www.book001.com
电子邮箱：xueyuanpress@163.com
联系电话：010-67601101（销售部）、010-67603091（总编室）
印 刷 厂：北京建宏印刷有限公司
开本尺寸：710mm×1000mm　1/16
印　　张：16.5
字　　数：259 千字
版　　次：2023 年 2 月第 1 版
印　　次：2023 年 2 月第 1 次印刷
定　　价：148.00 元

前　言

《燕京语言学》是首都师范大学文学院主办的语言学辑刊。首都师范大学是北京市属高校，北京曾称燕京，所以我们使用了"燕京"这个名号。首都师范大学的语言学有汉语言文字学、语言学及应用语言学、古典文献学、汉语国际教育、少数民族语言文学以及自主增设的语言智能等6个二级学科，目前有专任教师和研究人员27人。人数虽然不算很多，但中国语言文学一级学科下面的语言学二级学科齐全，这在全国普通高校中还是不多见的。

多年来，我们致力于学科方向的凝结，经过几代学人的共同努力，成果丰硕，基础坚实，已初步形成了自己的特色。包括黄天树教授领衔的古文字研究，冯蒸教授、洪波教授、黄树先教授领衔的汉语史研究及汉藏语比较研究，周建设教授、史金生教授领衔的语言智能研究。为了展现学科的成果，我们编辑出版了《燕京语言学文存》，选辑本学科老师已经刊发的旧作，旧尘重拂，历久弥新，诠次一新，犹有可观者焉。为了鼓励学术创新，自第三辑始，特更名为《燕京语言学》，倡导首发新作。改名后的《燕京语言学》主要发表与我校各语言学二级学科相关的著作，除刊发校内教师新作旧著，我们也诚邀海内外语言学宿儒和学界新锐才俊惠赐佳作。

中国少数民族语言文学研究是首都师范大学语言学研

究的重要组成部分。同时，我院也是中国少数民族语言研究的重镇。本学科由洪波教授和黄树先教授领衔，主要开展汉语史研究、汉藏语比较研究。洪波教授的上古汉语形态句法研究和汉语语法化研究处于国内外先进行列，黄树先教授的汉藏语核心词比较研究和他创立的比较词义学不仅成为汉藏语比较研究的一个新的学术领域，也是当前及今后国际词汇语义学研究的一个新的方向。本辑主要是由本学科历年举办"燕京民族语文工作坊"的参会论文和相关领域的邀稿论文组成，包括少数民族语言语音、少数民族语言调查、少数民族语言语法、少数民族语言文献等方面的论文著作，旨在推进中国少数民族语言研究与西方现代语言学结合，促进中国少数民族语言的研究发展。

编　者

2022 年 7 月 5 日

目　录

从音系看金龙岱话的系属问题 …………………………… 毕笑妍　洪　波 1
上古汉语借词略说 …………………………………………………… 黄树先 25
现代藏语复合名词的构词方法 ……………………………………… 江　荻 38
江沙维《华葡字典》的官话注音 ………………………… 邵则遂　孙玺济 59
略论《纯常子枝语》的民族语文研究 ……………………………… 曹海东 79
西北接触方言引语标记的复杂用法 ………………………………… 敏春芳 97
试论民族语中汉借词的主借层年代考证
　　——以藻敏瑶语油岭土话为例 ………………………………… 龙国贻 112
海南三亚港门话的语音系统及声调层次 …………………………… 刘春陶 123
藏语后缀-n 的语义句法功能 ………………………………………… 邵明园 147
海南闽语琼海话的"啫/吽" ………………………………………… 杨望龙 160
侗语竹坪话概况 ……………………………………………………… 龙润田 183
彝语他留话名量词研究 ……………………………………………… 段秋红 206
基于《爨文丛刻》的彝语"木"义词研究 ………………………… 吴　娟 221
卢舍依语代词研究 …………………………………………………… 邹学娥 237
老挝语核心词"胸（乳）"研究 …………………………………… 付　妮 251

从音系看金龙岱话的系属问题

毕笑妍　洪　波

摘　要：文章以广西壮族自治区龙州县金龙镇岱话为研究对象，通过田野调查，以历史语言学为理论框架，在对金龙镇岱话的语音系统进行描写的同时，通过与原始台语、龙州土语、西双版纳傣语以及金平傣语等中支、西南支台语进行对比分析，从音系关系的远近程度的角度来确定位于中越边境地区龙州县金龙镇岱话的系属问题。

关键词：金龙岱话；语音系统；系属

一、金龙镇概况及语言使用情况

金龙镇位于广西壮族自治区崇左市龙州县西北部，距县城约55千米，东边与逐卜乡毗邻，西边与越南接壤，边境线长达35千米，北靠大新县宝圩乡，南临武德乡。金龙镇全镇总面积197.3平方千米，下辖15个行政村，128个自然屯，156个村民小组，现有人口约2.98万人。由于金龙镇在地理位置上位于广西壮族自治区，因此金龙镇岱人族群在国内就被归入壮族，并将其语言归入壮语。金龙镇有两个民族：一个是壮族；另一个是从广东等地迁过来的汉族。居民有三种：布傣、布侬、布广，即傣人、侬人、广人。布傣、布侬属于壮族，1958年以前称傣族，广西壮族自治区成立后，归为壮族。

越南的岱侬族和我国的壮族，特别是和中越边境地区的壮族被称为"同根生的族群"，因为政治区域划分，中越边境两侧的人在两个国家被划分成不同的民族。在越南，布傣人被划分为岱族，布侬人被划分为侬族，而我国则将其统归入壮族。金龙镇有4个村民委员会、21个村民小组与越南接壤，边境线对面与金龙镇毗邻的是越南北部高平省下琅县的陇棯、陇喉等几个乡镇，居住在这里的越南人自称"pho³³ thai³¹"（布岱），也即傣人，两国边境人民中的傣人语言相通，有着共同的习俗，传统还可通婚。由于金龙镇壮族人自称"pho³³ thai³¹"（布岱），故本文以"岱话"来命名金龙镇傣人所操的语言，而本文所称的"岱话"与民族认定无关。

我们所调查的双蒙村板池屯隶属金龙镇，位于金龙镇东南部，在当地也称为"美女村"，以村中的"美女泉"而闻名，属于黑傣民族群，是当地布傣的代表村屯。由于历史上傣人和侬人地位的悬殊差异，该村传统不与侬人、汉族人通婚，只与黑傣人通婚，通婚范围在金龙黑傣和越南黑傣之内。该屯居民与上文提到的越南北部傣人自称一致，均为"pho³³ thai³¹"，人口约700人。该屯除个别年纪极大的老者外，现有人口均能听懂普通话，都不同程度地使用汉语普通话、桂柳话或白话。中华人民共和国成立后金龙镇的基础教育早期主要以桂柳话作为教学语言，21世纪以来逐渐改为普通话，间或使用白话作为教学语言。该屯傣人所说的话与周围自称侬人的语言有一些差异，该屯居民基本上都能说侬人的语言，也能区分侬人的语言和自己的语言。

我们的发音合作人为双蒙村板池屯村民农华，75岁，初中文化，家中共9口人，老伴已经过世，儿子和女儿已经不在屯里生活。曾当过10年左右泥瓦工，没有长期外出过，懂一点儿普通话。交流时我们所说的普通话，发音人大致能听懂，不会讲桂柳话，会说白话，和家里人讲本族语。20世纪50年代曾学过壮文，据发音人回忆，上小学时老师讲课使用当地土话，读书音为桂柳话。

二、金龙岱话语音系统

（一）声母及声母例词

金龙岱话声母共有24个，单声母22个，唇化声母2个：

表1 金龙岱话声母表

声母	例词	声母	例词
p	姐妹 pa²⁴na³³，肺 pət⁵⁵	ph	云 pha²⁴，朋友 phi³³nɔːŋ¹³¹³
ɓ	山坳 ɓa³³ça⁵³，泉水 ɓo³³	m	天 me³³fa¹³¹³，霜 mɯːi⁵³
f	火 fai³¹，石灰 fɔːi⁵³	v	太阳 ha⁵³van³¹，浪 vup³¹vaːp⁵⁵
w	水牛 waːi³¹，甜 waːn⁵³	t	土 tom⁵³，外祖 pʰo³³ta³³

续表

声母	例词	声母	例词
th	处所 thi³³，路 thaːŋ³¹	ɗ	阳光 ɗeːt³³，雷 ɗaŋ⁵³
n	露水 naːi³¹，水田 na³¹	ɬ	雪 ɬiːt⁵⁵，旱地 ɬai³³
l	风 lom³¹，酒 lau²⁴	tɕ	曾祖 tɕo¹³¹³，蘑菇 tɕɔːp³³
ȵ	闪（闪电）ȵeːp³³，草 ȵa²⁴	ɕ	隔壁 ɕauɯ²⁴ ɕaŋ²⁴，现在 ɕi³³ nai¹³¹³
j	蒸汽 jaːi⁵³，药 ja⁵³	k	山脚 kok⁵⁵ ɕa⁵³，金子 kim⁵³
kh	坑 khum⁵³，人 khən³¹	ŋ	傻 ŋɔːŋ³³，银子 ŋən³¹
ʔ	虹 ŋu³¹ ʔa⁵³，烟 ʔiːn⁵³ ɓau⁵³	h	石头 hin⁵³，耽误 hu²⁴
kw	宽 kwaːŋ²⁴，聪明 kwaːi⁵³	khw	裤子 khwa³³，周围 khwaŋ³¹

声母说明：

1）金龙岱话舌面前音和舌叶音没有对立，送气塞擦音和擦音也没有对立，是自由变体。ɕ 的音位变体有 tɕh、ʃ、tʃh，tɕ 的音位变体为 tʃ，记音时按照发音人的发音习惯以及出现频率的高低，统一处理成 ɕ 和 tɕ。如鱼 tɕa⁵³（tʃa⁵³），近 ɕauɯ²⁴（ʃauɯ²⁴），澄（清）tɕaŋ²⁴（tʃaŋ²⁴）。

2）b、d 有前喉塞音，记为 ɓ、ɗ。

3）w 和 v 单独作声母的时候有对立。

（二）韵母及韵母例词

金龙岱话共有 111 个韵母，单元音韵母 8 个，复合元音韵母 103 个：

表 2　金龙岱话韵母表

韵母	例词	韵母	例词
i	月亮 ɕi³¹ fa¹³¹³，年长 phi³³	it	玄孙 lit⁵⁵，笔 pit⁵⁵
iu	提、挎 ȵiu²⁴	iːt	雪 ɬiːt⁵⁵，省（钱）ɬiːt⁵⁵
iːu	桥 khiːu³¹，跳 thiːu³³	ik	翅膀 pik⁵⁵ kai³³，一亿 jik⁵⁵ nəŋ³³
in	吃 kin⁵³，穿山甲 to⁵³ lin³³	iːk	霹雷 fa¹³¹³ khiːk⁵³，事件 fiːk³³
iːn	萤火虫 niːŋ⁵³ hɔːi²⁴，烟 ʔiːn⁵³	ɪu	凿 ɬɪu⁵⁵，拇指 nɪu¹³¹³ me³³
iŋ	人中 ȵan¹¹ tɕiŋ³³	ɪn	他 mɪn³¹，那 mɪn²⁴
iːŋ	锈 niːŋ²⁴，平 phiːŋ³³	ɪŋ	兵 pho³³ tɪŋ⁵³，蚂蟥 pɪŋ⁵³
im	尝（味道）ɕim³¹，金子 kim⁵³	ɪm	咸 khɪm³¹，饱 ʔɪm³³
iːm	剑麻 kiːm³³ ma³¹，念 niːm³¹	ɪp	指甲 lɪp³³ muɯ³¹，十 ɬɪp⁵⁵
ip	蹄 kip⁵⁵，活 ɗip⁵⁵	ɪt	鸭子 pɪt⁵⁵，七 tɕɪt⁵⁵
iːp	脾 lin¹³¹³ thiːp⁵⁵，褶（衣服）tɕiːp⁵⁵	ɪk	铁 lɪk⁵⁵，小孩 luk³³ ɗɪk⁵⁵

续表

韵母	例词	韵母	例词
e	老太太 me³³，伯父 hoː³¹ ke³³	aːk	额头 na²⁴ ɕaːk³³，果子 maːk⁵⁵
eːu	窑 ȵeːu³¹，豹子 pheːu²⁴	ɔːi	螺蛳 hɔːi⁵³，背（书）phɔːi³³
en	鲇鱼 tɕa⁵³ ʔen²⁴，翻（沙）pen²⁴	ɔn	本事 pɔn²⁴ɫai³³，一寸 ɕɔn³³ nɔŋ³³
eːn	跑 leːn³³，辩（论）peːn²⁴	ɔːn	前妻 me³³ kɔːn³³，蚕 mɔːn¹³¹³
eŋ	回声 voːi³¹ heŋ⁵³	ɔŋ	二 ɫɔŋ⁵³，象棋 tɕɔŋ³¹ khi³¹
eːŋ	婴儿 luk³³ ʔeːŋ⁵³，蝉 veːŋ³³ veːŋ³³	ɔːŋ	平坝子 ɗɔːŋ²⁴，年幼 nɔːŋ¹³¹³
eːm	腮 ko³³ keːm²⁴，贴 neːm⁵³	ɔm	含（糖）ʔɔm⁵³，热 pɔm⁵³
eːp	赶（走）theːp³³，秕子 keːp³³	ɔːm	香 hɔːm⁵³，染（布）ȵɔːm¹³¹³
eːt	晴天 ɗeːt³³，八 peːt³³	ɔp	墨盒 khɔp³³ mɤk³¹，啃（甘蔗）khɔp⁵⁵
ə	或者 və³¹ tɕe²⁴，答应 fəʔ³³	ɔːp	鱼泡 pɔːp³³，蘑菇 tɕɔːp³³
ən	雨 phən⁵³，人 khən³¹	ɔːt	叮（人）ɗɔːt³³，焐（热）hɔːt⁵⁵
əŋ	一 nəŋ³³，遇见 thəŋ⁵³	ok	六 hok⁵⁵
ət	肺 pət⁵⁵，吸（水）ɗət⁵⁵	ɔːk	雾 mɔːk⁵⁵，花 jɔːk³³
ək	公水牛 waːi³¹ thək³¹	o	井 бo³³，曾祖 tɕo¹³¹³
a	月亮 ɕi³¹ fa¹³¹³，河 tha³³	oːi	放（鸟）tɕoːi³³，对面 toːi³³ na²⁴
ai	火 fai³¹，肠子 ɫai²⁴	on	毛 khon⁵³，熬（药）ʔon³³
aːi	露水 naːi³¹，棉花 phaːi²⁴	oːn	松鼠 tɕoːn²⁴，蒜 ɫoːn³³
au	别人 hau⁵³，内兄 kau¹³¹³	oŋ	公公 ho³¹ ʔoŋ⁵³，簸箕 ŋe³³ ɗoŋ²⁴
aːu	女儿 luk³³ ɫaːu⁵³，饭 tɕaːu³³	oːŋ	函洞 koːŋ⁵³，蓓蕾 moːŋ³³
aɯ	场（集）faɯ³³，你 maɯ³¹	om	风 lom³¹，土 tom⁵³
an	拧（毛巾）pan²⁴，梦 phan⁵³	oːm	蟋蟀 loːm³³
aːn	木炭 thaːn³³，编（篮子）ɫaːn⁵³	op	田鸡 kop⁵⁵，敲（门）top⁵⁵
aŋ	牢（监狱）ɕaŋ⁵³，鼻子 ɗaŋ²⁴	oːp	满月 ɗo⁵³ khoːp⁵⁵，（用锤子）砸 thoːp³³
aːŋ	场（集）haːŋ³³，巫师 pho³³ ɕaːŋ³¹	ot	疙瘩 khot⁵⁵，缩（小）hot⁵⁵
am	想法 nam²⁴，晚上 kham³³	oːt	霉变 moːt⁵⁵，泼（水）phoːt⁵⁵
aːm	谜语 kaːm⁵³，三 ɫaːm⁵³	ok	戳 ɕok³¹，鸟 nok³¹
ap	肝 tap⁵⁵，玉米 бap⁵⁵	oːk	山谷 loːk³³，冒（烟）ʔoːk³³
aːp	坛子 thaːp³¹，搭（车）taːp³³	ɤ	上（街）mɤ³¹，剩（下）lɤ³³
at	跳蚤 mat⁵⁵，抠 vat⁵⁵	ɤŋ	久 hɤŋ⁵³，哼 hɤŋ⁵³
aːt	疮 бaːt³³，擦（玻璃）ɕaːt³³	ɤːp	腌 ʔɤːp³³
ak	贼（小偷）lak³¹，萝卜 laːu³¹ fak³¹	ɤːt	血 lɤːt³³，臭虫 to⁵³ lɤːt³³

续表

声母	例词	声母	例词
ɤk	深 dɤk⁵⁵，墨水 mɤk³¹	ɯːi	霜 mɯːi⁵³，鸢儿 thɯːi¹³¹³
u	洞 ɬu³¹ tom⁵³，户 hu²⁴	ɯn	竹鼠 ʔɯn²⁴，柴 fɯn³¹
ui	杯子 pui³³，（风）吹 ɕui⁵³	ɯːn	人家 tɯːn³¹，蚯蚓 ɗɯːn⁵³
uːi	瞳仁 muːi⁵⁵ ɬiːn³³，粪箕 kuːi⁵³	ɯŋ	赏 tɕɯŋ²⁴，筛（米）ɕɯŋ⁵³
un	断（气）thun²⁴ hi⁵⁵，换 hun³³	ɯːŋ	边 ɓɯːŋ²⁴，糖 thɯːŋ³¹
uːn	园子 ɬuːn⁵³，罐子 kuːn³³	ɯm	忘记 lɯm³¹，闻 ɗɯm⁵³
uŋ	田地 thuŋ³³，蚊子 ȵuŋ³¹	ɯːm	大山洞 ŋɯːm³¹ ɕa⁵³
uːŋ	卵泡 phuːŋ³¹ ham⁵³，皇帝 vuːŋ³¹ tai³³	ɯp	火钳 maːk⁵³ khɯp⁵⁵
um	坑 khum⁵³，陷 lum⁵⁵	ɯːp	抢劫 kɯːp³³，蜂房 thɯːp⁵⁵
up	浪 vup³¹ vaːp⁵⁵，抽（烟）ɕup⁵⁵	ɯt	焖（饭）ɓɯt⁵⁵，投（球）ɕɯt⁵⁵
ut	掘 khut⁵⁵，稠（粥）khut³³	ɯːt	发烧/热 ɗɯːt³³
uːt	三月三 ɬaːm⁵³ ȵuːt³³ tɕho⁵³ ɬaːm⁵³	uk	胸脯 ʔuk⁵⁵，打（赌）tuk⁵⁵
uk	儿子 luk³³，鼻涕 muk³³	ɯːk	上腭 hɯːk⁵⁵，树皮 pɯːk³³
ɯ	盐 kɯ⁵³，指甲 lɪp³³ mɯ³¹		

韵母说明：

1）长音节裂化很容易衍生出一个 ə 尾，易读成复合元音，这时尾音会有 oə、uə 的听感，如豆子 tho³³、迷（眼）ku³³ kaːi³³ khau²⁴ ha⁵³ 的"tho³³""ku³³"单念时会出现"oə""uə"音。由于金龙岱话韵母长音的这种韵腹末端的央化现象，长高元音在未来有可能衍生出一个尾音 ə，如 u > uə，i > iə。

2）一号元音 i、一号半元音 ɪ 和二号元音 e 共存，但一号半元音 ɪ 没有长元音，听感与二号元音 e 差异大，有音位对立，如鸭子 pɪt⁵⁵、笔 pɪt⁵⁵；鲇鱼 tɕa⁵³ ʔen²⁴、豪猪 mɪn²⁴。

3）七号不圆唇元音 ɤ 和八号不圆唇元音 ɯ 在作单元音韵母时有明确对立，如上（街）mɤ³¹、和手 pha²⁴ mɯ³¹。

4）金龙岱话没有介音 j。

5）央元音 ə 没有长元音。

（三）声调及声调例词

金龙岱话一共有 9 个调类，6 个调值，调类与调值的匹配关系如下：

表3 金龙岱话声调表

调类	调值	例词
1	53	金子 kim⁵³，皮肤 naŋ⁵³
2	31	人 khən³¹，糠细 ɬaːm³¹
3	24	粮食 khau²⁴，布 phaːi²⁴
4	1313	水 nam¹³¹³，肉 nɯ¹³¹³
5a	55	兔子 thɔ⁵⁵，小 ɬai⁵⁵
5b,6	33	饱 ʔɪm³³（5b），母亲 me³³（6）
7	55	做 hɪt⁵⁵，上腭 hɯːk⁵⁵
8	31	窄 khap³¹，逮 khap³¹
9	33	嘴 paːk³³，儿子 luk³³

声调说明：

1）根据与原始台语声调系统的对应，在声调整理中我们将第5调处理成5a和5b两类，5a调值为55，5b和第6调合并，调值为33。

2）金龙岱话带塞音韵尾的音节有三个调值：33、55、31，高平调55记为第7调，低降调31记为第8调，中平调33记为第9调。

3）在语流中第四调的曲折调1313容易音变为24或31。

4）声调类型有平调、升调、降调和曲折调，平调和降调都区分高低。

三、金龙岱话的系属问题

（一）从声母系统看金龙岱话的系属问题

声母的历时演变在语言系属关系的判定上起着至关重要的作用。法国学者马伯乐（H. Maspero）在判断系属问题时曾提出过两套分类方案：一个是按照原始台语浊塞音以及带先喉塞音的浊声母的发展演变分类；另一个是按照原始台语复辅音声母的演变分类。他认为前者似乎更为可取，但也提到对台语进行更仔细的词汇研究可能更加可靠。（李方桂，2011）[1]

---

[1] 本书采用"（李方桂，2011）或（1981）（李方桂，2011：35）"作为论点文献出处，后文"参考文献"再附详细信息，全书同。

首先，我们从原始台语复辅音在金龙岱话的演变情况来看，金龙岱话的唇音、舌根音复辅音有演变为舌叶音的情况。

在共时层面，金龙岱话的舌面前音与舌叶音没有对立，送气塞擦音和擦音也没有对立，是自由变体。ɕ 的音位变体有 tɕh、ʃ、tʃh 三个，tɕ 的音位变体为 tʃ，我们将舌面前音和舌叶音统一处理成了 tɕ 和 ɕ，但是在调查的过程中会注意到有一部分词的声母为舌叶塞擦音 tʃ 和舌叶清擦音 ʃ 的特征是非常明显的，通过对比龙州话、武鸣话以及台语西南支等方言，我们认为这两个舌叶音主要来源于李方桂先生所构拟的原始台语中的唇音复辅音和舌根音复辅音，并且与龙州演变为腭化音的词汇基本相对应。而舌面前音与舌叶音不产生对立也是由于读这两类音的词是互补的，只有原始台语唇音复辅音和舌根音复辅音的部分词，才会在金龙演变为舌叶音，与原本演变为舌面塞擦音和擦音的词没有冲突。

下面我们以表格的形式，进一步总结原始台语唇音复辅音和舌根音复辅音在金龙岱话演变为舌叶塞擦音 tʃ 和舌叶清擦音 ʃ 的情况，并与台语中支龙州话、西南支傣语的西双版纳傣语、金平傣语进行对比，探讨它们之间的对应情况：①

表 4　原始台语唇音和舌根音复辅音在金龙岱话中的表现

原始台语唇音复辅音	例词	金龙		龙州		傣（西）		金平傣	
*pl-	鱼（A1）	tʃ-	tʃa	pj-	pja	p-	pa	p-	pa
	蚂蟥（A1）	p-	piŋ	p-	piŋ		piŋ		piŋ
*phl-/r-	头发（A1）	ʃ-	ʃom	phj-	phjum	ph-	phum	ph-	phum
	芋头（D1L)	ph-	phɯːk	ph-	phɯːk		phək		phə（C2）
*br-	孤儿（C2）	ʃ-	ʃa	pj-	pjaʔ	ph-	pha	p-	pa
*vr-	晚餐（A2）	ʃ-	ʃau	pj-	pjau	ph-	phau	-	

---

① 关于文中提及的语料来源：金龙岱话主要来源于笔者两次田野调查收集和整理的第一手语料。有关龙州话、傣语以及岱语、侬语、土语、武鸣话来自李方桂先生的《比较台语手册》（1999）《龙州土语》（2005）《武鸣土语》（2005），有关壮语其他土语区的语料来源于梁敏、张均如等的《壮语方言研究》中 36 个调查点的词汇表，有关傣语的语料来源于周耀文、罗美珍等《傣语方言研究》（2008）、邢公畹《红河上游傣雅语》（1989）、中央民族学院《壮侗语族语言词汇集》（1985），有关靖西的语料来源于《壮语方言研究》（1999）和郑贻青《靖西壮语研究》（1996）。

续表

原始台语舌根音复辅音	例词	金龙		龙州		傣（西）		金平傣	
*kl-	稻苗(C1)	tʃ-	tʃa	kj-	kja	k-	ka	k-	ka
	远(A1)	kw-	kwai	kw-	kwai		kai		kai
	鱼鳞(D1S)	k-	kɪp	k-	kit		ket		ket
*kr-	筛子(A1)	ʃ-	ʃɯŋ	khj-	khjɯŋ	x-	xɯŋ	tɕh-	tɕhɯŋ
	笼子(B1)	h-	hoŋ	h-	huŋ	s-(浊)	sɔŋ(A2)		-
	秕子(D1L)	k-	keːp	k-	keːp	l-(浊)	laːp(D2L)	l-(浊)	laːp(D2L)
*khl-	蜘蛛(A1)	ʃ-	ʃaːu	khj-	khjaːu	k-	kaːu	h-	tɕhaːu
	边(C1)	ʃ-	ʃaːŋ	h-	haːŋ	-	-		tɕhaŋ
	别人(A1)	h-	hau	khj-	khjau	x-	xau		tɕhau
*khr-	蛋(B1)	ʃ-	ʃai	khj-	khjai	x-	xai	tɕh-	tɕhai
	陀螺(B1)	ʃ-	ʃaːŋ	h-	haːŋ		-		tɕhaŋ
*gr-	臼(D2S)	ʃ-	ʃok	kj-	kjuk	x-	xok	tɕ-	tɕok
*xr-	蓝靛(C1)	ʃ-	ʃɔːm	h-	hoːm		hɔm	h-	hɔm
	耳朵(A1)	h-	hu	h-	hu	h-	hu		hu
	笑(A1)	kh-	kho	h-	hu	h-/x-	xo		-

根据上表，与中支台语对比，金龙岱话除了个别与龙州话演变情况相一致外①，唇音复辅音声母演变为舌叶音是较为规律的。在金龙岱话中，演变为舌叶音的唇音复辅音在龙州话中几乎都演变为同部位清送气/不送气腭化音。当声母是清不送气音*pl-时，原始台语的唇音复辅音在金龙会部分演变为舌叶塞擦音 tʃ-，当声母是清送气音*phl-/r-或者浊音*br-、*vr-时，其会部分演变为舌叶清擦音 ʃ-，即声母如果有送气特征或者流音 r，那么会演变为 ʃ-。

舌根音复辅音声母演变为舌叶音则不是很规则，除了个别与龙州话演变情况一致外，在金龙岱话中，演变为舌叶音的舌根音复辅音大部分在龙州话里会演变为同部位清送气/不送气腭化音。但是也有不规则的情况，如复辅音*khl-、*xr-就有在金龙演变为 ʃ-，与之相对应的龙州简化为 h-的情况，当声母是清不送气舌根音复辅音*kl-时，原始台语的舌根音复辅音在金龙会部分演

---

① 李方桂先生在《台语方言分类初探》（2011）中提到复辅音在龙州话中后接流音没有变为 j 是受随后的元音影响，这部分词金龙与龙州演变一致，没有演变为舌叶音。

变为舌叶塞擦音 ʧ-，当声母是清送气复辅音＊khl-和包含流音 r 的舌根音复辅音＊kr-、＊khr-以及浊音复辅音＊gr-、＊xr-时，会部分演变为舌叶清擦音 ʃ-。舌根音复辅音在西南支傣语中的演变不是很规则，绝大多数与金龙演变为舌叶音的复辅音声母没有一定的对应规律，虽然金龙岱话的舌叶擦音 ʃ 与舌面送气塞擦音 tɕh 没有对立，但是二者的演变来源不同，也没有成系统的对应。

除了唇音复辅音和舌根音复辅音的演变外，我们将金龙岱话中没有舌叶音出现的舌尖复辅音的演变也做出对比，并列表如下：

表5　原始台语舌尖复辅音在金龙岱话中的表现

原始台语舌尖复辅音	例词	金龙		龙州		傣（西）		金平傣	
＊tl-	满(A1)	t-	tim	t-	tim	t-	tim	t-	tim
＊tr-	眼睛(A1)	h-	ha	h-	ha	t-	ta	t-	ta
＊thl-	犁地(A1)	th-	thai	th-	thai	th-	thai	th-	thai
＊thr-	尾巴(A1)	h-	haːŋ	h-	haːŋ		haːŋ	h-	haːŋ
	砍、劈(C1)	th-	tham	th-	tham	h-	-	h-	ham
	断(D1S)	t-	tak	t-	tak		hak		hak
＊dl-	风(A2)	l-	lom	l-	lum	l-	lum	l-	lum
	下降、跌(A2)	n-	nuŋ	n-	nuŋ		luŋ		luŋ
＊dr-	臭虫(D2L)	l-	lɣːt	l-	luːt	h-	hət	h-	hət
	根(D2L)	ɬ-	ɬaːk		laːk		haːk		ha(A2)
＊dl/r-	黑色(A1)	ɗ-	ɗam	ɗ-	ɗam	d-	dam	l-	lam
＊nl/r-	水(C2)	n-	nam	n-	nam?	n-	nam	n-	nam

根据上表，金龙岱话舌尖复辅音的演变与中支龙州话更为接近，只有一例与龙州不同（ɬ-）＊dr-根演变为清边擦音 ɬ-，而与西南支傣语方言只有5个演变方式相同。

综上，相比于西南支台语方言，我们认为金龙岱话原始台语复辅音声母的演变情况与中支台语更为接近。

其次，从浊塞音声母以及带先喉塞音的浊声母的演变来看，在金龙岱话中，我们发现有部分原始台语浊声母（复辅音除外）的演变与临近的龙州话以及越南各方言不同，这些声母演变为同部位送气音。将该类声母的演变列表如下：

表6 原始台语语音在金龙岱话中的表现

原始台语声母	例词	金龙		龙州		大新		泰语		傣（西）		金平傣	
*b-	兄姊(B2)	ph-	phi	p-	pi	ph-	phi	ph-	phi	p-	pi	p-	pi
*d-	胃(C2)	th-	thoːŋ	t-	toŋ	th-	thoːŋ	th-	thoːŋ	t-	toŋ	t-	toŋ
*dʑ-	尝(A2)	tɕh-	tɕhim	tɕ-	tɕim	s-	sim	tɕh-	tɕhim	ts-	tsim	tɕ-	tɕim
*g-	弯曲(D2S)	kh-	khot	k-	kut	kh-	khoːt	kh-	khot	k-	kot	k-	kot
*ɣ-	晚上(B2)	kh-	kham	k-	kam	h-	ham	kh-	kham	x-	xam	x-	xam
*gw-	旋转(C2)	kh-	khwaːŋ	k-	kwaːŋ	-	-	kh-	khwaːŋ	-	-	k-	-
	瘸(A2)		khwe										kɛ

在金龙岱话的音系中，舌面前音的送气塞擦音 tɕh 和擦音 ɕ 没有对立，是自由变体，只不过在音系的归纳和处理中我们将其记作 ɕ，这里为了对比的方便记作 tɕh，所以金龙岱话依旧遵守浊声母变送气，与西南支台语演变一致的规则，龙州话则演变为同部位不送气塞擦音。

将原始台语全浊声母在台语支其他方言中的演变也列出做参考（不加例词）：

表7 原始台语全浊声母的演变

声母	傣（德）	傣雅	侬语	岱话	土语	武鸣
*b-	p-	p-	p-	p-	p-	p-
*d-	t-	t-	t-	t-	t-	t-
*dʑ-	ts-	tɕ-	tɕ-	tɕ-	ž-	θ-
*g-	ts-	k-	k-	k-	k-	k-
*ɣ-	k-	x-	k-	k-	k-	x-
*gw-	-	k-	q-	-	k-	k-

越南语字母中 tɕ 用 ch 表示。

通过以上两表，原始台语声母的唇音、舌尖音、舌根音以及圆唇舌根音的全浊声母（鼻音除外）在金龙岱话和中支的龙州话中分别演变为同部位的送气音和不送气音，而西南支的傣（西）、金平傣语的演变也没有送气特征，在中支方言的大新壮语变为送气的居多，并且在地缘上与金龙也很接近，另外表中没有列出来的扶绥壮语也有部分浊声母会演变为送气音，如 *dʑ- 演变为舌尖送气塞擦音 tsh-，但是西南支的泰语与金龙完全一致，金龙岱话部分浊声母演变为同部位清送气音这一特征是不同于中支和西南支台语的其他方言的，如傣语、侬语、岱语、土语。由于金龙岱话和泰语所有的全浊声母都变为送气，因此在这一点上，我们认为金龙岱话与西南支台语的泰语更加接近，但是也不能否认与部分中支大新、扶绥等壮语的全浊声母演变为送气的一致性。说明中支台语方言中也有全浊塞音变送气的现象。

另外保留带先喉塞音的浊塞音声母在中支台语是较为普遍的，金龙岱话也保留了先喉塞浊音，西南支傣语的傣（西）、金平傣语、傣雅语则都没有保留，要么先喉塞消失，要么演变为 v、l 等，如：

表8 先喉音声母的演变表现

*ɓ-	声调类型	金龙	龙州	傣（西）	金平傣
肩膀	B1	ɓa	ɓa①	ba	va
叶子	A1	ɓaɯ	ɓaɯ	bai	vaɯ
*ɗ-	声调类型	金龙	龙州	傣（西）	金平傣
责骂	B1	ɗa	ɗa	da	la
得到	C1	ɗai	ɗai	dai	lai

再次，李方桂先生在马伯乐的基础上对台语进行分类时，更进一步提出了三个分类依据：词汇的地域分布、词汇中一些特殊语音特征的地域分布、一定语群独有的特殊的语音演变（李方桂，2011：48）。在第一个依据词汇的地域分布中，他提到了几例只出现在西南支和北支台语中的词汇，"刀""警告""我们""路""挑战"，而在金龙岱话中均没有找到这5个词与西南支和北支台语的对应说法。在第二个依据词汇中一些特殊语音特征的地域分布中，李先生举"身体"一词为例，在中支和北支台语中声调显示为原始台语的清声母，在西南支则显示为原始台语浊声母，如泰语读 raːŋ（B2）、寮语读 haːŋ（B2），而在龙州、岱语、侬语、天保中都读 ɗaːŋ（A1），武鸣读 ɗaŋ（A1），金龙与中支以及北支一致，读 ɗaːŋ⁵³，A1 调，即金龙岱话的第1调。在第三个依据一定语群独有的特殊的语音演变中，他专门提到了中支台语有别于其他两个分支的特殊语音特征并举出例词——"眼""死""晒""打破、裂

---

① 《比较台语手册》（2011）中提到原始台语 *ɓ-在龙州、泰语以及其他一些方言中变成 b-的同时声门紧束、喉头下降，偶尔还有内向的破裂，但在许多研究中都记作 b-，说明书中所记录的 b-实际上也有先喉塞特征，应为带先喉塞的全浊塞音声母 ɓ-，只不过相比于原始台语 *ɓ-来说，以上所提及的现代台语方言的先喉塞特征在一定程度上被削弱，在记录时因为没有普通的浊音 b、d 与其对立，因此将其写作 b-，我们在这里为了与演变为不带先喉塞特征浊音的傣语各方言区别，将其统一写作 ɓ。

开",它们演变为送气声母是中支台语的进一步变化,这些词的声母来源于原始台语的 *tr-、*pr-,在中支台语中演变为 th-、h-、ph-、西南支和北支普遍演变为不送气 t-(武鸣不同,演变为 r-),金龙岱话的这 4 个词遵循了中支台语的演变方式,"眼" ha¹、"死" ha:i¹、"晒" tha:k⁷、"打破、裂开" phe:k⁷;另外还有原始台语的 *xr-和 *thr-在西南支台语中变为 *hr-,之后又演变为 h-,所举例词"六""尾""头虱"的声母都毫无例外演变为 h-,但中支台语不同,长期保留流音之前的辅音声母,后来在不同的方言中又演变成不同的形式,如:th-、khj-、h-、ʃ 等,在上述三个例词中,"六""尾"在金龙岱话中复辅音声母简化为 h-,但是"头虱" thau¹ 演变为 th-,是中支独有的演变形式。

原始台语的声母在金龙岱话中的演变是复杂的。最后,我们通过与原始台语以及中支、西南支台语各方言的所有声母进行对比①,做出如下表格进一步说明金龙岱话与中支台语和西南支台语演变的一致性关系,当与某支台语一致时打"√"。

表 9 原始台语声母在金龙岱话中的表现

原始台语声母	金龙岱话	中支台语	西南支台语
*p-	p-	√	√
*ph-	ph-	√	√
*b-	ph-	√(大新)	√(泰)
*ɓ-	ɓ-		√(泰)
*m-	m-	√	√
*hm-	m-	√	√
*f-	ph-	√	
*v-	f-	√	√
*w-	v-	√	√
*hw-	w-/v-	√	√
*pl-	p-	√	√(傣)
	tʃ-②	√	

① 由于系属判定与复辅音声母以及浊塞音声母的演变关系较大,因此这里由于篇幅关系就不再列出每个声母与中支、西南支台语的对应例词。比较的范围包含中支的龙州话、靖西壮语、大新壮语,西南支的西双版纳傣语、金平傣语、红河上游傣雅语以及泰语。

② 金龙岱话的原始台语复辅音演变为舌叶音 tʃ 和 ʃ 归到中支台语处是因为金龙岱话的舌叶音与龙州的腭化音有对应关系,而这一特征与西南支方言的演变不同。

续表

原始台语声母	金龙岱话	中支台语	西南支台语
*pr-	th-	√	
*phl-/r-	ph-	√	√
	ʃ-	√	
*br-	ʃ-	√	
*ɓl/r-	j-/ɓ-/ɗ-	√	
*ml-/r-	l-/m-	√	√
	ŋ-	√（大新）	
*vr-	ʃ	√	
*t-	t-	√	√
*th-	th-	√	√
*d-	th-	√（大新）	√（泰）
*ɗ-	ɗ-	√	√（泰）
*n-	n-	√	√
*hn-	n-	√	√
*tl-	t-	√	√
*tr-	h-	√	
*thl-	th-	√	√
*thr-	h-/th-/t-	√	
*dl-	l-	√	√
*dr-	l-	√	√
	ɬ-	√（与岱语接近）	√（泰）
*ɗl/r-	ɗ-	√	√（泰）
*nl/r-	n-	√	√
*l-	l-	√	√
*hl-	l-	√	√
*r-	ɬ-	√	
*hr-	h-	√	√
*s-	ɬ-	√（龙州）	
*z-	ɬ-	√（龙州）	
*tɕ-	tɕ-	√（除靖西）	√（除傣西）
*tɕh-	tɕh-		√（泰、傣雅）
*dʑ-	tɕh-		√（泰）

续表

原始台语声母	金龙岱话	中支台语	西南支台语
*ŋ̊-	ŋ̊-	√(土、靖西)	√(金平、傣雅)
*hŋ̊-	ŋ̊-	√(土、靖西)	√(金平、傣雅)
*j̊-	ŋ̊-		√(寮语)
*ʔj-	j-	√	√
*k-	k-	√	√
*kh-	kh-	√	√(泰)
*g-	kh-	√(大新)	√(泰)
*ŋ-	ŋ-	√	√
*hŋ-	h-	√	√
*x-	kh-	√	√(泰)
*ɣ-	kh-	√(岱)	√(泰)
*kl-	k-		√
	tʃ-	√	
*kr-	h-/k-	√	
	ʃ-	√	
*khl-	h-	√	
	ʃ	√	
*khr-	k-	√(侬、土)	
	ʃ-	√	
*gr-	ʃ-	√	
*ŋl/r-	ŋ-	√	√
*xr-	h-	√	√
	kh-	√	
	ʃ-	√	
*kw-	kw-	√	
*khw-	ɬ-	√	
*gw-	khw-		√(泰)
*ŋw-	v-	√	√(傣西、傣雅)
*xw-	khw-	√	
*ɣw-	w-/v-	√	
*ʔ-	ʔ-	√	√
*h-	h-	√	√

根据上表，可以更为清晰地看到金龙岱话声母的演变与中支、西南支台语各方言是否一致的情况，在66个声母的76种不同演变中，与中支台语演变一致的有72个，与西南支台语演变一致的有49个。另外，在唇音复辅音和舌根音复辅音中，演变为舌叶音 ʧ 和 ʃ 的还有10个，这10个舌叶音与龙州演变为腭化音的情况有对应关系。所以除了浊塞音以及复辅音的演变外，原始台语其他声母的演变在金龙岱话中还是与中支台语更加接近，综上考量，我们认为，就声母系统的来源及演变规律来看，金龙岱话与中支台语更为接近。

（二）从韵母系统看金龙岱话的系属问题

通过对原始台语韵母系统在金龙岱话中的演变分析，我们发现金龙岱话不仅与龙州话有着高度的相似性，还有诸多演变规则与台语西南支的泰语、傣语以及中支越南北部的侬语、岱语、土语有着密切关系。我们将金龙岱话韵母演变中与中支台语和西南支台语的异同做出总结，与其相同的演变用√标出，没有√的意味着与以上两个语支都不同：①

表10　原始台语韵母在金龙岱话中的表现

单元音		金龙	中支台语	西南支台语	单元音		金龙	中支台语	西南支台语
*i	开	i	√	√	*ɯ	开	ɯ	√	
	闭	I				闭	ə		√(傣)
							ɤ		
*e	闭	o	√(侬、岱、土)	√(泰)	*ɔ	开	o	√	
	闭	I				闭	ɔː		√(泰)
*ə		a	√	√	*u		u	√	√
*ɛ		e	√		*o		u/o	√(岱)	
*a		a	√	√					

双元音	金龙	中支台语	西南支台语	双元音	金龙	中支台语	西南支台语
*ie	iː	√		*iə（与*i同）	i	√	√
					I		
*iɛ	eː	√		*iu	Iu		

---

① 比较的范围包中支龙州话、靖西壮语、西南支的西双版纳傣语、金平傣语、红河上游傣雅语以及泰语。

续表

	金龙	中支台语	西南支台语		金龙	中支台语	西南支台语
*iɛ	I			*iɤ	eː	√	
*ia	aːi	√	√	*ɯi	ɯːi	√	
*ɯm	ɯm		√(除傣雅)	*ɯe	ɯː / ɤ		
*eɯ	ɯ/ə		√(金平)	*oɯ	ɯː		
*ɯa	ɯː	√		*ɯɔ	ɔː		√(泰)
*ɯã	aː	√	√		ə	√(靖西)	
*ɯɯ	uː/u	√(龙州)	√(傣西金平)	*ɯŋ	ɔː		√(泰)
					ə	√(靖西)	
*uɯ	oː/uː		√(傣)	*ue	oː		√(傣)
*eu	u	√(龙州)	√(傣)	*uo	u	√(龙州)	√(傣)
*ua	uː	√		*ui̯	iː	√(除靖西)	√
*uɯ̃	ə	√(龙州)		*uɔ̯	a	√	√
*uo	o	√(侬、土)	√(泰)	*uã	aː	√	√
*ɯɔ	ɔː		√(泰)	*ei	iː	√(除靖西)	√
*eɯ	aɯ	√(龙州)	√(傣)	*eu	uː	√(除靖西)	√
*əi	ai	√	√	*əɯ	aɯ	√(龙州)	√(金平傣雅)
*əu	au	√	√	*oɯ	aɯ	√(龙州)	√(金平傣雅)
*ou	au	√	√	*ɛi	ai	√	√
*ɯɯ	aɯ	√(龙州)	√(傣)	*ɛu	eːu	√	√
*ai	aːi	√		*au	aːu	√	√
*ɔi	ɔːi		√(泰)				

三合元音	金龙	中支台语	西南支台语	三合元音	金龙	中支台语	西南支台语
*iɯei	iːui	√(除靖西)		*iau	eːu	√	
*ɯai	aːi	√	√	*uəi	uːi	√(龙州)	
*uai	uːi	√(龙州)	√(傣)	*iɔŋ̯	au	√	
*uəɯ	ɔːi	√(土)	√(泰)				

根据以上表格所展示的情况，金龙岱话的演变与以龙州话为代表的中支台语一致的情况有50个，与以傣（西）等为代表的西南支台语一致的情况有41个。

另外，李方桂先生构拟的原始台语韵尾系统分为鼻音韵尾和塞音韵尾共6

个，鼻音韵尾包括-m、-n、-ŋ，塞音韵尾包括-p、-t、-k，韵尾是没有送气不送气、清浊、有无紧喉的区别的，李先生认为辅音韵尾系统在台语支的大多数方言中都保存了下来，但也有例外。①

梁敏、张均如先生等构拟的韵尾系统与李先生一致，但是他们认为泰国、老挝、西傣等地的一些方言中可能还存在喉塞音韵尾ʔ，龙州话也有这样的特点，当ʔ出现时，只对应龙州话的某个声调，并且它不仅和其他塞音韵尾一样可以出现在元音之后，复合元音和鼻音之后也可以出现，因此李先生把这个喉塞音看作了这个声调的语音特征，没有将其归纳到韵尾中。

在梁敏、张均如等调查的壮语方言中，大多数保留着较为完整的辅音韵尾系统。辅音韵尾消失或有变化的方言很少了，首先有广西西北部南丹方言、天峨方言中的塞音韵尾-k，并入单元音或复合元音中了；其次有南部壮语的文马土语韵尾消失的现象也比较有特色。一般认为元音分长短和有-m、-n、-ŋ、-p、-t、-k等辅音为韵尾的韵母是侗泰语族语言的特征之一。傣语属侗泰语族、壮泰语支。大多数地区（如西双版纳和德宏）的傣语仍保留上述特征，但有些地方的傣语上述特征已发生较大的变化，这主要表现在长短元音对立的消失以及辅音韵尾的脱落上（罗美珍，1984）。我们将有韵尾变化的方言列出以下各表进行对比，探讨金龙岱话韵尾的演变情况。

（1）广西西北部个别方言塞音韵尾-k的演变与金龙岱话的比较：

表11 金龙岱话的塞音韵尾-k

例词	南丹	天峨	丘北	金龙	龙州	傣（西）	傣（德）	金平傣
盛（饭）	tau⁷	təɯ⁵	tak⁷	tak⁷	-	tak⁷	saɯ⁵	tak⁷
果	-	ma⁶	ma⁵	maːk⁷	maːk⁷	maːk⁹	maːk⁹	maːk⁹
客人	he⁷	he⁵	jiə⁵	kheːk⁷	kheːk⁷	xɛk⁹	xɛk⁹	khɛk⁹
饿	ʔjəɯ⁷	jɯ⁶	dzɯ⁵	jaːk⁷	jaːk⁷	jaːk⁹	jaːk⁹	jaːk⁹

与个别塞音韵尾-k已经消失的方言（如南丹、天峨、丘北等）作对比，金龙岱话的塞音韵尾保留得非常完整。

---

① 根据我们的调查，云南文山地区的马关县岱话辅音韵尾脱落严重，不仅塞音韵尾已全部脱落，鼻音韵尾保留也很不完整，有不少带鼻音韵尾的韵母已经演变为鼻化元音韵母。

（2）文马土语塞音韵尾的消失与金龙岱话的比较：

表12　文马土语与金龙岱话塞音韵尾比较

例词	文马	金龙	龙州	傣（西）	傣（德）	金平傣
熄	da⁴	ɗap⁷	ɗap⁷	-	-	lap⁷
六	tsha²	hɔk⁷	huk⁷	hok⁷	hok⁹	hok⁷
水獭	ne⁶	thaːk⁸	naːk⁸	bon³	mon³	naːk⁸
伸	jɛ⁵	jiːt⁷	jiːt⁷	jet⁹	mit⁷	vɯt⁷

对比文马土语塞音韵尾消失的情况，金龙岱话和中支龙州话的塞音韵尾 *-p、*-t、*-k 都完整地保留了下来。

（3）壮语鼻音韵尾演变为鼻化元音与金龙岱话的比较：

表13　壮语与金龙岱话鼻音韵尾比较

例词	文马	金龙	龙州	傣（西）	傣（德）	金平傣
黑色	dã¹	ɗam¹	ɗam¹	dam¹	lam⁶	lam¹
看见	thã²	han¹	han¹	han¹	hin¹	
教	suã¹	tɔːn¹	tɔːn¹	sɔn¹	sɔn¹	sɔn¹
薄	bɛ̃¹	ɓaːŋ¹	ɓaːŋ¹	baːŋ¹	maːŋ⁶	vaːŋ¹
坐	nɛɛ̃⁶	naŋ⁶	naŋ⁶	naŋ⁶	laŋ⁶	naŋ⁶

根据上表，文马土语的鼻音韵尾已经基本消失，取而代之的是元音的鼻化，而金龙岱话、中支龙州以及所举西南支傣语的三个鼻音韵尾 *-m、*-n、*-ŋ 也和塞音韵尾一样，被完整地保留了下来。

（4）德宏傣语勐定话塞音韵尾的归并与金龙岱话的比较：

表14　德宏傣语与金龙岱话塞音韵尾比较

例词	傣语勐定话	泰语	金龙	傣（西）	傣（德）
蘑菇	hep⁷	het⁷	-	het⁷	hep⁹
织布机	hup⁹	huːk⁹	thuk⁷	huk⁹	-
骨头	lup⁹	duk⁹	ɗuk⁹	duk⁹	luk⁷

德宏傣语的勐定话，在与泰语和金龙岱话的比较中，虽然还有完整的鼻音韵尾和塞音韵尾，但某些韵尾已经表现出不稳定的状态了：一些音节中的塞音韵尾-t 或-k 并入了-p 韵尾中；一些音节中的鼻音韵尾-ŋ 归入-n 中，-n 韵

尾有时也归入-m 或-ŋ 中（胡蕾，2018）。① 傣（德）的"蘑菇"一词与勐定话一样，并入了-p 中，在有限的例词中，金龙岱话的塞音韵尾保留得比较完整且没有出现归并现象。

（5）金平傣语-k 尾的脱落与金龙岱话的比较：（周耀文、罗美珍，2001）②

表15　金平傣语与金龙岱话塞音韵尾-k 比较

例词	金平	金龙	傣（西）	傣（德）
晒	ta⁶	thaːk⁷	taːk⁹	taːk⁹
扛	vɤ⁶	ɓeːk⁹	bɛk⁹	mɛk⁹
芋头	phɤ⁴	phɯːk⁷	phək⁹	phək⁹

金平傣语的-k 尾有脱落，金龙岱话与其相比保留得很完整，傣（西）、傣（德）也没有出现脱落现象。

（6）绿春傣语塞音尾变读为-ŋ 与金龙岱话的比较：（周耀文、罗美珍，2001）

表16　绿春傣语与金龙岱话的韵尾比较

例词	绿春	金龙	傣（西）	傣（德）
鸭子	piŋ³	pɪt⁷	pet⁷	pet⁹
菜	phaŋ³	ɕak⁷	phak⁷	phak⁷
果子	maŋ⁵	maːk⁷	maːk⁹	maːk⁹

绿春傣语有一部分塞音尾音节的字变读为-ŋ 尾，还有一部分人将所有带塞音尾的字都变读为-ŋ，而金龙岱话和傣（西）、傣（德）都保留着塞音韵尾。

（7）近年来也有学者发现：红金傣语的元江撮科傣话也有塞音韵尾已经完全消失、鼻音韵尾-m 完全消失、-n 部分消失、-ŋ 完整保留的情况：③

---

① 鼻音韵尾-ŋ 归入-n 中，-n 韵尾有时也归入-m 或-ŋ 中的情况，因所给例词与金龙岱话所属来源不同，故上文表格没有列出，只列出了塞音韵尾归并的例词。
② 有关傣语辅音韵尾的变化可参考罗美珍（1984），这里我们不再赘述。
③ 何冬梅（2019）中没有提及鼻音韵尾的变化，故无法给出鼻音变化与金龙的对比例词。

表17　撮科傣话与金龙岱话的韵尾比较

例词	撮科	金龙	傣（西）	傣（德）
肝	ta³	tap⁷	tap⁷	tap⁷
冷	ka³	kat⁷	kat⁷	kat⁷
麻雀	nəu⁴ tsəu⁵	nok⁸ tɕɔːk⁹	nok⁸ tsɔk⁹	lok⁸ tsɔk⁹

根据以上例词可以看到金龙岱话以及傣（西）、傣（德）塞音韵尾的保留。

综上，在我们所列举的存在韵尾变化的各方言或土语中，与金龙岱话对比后发现，金龙岱话的辅音韵尾都继承了原始台语的韵尾系统，并且得到了很好地保留。

总的来说，李方桂先生对台语方言分类时主要以原始台语声母的演变为主要依据，并没有提到韵母的分类依据。因此根据相似性原则，我们认为，从韵母系统的整体情况来看，金龙岱话与中支台语更为接近，不过也不能忽视与西南支各方言的密切关系。

（三）从声调系统看金龙岱话的系属问题

金龙岱话在调类的分合问题上既有自己的特殊演变情况，也有一些演变与中支龙州话和西南支台语方言相同的情况。在金龙岱话的9个调类中，除了促声调以及舒声调部分阴调类的分化与龙州、傣语不同之外，原始台语调类的演变在金龙、中支龙州、西南支傣语的西双版纳傣语、金平傣语中的情况都很相似。

首先阴调类的再分化指的是四声由于声母的清浊不同而各分为阴、阳两类之后，阴调类由于某些声母发音方法的特性而引起不同程度的再次分化，这种现象在本语族多数语言中相当普遍（梁敏，张均如，1996）。原始台语阴调类中的B调类，在金龙岱话中一部分词汇的调值为55，演变为5a调，但是另一部分词汇受声母发音方法的影响，分化出了一个中平33调，演变为5b调，5b调的词汇声母都具有喉塞音特点，喉塞音的存在降低了声调。而声调类型B的阳调类B2，调值也为33，演变为第6调，因此在语音演变的过程中，B1调分化出来的33调与B2调的33最终合流，即5b调与第6调合流，就变成现在金龙岱话中调值为33的词汇，既有B1调的词也有B2调词的情况。

表18　金龙岱话的B1调例词

例词	金龙	龙州	傣（西）	金平傣
古老、旧	kau⁵⁵	kau⁵⁵	kau³⁵	kau⁴⁴
新	maɯ⁵⁵	mai⁵⁵	mai³⁵	maɯ⁴⁴
密	thi⁵⁵	thi⁵⁵	thi³⁵	thi⁴⁴
饱	ʔɪm³³	ʔim⁵⁵	ʔim³⁵	ʔim⁴⁴
肩膀	ɓa³³	ɓa⁵⁵	ba³⁵	va⁴⁴
责骂	ɗa³³	ɗa⁵⁵	da³⁵	la⁴⁴

表19　金龙岱话的B2调例词

例词	金龙	龙州	傣（西）	金平傣
父亲	pho³³	po¹¹	pɔ³³	pɔ⁵³
母亲	me³³	me¹¹	mɛ³³	mɛ⁵³
坐	naŋ³³	naŋ¹¹	naŋ³³	naŋ⁵³
穿山甲	lin³³	-	lin³³	lin⁵³

其次关于金龙岱话促声调的再分化，金龙岱话的促声调一共有三个调值：55、31、33，分别为金龙岱话的第7调、第8调、第9调。其中调值为55的都属于第7调，来源于原始台语阴调类的促声调D1；调值为31的都属于第8调，来源于原始台语阳调类的促声调D2；33调在阴调和阳调中都存在，为金龙岱话的第9调。D1S都读55调，属于第7调，D1L有55和33两读，存在于D1L调的33是受声母发音方法的不同而产生的中平调，当原始台语的声母是清不送气塞音、带有前喉塞音或半元音时，声调受影响，降至中平33调；当原始台语的声母是清送气塞音、鼻音、喉音时，保持高平55调，因此D1调调值的分化是有规律可循的。

表20　金龙岱话的D1S调例词

例词	金龙	龙州	傣（西）	金平傣
落	tok⁵⁵	tuk⁵⁵	tok⁵⁵	tok⁴⁴
鸭子	pɪt⁵⁵	pit⁵⁵	pet⁵⁵	pet⁴⁴
重	nak⁵⁵	nak⁵⁵	nak⁵⁵	nak⁴⁴
蔬菜	ɕak⁵⁵（ʃak⁵⁵）	phjak⁵⁵	phak⁵⁵	phak⁴⁴
生的	ɗip⁵⁵	ʔɗip⁵⁵	dip⁵⁵	lip⁴⁴

例词	金龙	龙州	傣（西）	金平傣
胸	ʔuːk⁵⁵	ʔuːk⁵⁵	ʔək⁵⁵	ʔək⁴⁴

表 21　金龙岱话的 D1L 调例词

例词	金龙	龙州	傣（西）	金平傣
晒	thaːk⁵⁵	phjaːk⁵⁵	taːk³⁵	taːk³⁵
挑	haːp⁵⁵	haːp⁵⁵	haːp³⁵	haːp³⁵
聋	noːk⁵⁵	nuːk⁵⁵	nok³⁵	nok³⁵
嘴	paːk³³	paːk⁵⁵	paːk³⁵	-
饿	jaːk³³	jaːk⁵⁵	jaːk³⁵	jaːk⁴⁴
出去	ʔɔːk³³	ʔoːk⁵⁵	ʔɔk³⁵	ʔɔk⁴⁴
日光	ɗeːt³³	ɗeːp⁵⁵	ɗɛt³⁵	vet⁴⁴

D2 调调值分化为 33 调和 31 调，D2L 都读 33 调，属于第 9 调，D2S 则有 33 和 31 两读，促声调因长短元音不同而产生再分化是侗台语族声调演变中的普遍现象（梁敏，张均如，1996）。即使如此，金龙岱话 D2S 调分化为 33 调和 31 调的条件目前因为调查词汇量的欠缺，我们并不能给出较为合理的解释。在现有词汇中，D2 调所包含的词汇声母在原始台语中原来都是送气的塞音或擦音、鼻音、流音、喉音，没有不送气塞音以及先喉塞音，因此 D2S 调分化的具体条件及原因，有待日后进一步研究。

表 22　金龙岱话的 D2S 调例词

例词	金龙	龙州	傣（西）	金平傣
窄	khap³¹	kap³¹	-	-
洗（衣）	ɬak³¹	ɬak³¹	sak³³	səi⁴⁴（B1）
孵	fak³¹	fak³¹	-	fak⁴²
鸟	nok³¹	nuk³¹	nok³³	nok⁴²
小孩儿	luk³³	luk³¹	luk³³	luk⁴²
鼻涕	muk³³	muk³¹	muk³³	mu⁴²

表 23　金龙岱话的 D2L 调例词

例词	金龙	龙州	傣(西)	金平傣
血	lɣːt³³	luːt³¹	lət³³	lət⁴²
滑	ȵaːk³³	mjaːk³¹	-	-
根	ɬaːk³³	laːk³¹	haːk³³	ha⁴²
绳索	ɕɯːk³³	tɕɯːk³¹	tsək³³	tɕək⁴²

总的来说，龙州话的演变很规则，没有调类的分化，西南支傣（西）、金平傣语的舒声调也没有调类的分化，但是金平傣语促声调的阴调类 D1L 会根据声母的清浊和元音的长短分化为两个不同的调值，当原声母是送气或不送气的清塞音、鼻音或喉音时会分化出第 9 调，调值为 35；其余声母的词仍属第 7 调，调值为 44，同 D1S 调调值相同，与金龙岱话的调类分合方式不同。西南支红河上游傣雅语的舒声调有调类的分化，邢公畹先生将阴平声分为上阴平第 1 调和下阴平第 1′调，阴平调之所以分为上下，是因为受了不同来源声母的影响（邢公畹，1989）。金龙岱话有自己的特殊分化情况，因此我们认为在调类分合上，金龙岱话有着自己独特的演变规律，龙州话很规则，没有分化的情况出现，西南支虽然有分化，但分化条件与金龙也不一致，总体来说虽然金龙岱话的调类演变较为独特，但不可否认的是与中支龙州话以及西南支台语都有着密切的关系。

综上所述，我们认为金龙岱话与原始台语相比较而言，语音系统在声母、韵母、声调方面的整体简化是毋庸置疑的。通过声韵调的对比分析，金龙岱话声母和韵母的演变与中支台语更为接近，声调则有自己独特的分化规律，不同于中支龙州话以及西南支部分傣语方言的调类演变规律。因此鉴于声韵的系属关系，我们认为广西龙州县金龙岱话应属于侗台语族台语支语言的中支台语，在语音系统上与中支龙州话、越南北部岱侬语、土语有着极为紧密的关系。但同时，因为身处中支台语以及西南支台语的交界处，它也与西南支台语的泰语、傣语有较为密切的关系，特别是在韵母系统中，很多演变与泰语一致。

参考文献

[1] 龙州县地方志编纂委员会, 1993. 龙州县志[M]. 南宁：广西人民出版社.
[2] 李方桂, 2005. 龙州土语[M]. 北京：清华大学出版社.
[3] 李方桂, 2011. 比较台语手册[M]. 北京：清华大学出版社.
[4] 李方桂, 2011. 侗台语论文集[M]. 北京：清华大学出版社.
[5] 梁敏, 张均如, 欧阳觉亚, 等, 1999. 壮语方言研究[M]. 成都：四川出版社.
[6] 梁敏, 张均如, 1996. 侗台语族概论[M]. 北京：中国社会科学出版社.
[7] 覃国生, 1998. 壮语概论[M]. 南宁：广西民族出版社.
[8] 邢公畹, 1989. 红河上游傣雅语[M]. 北京：北京语文出版社.
[9] 严学宭, 张景宁, 等, 1987. 龙津县金龙峒傣人情况调查[M]//广西壮族社会历史调查：第七册. 南宁：广西民族出版社.
[10] 郑贻青, 1996. 靖西壮语研究[M]. 中国社会科学院民族研究所（内部发行）.
[11] 周耀文, 罗美珍, 2001. 傣语方言研究[M]. 北京：民族出版社.
[12] 张有隽, 1999. 边境上的族群——中越边民群体的人类学考察[M]. 南宁：广西民族出版社.
[13] 刀洁, 2005. 金平傣语概况[J]. 民族语文（02）.
[14] 洪波, 1991. 台语声母 ɓ、ɗ 的变异[J]. 民族语文（01）.
[15] 何冬梅, 2019. 元江撮科傣话塞音韵尾变化规律探究[J]. 民族语文（06）.
[16] 李敬忠, 1994. 壮语的复辅音[J]. 贵州民族研究（01）.
[17] 罗美珍, 1984. 傣语长短元音和辅音韵尾的变化[J]. 民族语文（06）.
[18] 梁敏, 张均如, 1993. 侗台语族送气清塞音声母的产生和发展[J]. 民族语文（05）.
[19] 韦景云, 2003. 侗台语复辅音 pl-kl 的演变分析[J]. 中央民族大学学报（06）.
[20] 吴安其, 2008. 不同历史层次的侗台语复辅音声母[J]. 民族语文（02）.
[21] 张均如, 1980. 原始台语声母类别探索[J]. 民族语文（02）.
[22] 张均如, 1983. 壮侗语族塞擦音的产生和发展[J]. 民族语文（01）.
[23] 张均如, 1986. 壮侗语族语音演变的趋向性、阶段性、渐变性[J]. 民族语文（01）.
[24] 何漓, 2007. 崇左壮语与泰语的声母比较研究[D]. 南宁：广西民族大学.
[25] 胡蕾, 2018. 泰语与傣语孟定话的语音比较研究[D]. 昆明：云南民族大学.
[26] 欧阳武, 2014. 越南岱侬语与中国壮语南部方言语音比较研究[D]. 南宁：广西民族大学.
[27] 吴小奕, 2005. 跨境壮语研究[D]. 武汉：华中科技大学.

毕笑妍　洪波　首都师范大学文学院

上古汉语借词略说*

黄树先

摘　要：在汉语历史研究中，借词是极为重要的一部分。从现有材料看，上古汉语借词主要来自于周边民族语。文章提出了上古汉语外来词的特点，并举例进行了讨论。

关键词：上古汉语；借词；特点；语义比较

历史语言学，关注的是同源关系，也就是发生学的关系。汉语来自古老的汉藏语系，汉藏语系语言不断发展，分化出汉语。汉语从原始的汉藏语系分化后，又不断发生变化，跟周边别的语言接触，从而对汉语产生巨大的影响。

语言是民族交际的工具，不同的人群散居不同的地方。比邻而居的民族不断接触，对语言产生影响。在接触过程中，语言有比较浅的交流，交流的形式就是输出或输入词汇，我们称之为借词。深度的接触，可能会产生语言联盟，甚至形成混合语。柯杜霍夫说，语言接触的最重要方面是借用、融合及形成混合语言[①]。

从现有的材料看，上古汉语借词主要来自周边民族语，这个语言现象过去学界较少注意。来自民族语的早期借词，要在汉藏语研究的背景下才能梳理清楚。本文列举文献里记载的来自民族语的部分借词，对汉语早期借词做简要的说明。

汉语借词研究成果很多，高名凯先生等《现代汉语外来词研究》（1958），收录汉语中的外来词1500余条。这些外来词大致来自英语、德语、法语、意大

---

* 本文系国家社科基金重大研究专项冷门"绝学"和国别史等研究专项"汉藏语基本词词库建设"（项目批准号：2018VJX074）阶段性成果。

① 柯杜霍夫. 普通语言学［M］. 常宝儒，译. 北京：外语教学与研究出版社，1987：247.

利语，西班牙、俄语等印欧系语言，还有一个大的来源就是日语。另有部分词语来自周边少数民族语文。《现代汉语外来词研究》（1958）收集较多的外来词，该书既有对一般规律的梳理，也对具体词语的来源做了交代。刘正埮、高名凯等编纂的《汉语外来词词典》（1984），在原书的基础上有所增补。

岑麒祥先生著有《汉语外来词典》（1990）。该词典收录汉语外来语4300余条，涉及近百种语言。每个条目有释义和示例等内容，还提供了丰富的语源信息。

史有为先生也系统研究过汉语外来词，其编写的《外来词研究的十个方面》（1991），涉及外来词研究的多个方面。史先生等编纂《汉语外来词词典》（1984），收录古今汉语外来词万余条，其中包括外来词的不同译借，以及不同的书面记载。

这些外来词的研究，大抵偏重于中古以后，近代的成果比较多，可是上古汉语的成果少，今后应该加强上古汉语外来词的研究。

上古汉语借词研究不够，对上古汉语外来词知道的不多。从已有的研究成果来看，上古汉语外来词有明显的特色。概括起来有以下几条。

第一，上古汉语的借词，早期主要是来自周边民族。

汉语的周边，均被古代少数民族包围，讲的均是不同的民族语言。《尔雅·释地》："九夷八狄七戎六蛮谓之四海。"这样的语言环境，决定了汉语早期借词主要来自周边的这些民族语言。

"蛮夷戎狄"是周边的民族名，许多都是自称。以前以为是贬义词，其实这几个词也是借词。郑张尚芳先生有详细的考证（1998）。

潘允中先生说，上古汉语借词情况，"在这个时期的汉语借词范围很广，其中以西域语占最大部分，匈奴语次之。其他借词就很少了。如果就借词流入的时期先后来说，那么，匈奴语是较早于西域的；但这不是每个借词都这样"（潘允中，1989）。潘先生讲的应该是上古汉语晚期的情形。在早期，汉语借词应该大多来自周边民族语文。

更早的时候，中原人跟其他民族也会有交往，语言也会留下痕迹。中原人跟操印欧语的民族，语言关系就很复杂。有学者认为，汉语跟印欧语可能在早期有发生学的关系（张聪东，1999；周及徐，2002）。汉语"蜜" *mlig > mit，有学者认为来自原始印欧语 *medu-，吐火罗语 mətə，梵语 ́madhu"蜜，甜酒",希腊语ḿethu"酒",英语 mead"蜂蜜,蜂蜜酒"(布龙菲尔德,1980:433;周及徐先生,2010:23—27),讨论了多组汉语跟印欧语对应的词语。

罗杰瑞先生说,有一点可以看出,公元前21世纪中叶之前,中国的文化优势可以肯定不如后来那么突出,所以我们不能排斥在史前时期,还可能有一个在相当大的范围内,汉语吸收了外来成分。有人认为,中国后来在东亚居文化盟主地位,所以除了最小的地方就不可能在文化、语言方面受外来影响。这种观点,显然阻碍了对汉语所受外来影响的认真研究(罗杰瑞,1995:16)。即便早期汉语处于强势地位,也有可能从周边民族借入大量词语。

第二,借词与同源词关系错综复杂。

上古汉语的借词,跟同源词有关;同源词和借词,有时很难分辨。"牙"是很早就见诸文献的词语,《说文》:"牙,牡齿也。"(段本作"壮齿")汉语"牙"*ŋraa,跟下列语言可以对应:唐吐语 təŋa"牙齿",汉语 ŋǎ > ŋa"牙齿",泰语*ŋa"动物牙齿,象牙"(白保罗,1984:145)。罗杰瑞说,关于象牙,汉语作"牙"(中古音 nga,上古音*ngra[g]),也有类似难以判断的情况。"牙"显然和东南亚语如原始泰语*ŋa(Li,1977:204)、越南语 ngà、巴那尔语 ngəla 有关,都指象牙。这个词又是出现在两种不同的语系,很难断定到底是从哪一种语言借入汉语的。(Benedict,1975:412)想把"象"和构拟的原始南海诸岛语指象牙的*gadiŋ 联系起来,也不能令人信服(罗杰瑞 1995:18—19)。张永言先生也说,据罗杰瑞、梅祖麟考证,"牙"乃是随同从华南输入象牙而借自南亚语的一个词。比较越南语 ngà(象牙),原始茫语(Mnong)、巴纳尔语(Bahar)*ngo'lɑ(象、野猪等的长牙),原始台语*ngɑ(张永言,1989)。许多学者都认为汉语的"牙"是借词。既然是借词,那么是从哪个语言借入的,原语言有没有-r-/-l-之类的音,都值得我们研究。

(1)【姼】*filjal > dja。"姼",称岳父、岳母,只见于南方民族语,中原汉语未见其记载。可是在文献里,跟"姼"有音义联系的,也还是可以找到的。在汉文文献里,"姼"虽不作岳父、岳母说,但有和它相联系的词。王念孙在《广雅疏证》里说:"《说文》:江淮之间谓母曰媞。媞与姼声义俱近。"《集韵·纸韵》:"媞,一曰江淮之间谓母曰媞。姼,一曰南楚谓妻母曰姼。"媞、姼并上纸切。又《尔雅·释诂》:"姼,恀也。"郭璞注:"今江东母为恀。"可证王说不无道理。

称岳父、岳母为"㛐",见于南楚一带。扬雄《方言》卷六:"南楚瀑洭之间谓妇妣曰母㛐,称妇考曰父㛐。"张揖《广雅·释亲》说:"妻之父谓之父㛐,妻之母谓之母㛐。"洭水即现在广东省西北部的湟江、连江。根据扬雄的记录,在南楚到瀑洭这一大片地区,岳父、岳母称"㛐",中原地区未见此用法,当为南方民族语词。从我们收集的材料看,南部亲属语言里说法也不尽相同,概括起来,可以分为两大类(黄树先,1989):

甲、仅称"㛐"

A. 岳父:布依语(兴义巴结等40个点)ta^1、毛南语 ta^1、侗语 ta^1、瑶语 ta^1

B. 岳母:布依语(兴义巴结等35个点)tai^5、(水城法耳等4个点)te^5、瑶语 ta^3、苗语(川黔滇)tai^7

"㛐"从"多"得声,郭璞音"多"。上引诸语岳父均读 ta,和"㛐"音相合。岳母除个别地方读 ta 外,其余读音都小有改变。这种变化主要是为了区别词义。

乙、父+㛐　母+㛐

A. 岳父:壮语(武鸣)$po^6\ ta^1$

B. 岳母:壮语(武鸣)$me^6\ tai^5$、水语 $ni^4\ te^1$、布依语 $me^6\ taùi^5$、瑶语 $ma^6\ tje^3$。"公+㛐""娘+㛐"也可以归入这一类。

C. 岳父:壮语(龙州)$kuŋ^5\ ta^1$、水语 $qoŋ^5\ ta^1$

D. 岳母:壮语(龙州)$naùŋ^2\ taùi^1$

这两种形式在台语、苗瑶语里分布较广,结合《方言》记载来看,这种用法源远流长。不过,在《方言》里仅仅著录了"父㛐""母㛐"这种形式,不知当时能否单称"㛐"?

关于外来词还有一种特殊现象值得一提。这就是甲语言借用了乙语言一个词,后来乙语言又把这个词重新借回去;由于在借用过程中发生了词义的变化和语音的传讹,这种"归侨"的声音面貌也就跟原来不一样了(张永言,1982:90)。上古汉语有没有这种现象?值得研究。

汉语跟亲属语言有共同的来源,就是说某个词是从原始汉藏语继承过来的,是同源词;后来汉语又从民族语里借来了这个词,这个词当然就是借词。不过,这个借词跟同源词均是从原始语言来的。这种形式值得注意。我们举两个例子加以说明。

(2)【余】*la < *k-la。"余"借自古越语。古越语的"余"跟汉语的"卤"均来自早期汉藏语。

汉语"卤"*raaʔ,是盐碱地、盐池,《说文》:"卤,西方盐地也。"也指盐,《史记·货殖列传》:"山东食海盐,山西食盐卤。"盐碱地和食盐可以共享一个词语,如英语 salt "盐;盐碱地;冲入河水中的海水"。罗马尼亚语 moáre"盐水,盐场;腌菜"。字又作"卤",《尔雅·释言》:"卤,苦也。"注:"卤,苦地也。"解释不准确。盐可以发展出味苦,英语 salt "盐;含盐的;苦的"。"卤"又读昌石切,古音*rhjag,《尚书·禹贡》作"斥",音同。孔传:"斥谓地咸卤。"

"卤卤斥"指盐碱地、食盐,发展出味苦,应该是汉语固有词。吴越等地跟汉语有相同的同源词,汉语晚期又借入吴越地区的这个词。《越绝书·地传》:"越人谓盐为馀。""馀"对泰文 kluɯa (郑张尚芳,1996)。

(3)【荓】beeŋ。《楚辞·天问》:"荓号起雨,何以兴之?"王逸《注》:"荓,荓翳,雨师名也。号,呼也。兴,起也。言雨师号呼则云起而雨下,独何以兴之乎?"

在先秦文献中称雨师为"荓"不习见。"荓翳"大约也出现于先秦,洪兴祖《补注》引《山海经》:"屏翳在海东,时人谓之雨师。"到了汉代,"荓翳"渐渐多起来。在人们笔下,"荓翳"有时指雨师,有时又指风师、云师、雷神、天神使等。曹植《洛神赋》:"于是屏翳收风,川后静波。"李善注:"王逸《楚词注》曰:屏翳,雨师名。虞喜《志林》曰:韦昭云:雷师。喜云:雨师。然说屏翳者虽多,并无明据。"见《文选》。《楚辞·云中君注》:"云神,丰隆。一曰屏翳。"见补注。谓"荓"为雷师最早源于韦昭,张守节《史记·司马相如传正义》引韦昭说。颜师古注《汉书·司马相如传》引应劭曰:"屏翳,天神使也。"古今学者多无确诂,唐代学者李善说:"说屏翳者虽多,并无明据。"

南方亲属语的"雨"可以帮助我们弄清"荓"的含义。苗瑶语族勉语"雨":藻敏方言 biŋ⁶、金门土语 bǔŋ⁶、勉土语 bjǔŋ⁶、标曼土语 blǔŋ⁶、交公勉土语 pljɔŋ⁶。勉语"雨"和"荓"*biŋ 很相似,尤其是藻敏方言。苗瑶语的 biŋ⁶和"荓"有共同的来源。"荓"是"雨",主管雨的神也叫"荓",这就像"飞廉"是"风",主管风的神也叫"飞廉",道理是一样的。

"萍"本是雨,又为雨师,同时也是管理水的长官。《周礼·秋官》有"萍氏",其《叙官》曰:"萍氏,下士二人,徒八人。"郑玄注:"萍氏主水禁。"其为水禁之官,有本职可证:"萍氏掌国之水禁,几酒,谨酒,禁川游者。"由此看来,汉语跟南方民族语既有同源关系,又有借用关系。

原始汉藏语的词,汉语跟亲属语言均继承下来了,构成了同源词。同源词在各自的语言里保存下来,词义的发展却不会完全一样。早期汉语可能会借其中的某一个意思。比如"茶",我们知道它来自原始汉藏语,早期泛指树叶。周边民族语里,茶叶也用这个词,汉语把"茶叶"的这个意思借到汉语里了。

(4)【荼】*grlaa。【茶】*grlaa。从文献记载来看,茶的发现和饮用是比较晚的。古人日常饮料,据《周礼·浆人》记载,只有"水、浆、醴、凉、医、酏",并不及茶。汉代才开始出现饮茶的记载。许多学者认为,茶的人工栽培以巴蜀为最早,饮茶的风气也起于巴蜀(周振鹤、游汝杰,1986:129;李剑农,1990)。《僮约》有"烹荼具尽,以而盖藏""武郡买荼"之语。"荼"即"茶"。客来烹茶,可见其时饮茶已在蜀地蔚为风气。"武郡买荼",《初学记》作"武阳买荼",可见茶在当地已是日常流通的商品。大约从唐朝开始,中原人才逐渐有饮茶的习惯。

"茶"在古蜀语中是"茶"*grlaa。"茶"*grlaa > da,gr 是次要音节(潘悟云,1999),gr 和主要辅音 l 结合,可以使舌根音塞化(潘悟云,1987)。对于槚、茶的关系,潘悟云(1987)曾有一个假设,"茶"*g-la > ɖa,《类篇》又读后五切,说明古代某些方言曾读*glaʔ。潘悟云教授后来认为 gl 是次要音节。"茶"从"余"得声,从"余"得声的还有"途"*gl·laa > da、"簺"*khllaaʔ(潘悟云,1995;1999)。

古蜀地原居民殆是今藏缅先人,此地语言应该是古藏缅语的一支。"槚"*kraaʔ 殆古蜀语词。现代藏缅语"茶",多借自汉语。但彝语支不少语言"茶"或读 la,缅文 lak,怒苏 la³¹tɕa³⁵,彝语 lɑ⁵⁵ʐɿ³³,哈尼语 la³¹be̠³³,拉语 lɑ³¹,纳西语 le⁵⁵。F(黄布凡,1992:152)D. 布莱德雷(1992:388)拟作*la¹。"茶"的*la 形式有可能是从"槚"*kraaʔ 演变而来的。

南方民族语,大多数也是中古时候,把茶(宅加反)借去(Li,1977:169),台语"茶","white Tai čɛ, but Lü lac(?), For the CT dialects, cf.

Nung sa, Tay che, tra, Tho cɛ, but T, ien-Pao kja(?)... probably a loan from Chinese"。čɛ 等形式借自汉语，李方桂加了"?"的 la、kja 来自其固有词，即文献中的"皋芦"。kja 之 j < r-/l-。邢公畹（1989）谓原始台语声母 * dẓ 傣语变 l-，傣语"茶" la⁴，来自 * dz-，恐怕与事实不合。

"檟" * kraaʔ 很早就出现，可能是汉语固有词。《尔雅·释木》："檟，苦荼。"郭璞注："树小，似栀子，冬生，叶可煮作羹饮。今呼早采者为荼，晚取者为茗。一名荈，蜀人名之苦荼。""檟" * kraaʔ 指茶，和南方民族语言的"茶"的形式十分吻合。

我们认为汉语的"茶"来自周边少数民族语言。近年我们在研究汉语核心词的时候，发现汉语早期文献中表示叶子的词跟汉藏语中表示叶子的词是有共同来源的（吴宝安，黄树先，2006）。也就是说，汉藏语表示叶子的词是同源词，而"荼"（茶）却是借词。

第三，历史语言学背景下的上古汉语外来词研究。

早期研究上古汉语外来词，主要是依据汉语文献记载。潘允中《汉语词汇史概要》（1989）有专节讨论"上古时期的借词"。潘先生特意举"酋长"为例，说明"酋长"来自羌胡语——《汉书·宣帝纪》："杨玉酋非首。"注："羌胡名大帅为酋，如中国言魁。"可见"酋"是羌胡语借词（潘允中，1989：127）。潘先生知道"酋"是羌胡语借词，但语源却无法交代。藏语：ɦgo "头人酋长"，郑张尚芳先生对应汉语"豪" * gaaw（《上古音系》），也可以对应"酋" * sglu。

史存直先生《汉语词汇史纲要》（1989）第五章《汉语中的借词和译词》，其中的第一节"古代来自匈奴和西域的借词和译词"，举的第二个例子就是"猩猩"。

猩猩，初作生生，北狄语。《逸周书·王会解》："都郭生生，欺羽生生，若黄狗，能言。"晋孔晁注："都郭，北狄；生生，兽名。"《山海经·海内经》作"狌狌"，《尔雅》作"猩猩"（史存直，1989：103）

史先生根据文献记载及前人注释，认为"猩猩"来自北狄语。关于"猩猩"，历史比较语言学给出另一种解释：汉语有"猩"，《礼记·曲礼》："猩猩能言，不离禽兽。"释文："狌，本又作猩。""猩"是猩猩，也是鼬鼠，见《尔雅·释兽》。白保罗把原始藏缅语的"鼬鼠、松鼠"构拟成 * sre [ŋ]，并和汉语的"狌""䍧"比较（1984：238，299）。

在汉藏语系背景下探寻上古汉语借词，大多是从事汉藏语研究的学者。他们依据历史语言学方法，借助汉藏语系的研究成果，追寻早期汉语借词。具体的结论虽有待继续印证，但这种探索是以往汉语词汇研究少见的，值得学界重视。下面我们举前辈学者的部分成果。

（5）【偻让】*g-roo *njaŋs。马学良先生说，《歌白狼》中有二处自称"偻让"。东汉时"偻让"这个族名很值得注意，考古代民族相沿，一直称"偻"的（或音近的）唯有今之彝族（旧称 lolo）。"偻让"是汉时白狼自称，"偻"与古籍称彝为卢鹿同音，与 lo-lo 为一声之转。"偻让"的让，实即今彝语中 su^{33} 或 sv^{33}，相当于汉语"人"的泛指（马学良，1986）。

陈宗祥、邓文峰先生有不同的看法。他们认为，"偻"是"白"，如普米语 lo；"让"是"黑"，如普米语 nia（nie）、傈僳语 ne、梁山彝语 no。"龙洞"，普米语 long stong，义为"空空洞洞；什么也没有，很贫困"。"偻让龙洞" lo nia long stong，义即"我们白、黑部落群体是很贫困的"（陈宗祥、邓文峰，1987）。

（6）【匹/鴄】*phid。从文献的年代看，"匹"只见于《孟子》《曲礼》。汕头、厦门都读 phit，意义正是"鸭"。在台语个方言里都有这个词；在其他邻近语言里也都有这个词。"鸭""鴄"两个词语的故乡是在南方多水的地区。不但在远古汉语里是没有的，便是在其他高原民族里的一切读法也都是后来传入的（闻宥，1980：133-148；《"雍无梁林"解》又见《闻宥论文集》，中央民族学院科研处，1985，12—15）。

（7）【适】*tjeg 【䮦】*djag。在汉语古文献里，有三个表示"鹿"类的词。第一词见于《左传》和《史记》，是春秋时代越语的"适"或"䮦"。《左传》哀公二十四年（前471）条说："闰月，公如越，得太子适郢。"陆德明《经典释文》说："适郢，越王句践大子名。"又《史记·越王句践世家》说："句践卒，子王䮦与立。"司马贞《索隐》说："乐资云：'越语谓鹿郢为䮦与也。'"另外一个词见于《恩平郡谱》（《埤雅》引）、樊绰的《蛮书》，时代较晚，不在讨论范围。这种黑鹿目下主要分布于热带和亚热带……。闻宥《黑鹿释名》（1979：21—24；《"雍无梁林"解》又见《闻宥论文集》，中央民族学院科研处，1985）。

（8）【姐】*ʔsaalʔ。《后汉书·西羌传》称"姐"的部落特多，如"元帝时，乡姐等七种羌寇陇西，遣右将军冯奉世击破，降之"。这个"姐"字究应如何解释？笔者认为，这是羌语"水"的汉字对音。在作者所记录的现代羌语里，读"水"的音约有两式：第一式是 ptsɿ, wtsɿ, tʂʅ 等，第二式是 tʂɿ, tʂu, tʂue等。两式同出于一源。第二式是从第一式里发展来的。正因为羌语"水"字原形有一个不很稳定的双唇前缀，汉字对音难于表达，所以李贤在《后汉书》的注文里，有时说"音紫"，有时说"子也反"，有时说"子野反"，有时说"紫且反"……至于"姐"上的字，如"乡姐"的"乡"……也都应是羌语对音。可惜这些词语的原义目前已不易于考求……"姐"字的意义既阐明，于是有些误解可以得到纠正。赵翼在他的《陔余丛考·男人女名、女人男名》条里，引了《后汉书·蔡佑传》的"夏州首望弥姐"，以为是男人女名，便是一个典型的误解。其实这里的弥姐并不是个人的名称，更不是女人的名称（闻宥，1990：739—741）。

(9)【李父】 *ruʔ *baʔ【李耳】 *ruʔ *njɯʔ。湘西土家语乃是在汉藏语系中属于藏缅语族，比较接近彝语的语言，甚至于可以说是彝语支内的一个独立语言……在初次接触土家语言材料时，看见它称公虎为 li³⁵ pa³¹，母虎为 li³⁵ ni³¹ ka³¹，很容易使人想起西汉扬雄《方言》中的字句。《方言》中说："虎，陈楚、宋楚之间或谓李父"；又说"江淮南楚之间谓之李耳"。"李父"中古音大约是 lji-bʻiu <* liəi(g)-bʻiwo，"李耳"的中古音大约是 lji-ńzi <* liəi(g)-niəi(g)。这好像是土家语的公虎字音很接近"李父"，母虎的字音很接近"李耳"。李父、李耳不过是虎的雄雌之分，在"方言"的收集者就本地人的偏称而加以记录，于是有江淮—南楚及陈楚—宋楚的地区分别。但其词根是"李"，这是和土家语相同的。在彝语语言中称"虎"亦和土家语相近，如"lɑ，la"等。它们是同一系统。这虽是一个词的考察，不足为凭，但很可使我们注意到或联想到在古代和土家语有关联的语言或在江淮"陈宋"与"楚"错综地区或曾经存在。同时楚语成分也是值得注意的（王静如，1955；1998：283—331）。

(10)【豵】 *ʔslooŋ 【豝】 *praa。《召南·驺虞》"壹发五豝""壹发五豵"。"'豝'的训诂包括家野、大小、牝牡之别和豝字的源流等四个问题。……豝的词义究竟是什么呢？时间相距两千多年了，社会经济生活、文化历史都起了很大的变化。豝、豵二词的本义和孳乳变化也相当复杂。为了探索这两个古词的准确含义及其发展变化，除了可以利用历史文献语言材料和现代汉语的方言材料以外，我们认为，还可以参考汉藏语系某些亲属语言的材料。《驺虞》为'二南'诗篇，'二南'可能就是楚风。由于族源、民族迁徙以及民族融合等历史关系，彝语、彝语支乃至藏缅语族其他语言中或多或少地保存着的'楚语'或与古汉语同源而异流的材料，通过比较，尚可考见。这些都可供研究汉语古字古义参考。凉山彝语名词没有性范畴，但构词时有表示自然性别的专用词素，如单音节的雌性兽类名称一般用'词根+mo'来表示，而雄性一般用'词根+pa'来表示……如果我们拿古汉语'豝'的字形结构与凉山彝语 vo pa'公猪'这个词的结构进行类比，可以说是'从豕从巴，巴亦声'。现在，列举几种藏缅语语言的材料如下表：……从上表所列各种亲属语言材料看，表示'公'的词素绝大多数音 pa、pha 或 pu、po、pho；表示'母'的词素绝大多数音 mo 或 ma；表示'小崽'的词素，绝大多数音 z-或 ts-、tʂh-。虽然它们跟'豝'（上古音*pea）、'豵'（上古音*tsiong）不是同一历史时期的对应材料，而是跟'豝、豵'同源的藏缅语现代分化材料，但它们显示：'豝'的本义是公猪，'豵'的本义是小猪儿。《说文》与《周官》郑司农注都说'二岁曰豝'，是正确的"（陈士林，1982）。

（11）【罗】 *raal > ra。《山海经·海外北经》："有青兽焉，状如虎，名曰罗罗。"郝懿行《山海经笺疏》上说："吴氏引《天中记》云：今云南蛮人呼虎亦为罗罗。"吴氏指清学者吴任臣，撰有《山海经广注》。《天中记》系明人陈耀文撰。张永言先生认为"罗罗"可能是藏缅语彝语支诸语言"虎" la 的译音（张永言，1983）。陈士林先生认为是彝语"虎" la^{55}/lo^{55} 的译音：今云、贵、川、桂彝语称虎为［la^{55}］或［lo^{55}］，可能就是从"罗"演变来的。"罗"，其语音演变程序为：*lai > la > lb > lo（陈士林，1984：1—19；1994，174—193）。《渊鉴类函》四百二十九卷："云南蛮人呼虎为罗罗，老则化为虎，有罗藏山。"又引《玉溪事编》："南昭谓虎为波罗。"据此，则"罗罗"为"虎"的译音殆无疑义。

参考文献

[1] 白保罗，1984. 汉藏语言概论［M］. 乐赛月，罗美珍，译. 中国社会科学院民族研究所少数民族语言研究室（内部发行）.

[2] 白保罗, 1984. 再论汉藏语系 [M]. 乐赛月, 罗美珍, 译. 中国社会科学院民族研究所语言室（内部发行）.

[3] 包拟古, 1995. 原始汉语与汉藏语 [M]. 潘悟云, 冯蒸, 译. 北京：中华书局.

[4] 岑麒祥, 1990. 汉语外来词典 [M]. 北京：商务印书馆.

[5] 陈保亚, 1996. 论语言接触与语言联盟 [M]. 北京：语文出版社.

[6] 陈其光, 1996. 汉语源流设想 [J]. 民族语文（01）.

[7] 陈士林, 1982.《驺虞》注释中反映出来的几个训诂学问题 [J]. 语言研究（01）.

[8] 陈士林, 1984. 彝楚历史关系述略 [M]//张正明. 楚史论丛·初集. 武汉：湖北人民出版社.

[9] 陈宗祥, 邓文峰, 1987. 白狼歌第十一句"偻让龙洞"试解 [J]. 西南民族大学学报（01）.

[10] 陈宗祥, 邓文峰, 1991. 白狼歌研究（一）[M]. 成都：四川人民出版社.

[11] 邓少琴, 1987. 巴史新探 [M]//徐中舒主编. 巴蜀考古论文集. 北京：文物出版社.

[12] 董作宾, 1937. 汉白狼王歌诗校考 [J]. 边疆半月刊（12）.

[13] 高名凯, 1958. 现代汉语外来词研究 [M]. 北京：文字改革出版社.

[14] 顾颉刚, 1982. 古史辨：第7册 [M]. 上海：上海古籍出版社.

[15] 黄树先, 1989. 古楚语释词 [J]. 语言研究（02）.

[16] 黄树先, 1993. 太玄经"妇人徽猛"解 [J]. 古汉语研究（01）.

[17] 黄树先, 1995. 古代汉语词语新释 [J]. 语言研究年增刊.

[18] 黄树先, 1998. 略论民族语文中的 *A 前缀 [J]. 语言研究（02）.

[19] 黄振华, 1998. 白狼王远夷乐德歌新解 [J]. 宁夏大学学报（03）.

[20] 黄布凡, 1992. 藏缅语族语言词汇 [M]. 北京：中央民族学院出版社.

[21] 劳费尔, 1981. 藏语中的借词 [M]. 赵衍荪, 译. 中国社会科学院民族研究所少数民族语言研究室（内部发行）.

[22] 李方桂, 1982. 上古音研究 [M]. 北京：中华书局.

[23] 李剑农, 1990. 中国古代经济史稿：第二卷 [M]. 武汉：武汉大学出版社.

[24] 李敬忠, 1987. 方言中的少数民族语词析 [J]. 民族语文（02）.

[25] 刘正埮, 高名凯, 1984. 汉语外来词词典 [M]. 上海：上海辞书出版社.

[26] 罗杰瑞, 1995. 汉语概说 [M]. 张惠英, 译. 北京：语文出版社.

[27] 柯杜霍夫, 1987. 普通语言学 [M]. 常宝儒, 等译. 北京：外语教学与研究出版社.

[28] 马学良, 1986. 白狼歌中的"偻让"考 [J]. 中央民族大学学报（03）.

[29] 马学良, 1992. 汉藏语概论 [M]. 北京：北京大学出版社.

[30] 马学良, 1981, 戴庆厦. 白狼歌研究 [J]. 民族语文 (01).

[31] 潘悟云, 1987. 谐声现象的重新解释 [J]. 温州师院学报 (04).

[32] 潘悟云, 1989. 汉、藏历史比较中的几个声母问题 [M] // 赵秉璇, 竺家宁. 古汉语复声母论文集. 北京: 北京语言文化大学出版社.

[33] 潘悟云, 1995. 对华澳语言的若干支持材料 [J]. (美国) 中国语言学报单刊.

[34] 潘悟云, 1999. 汉藏语中的次要音节 [M] // 石锋, 潘悟云. 中国语言学的新拓展——庆祝王士元教授六十五岁华诞. 香港: 香港城市大学出版社.

[35] 潘悟云, 2000. 汉语历史音韵学 [M]. 上海: 上海教育出版社.

[36] 潘允中, 1989. 汉语词汇史概要 [M]. 上海: 上海古籍出版社.

[37] 瞿霭堂, 2013. 论汉藏语言联盟 [J]. 民族语文 (05).

[38] 史存直, 1989. 汉语词汇史纲要 [M]. 上海: 华东师范大学出版社.

[39] 史有为, 1991. 外来词研究的十个方面 [J]. 语文研究 (01).

[40] 史有为, 1984. 汉语外来词词典 [M]. 上海: 上海辞书出版社.

[41] 孙宏开, 1989. 原始藏缅语构拟中的一些问题 [J]. 民族语文 (06).

[42] 王静如, 1932. 东汉西南夷白狼慕汉歌诗本语译证 [M] // 李范文. 西夏研究. 北京: 中国社会科学出版社.

[43] 王静如, 1998. 关于湘西土家语言的初步意见 [M] // 王静如. 王静如民族研究文集. 北京: 民族出版社.

[44] 韦庆稳, 1981. 越人歌与壮语的关系试探 [M] // 佚名. 民族语文论集. 北京: 中国社会科学出版社.

[45] 闻宥, 1979. 黑鹿释名 [J]. 民族语文 (01).

[46] 闻宥, 1980. 语源丛考 [J]. 中华文史论丛 (04).

[47] 闻宥, 1990. 释"姐" [M] // 尹达, 张政烺, 邓广铭, 等. 纪念顾颉刚学术论文集 (下). 成都: 巴蜀书社.

[48] 吴安其, 2007. 白狼歌解读 [J]. 民族语文 (06).

[49] 吴宝安, 2006. 黄树先. 说"叶子" [J]. 南阳师范学院学报社会科学版 (01).

[50] 吴起君, 2005. 白狼歌诗译解 [J]. 池州学院学报 (01).

[51] 邢公畹, 1989. 论汉语台语"关系字"的研究 [J]. 民族语文 (01).

[52] 严学宭, 1997. 论楚族和楚语 [M] // 严学宭. 严学宭民族研究文集. 北京: 民族出版社.

[53] 张聪东, 1999. 古汉语复辅音在印欧语词汇的印证 [J]. 语言研究专辑.

[54] 张怡荪, 1985. 藏汉大辞典 [M]. 北京: 民族出版社.

[55] 张永言, 1982. 词汇学简论 [M]. 武汉：华中工学院出版社.

[56] 张永言, 1989. 汉语外来词杂谈 [J]. 语言教学与研究 (02).

[57] 张永言, 1983. 语源札记三则 [J]. 民族语文 (06).

[58] 张永言, 1989：语源探索三例 [M]// 四川大学哲学社会科学论文选编辑委员会. 四川大学哲学社会科学论文选（第二辑）. 成都：四川大学出版社.

[59] 张元生, 1984. 壮族人民的文化遗产——方块壮字 [M]// 中国民族古文字研究会. 中国民族古文字研究. 北京：中国社会科学出版社.

[60] 郑张尚芳, 1995. 上古缅歌——白狼歌的全文解读 [J]. 民族语文 (01).

[61] 郑张尚芳, 1996. 古越语地名人名解义 [J]. 温州师范学院学报 (04).

[62] 郑张尚芳, 1996. 古吴越地名中的侗台语成分 [J]. 民族语文 (06).

[63] 郑张尚芳, 1997. 越人歌的解读 [M]// 南开大学中文系《语言研究论丛》编委会. 语言研究论丛（第5辑）. 北京：语文出版社.

[64] 郑张尚芳, 2003. 上古音系 [M]. 上海：上海教育出版社.

[65] 郑张尚芳, 2009. 夏语探索 [J]. 语言研究 (04).

[66] 郑张尚芳, 1998. 蛮夷戎狄语源考 [M]// 王小盾. 扬州大学中国文化研究所集刊（第一辑），南京：江苏古籍出版社.

[67] 周及徐, 2002. 汉语印欧语词汇比较 [M]. 成都：四川民族出版社.

[68] 周及徐, 2010. 汉藏缅语与印欧语的对应关系词及其意义 [J]. 语言研究 (01).

[69] 周及徐, 2001. 於菟之菟的同族词及其同源词 [J]. 民族语文 (01).

[70] 周振鹤, 游汝杰, 1986. 方言与中国文化 [M]. 上海：上海人民出版社.

[71] 布莱德雷, 1992. 彝语支源流 [M]. 乐赛月, 等译. 成都：四川民族出版社.

[72] 柯蔚南, 1979. 白狼歌研究新探 [J]. 清华学报 (12).

[73] 布龙菲尔德, 1980. 语言论 [M]. 袁家骅, 等译. 北京：商务印书馆.

[74] Benedict, P. K. Austro-Tai Language and Culthre with a Glossary of Roots [M]. New Haren：human Relations Area Files Press, 1975.

[75] Cobin, W. S. A Sinologist's Handlist of sino-Tibetan. Lexical comparisons [M]. Nettetal：steyler Verlag, 1986.

[76] Li, Fang kuei. A Hand book of comparative Tai [M]. Honolulu：The Vniversity of Hawaii Press, 1977.

黄树先　首都师范大学文学院

现代藏语复合名词的构词方法*

江 荻

摘 要：本文理论预设是假定复合词是从句法继承而来，通过词汇化及其所催生的构词法而不断产生。但是，除了词序和形类存在继承关系，藏语复合词的构式（词法模式）和语义体系独立于句法，不能采用句法方式分析。藏语词类系统可以按照"词形定类"和"词类分形"来观察，双音节复合名词总共有9类词形结构，包括N+N、N+V、V+N、V+V、A+A、N+A、A+N、A+V、V+A。其中A+A、V+A无句法继承关系，V+N、A+N只有间接继承关系，因此相当受限，或者语素词性转类，或者数量不多。本文对藏语复合名词的描述主要关注三个方面：复合名词构成的形类结构及其构式作用、语素组合之间的语义关系、形类结构与复合词所指（词义）之间的关系。

关键词：藏语；复合名词；形类；词法模式；语义关系

---

* 20世纪末，我在香港初次见到丁邦新先生。先生儒雅谦和，吾深感景仰。先生任职香港科技大学人文学院之时约晚辈往科大访问，我亦在那儿完成我的首部著作初稿，并蒙先生垂序，终生难忘。先生七秩寿庆我曾撰写藏语派生名词敬奉，今谨以相配藏语复合名词一文庆贺先生八十寿诞。

本研究得到国家社科基金重大课题（项目编号：18ZDA305）和国家自然科学基金课题（项目编号：31271337）资助。

一、"词形定类"和"词类分形"

相比汉语和英语,藏语是一种"词形定类"的语言,它的大部分基本词汇可以从词形判断它的语法功能类别。词形包括词长和词型两个要素。词长以音节为单位衡量,区分单音节词、双音节词、三音节词和多音节词。[①] 词型特指单纯词、派生词、复合词这种词法意义上的分类,这三类词既跟音节长度有关系又跟词型类别有关系。单纯词一般都是单音节形式,派生词是词根+词缀(少量是词缀+词根)形式,复合词是词根+词根形式。藏语词形跟功能类的这种简单对应关系甚至可以让我们逆过来操作,提出"词类分形"的概念。所谓"词类分形"指根据词的语法功能类别可以确定词的形式类别。例如,大多数名词是双音节的,包括带词缀的派生名词和词根组合的复合名词,单音节名词数量不多。单音节名词描述为 $N_{R(OOT)}$ 或 N,例如 mtshes 邻居,nya 鱼;双音派生名词模式是 $N_{R(OOT)}$ + SUF,例如 phru ma 宫殿,lag pa 手;双音节复合名词模式是 $N_{R(OOT)}$ + $N_{R(OOT)}$,词根是名词,则为 N + N,例如,grong$_{村寨}$ gseb$_{间隔}$ 农村,lug$_{绵羊}$ lhas$_{圈}$ 羊圈。

动词绝大多数是单音节词,双音节的很少,现代出现的大量三音节动词目前尚未获得稳定的复合词地位,而且三音节动词基本上由双音节名词+单音节动词构成。典型单音节动词形式描述为 $V_{R(OOT)}$ 或 V,例如 lta 看,vgro 去。现代新的三音节动词形式大多数为 $N^1 N^2$ + V,例如 [[vbrug skad]$_{N雷(声)}$ [brgyab]$_{V发出}$] 打雷,[[thon skyed]$_{N生产}$ [byed]$_{V做}$] 生产。

形容词是词根带词缀的双音节派生形式、四音节状貌形容词、三音节或四音节复合-派生形式(Jiang, 2015)。双音节形容词派生结构即 $A_{R(OOT)}$ + SUF,其中主流词缀是-po,跟大多数名词派生词缀的形式不同,例如 [[dmar]$_R$ [po]$_{SUF}$] 红,[[gsar]$_R$ [pa]$_{SUF}$] 新。

这样的总体格局基本决定了藏语双音节名词可以在形式上区别于动词和形容词。换句话说,藏语中绝大多数由词根+词根构成的形式都是名词,这

[①] 一般三音节以上的词可统称多音节词,鉴于藏语新型动词、状貌词和复合派生形容词等多为三音节形式,而四音节形式多为叠音状貌词,因而单列三音节词。

样的形式一般不与动词和形容词在形式类上相冲突。当然这并不排斥少量双音节形式的动词和形容词的存在，只是它们数量较少，可以用其他词型方法加以区分，例如与重叠形式形容词区分。为此，狭义地说，藏语双音节复合词基本所指为双音节复合名词。表1以名词、动词、形容词普遍形式举例说明藏语"词形定类"或"词类分形"的大致概貌。

表 1　藏语的词形与词类

		名词	形容词	动词
单音节	单纯词	me 火[少]	—	ltogs 饿
双音节	单纯词	tha shal 庸俗①[少]	—	—
	派生词	dpyid ka 春	bsil po 凉	—
	复合词	na tsha 病痛	thung thung 短[重叠]	yid ches 信任[少]
三音节	派生词	lha sa ba 拉萨人	dmar thing thing 红	—
	复合词	—	thag ring po 远	dpe khrid byed 教书
四音节	派生词	—	kar re kor re 拖拖拉拉	—
	复合词	—	ngu byang langs po 老爱哭的	—

注：符号"—"表示没有或者较少这类形式。名词、动词、形容词都有一些不同音节长度的特别形式，尤其形容词词型类型更多，例如，复合型派生形容词，参见 Jiang (2015)。

二、复合名词的分析方法

相比世界其他语言②，复合词结构应该是藏语、汉语等东亚单音节词语言的重要形态特征。这种特征的语言在表达需求和双音步韵律结构需求驱动下的发展道路基本都是采用复合方式来丰富语言词汇（冯胜利，2009），复合词的构成自然而然就采用概念或语义组合方式达成。又由于承载基本概念和语义的形式都是单音节词，即所谓"汉字单音节原则"或"一音一义定律"（丁邦新，2002；孙景涛，2005），于是新概念或新语义借助多个语义及其形式加以合成，即复合词。在特定意义上说，复合法是单音节词语言的形态方法。

---

① 藏语几乎每个音节语素都有意义。虽然有些音节因为历史音变或者其他原因本义已经模糊，但有追溯的可能。
② 英语等欧洲语言属于多音节词语言，词法或形态方式主要是派生和屈折，复合方法虽然也有，性质很不一样，参见董秀芳（2011：99）。

本文关于复合词的研究预设了一个理论前提：复合词是从句法继承而来，通过词汇化及其所催生的构词法而不断产生的。[①] 形式上，复合词的形类结构已然成为稳定的形类构式，构式意义能够限制不合法结构的产生；语义上，由于受到组合单元数量限制的压缩，内部单元越过失去的载义体而发生不透明的语义整合、偏移、转指等现象，造成复合词内部单元关系复杂多样，表达所指有异。根据这个分析，本文对藏语复合名词的描述主要关注三个方面：复合名词构成的形类结构及其构式作用、语素组合之间的语义关系、形类结构与复合词所指（词义）之间的关系。

复合名词的每一个构成成分应该具有一定的词法属性，是从句法继承而来的，即所谓的词性。用形类描述复合名词内部结构只是一个简单分类，进一步的刻画可以描述形类结构与复合词所指之间的关系。复合词所指即复合词所对应的事物、性状等概念。例如［smyug vdzin］执笔人/文书，按照内部语素语义分析，［［smyug］$_N$（gu）$_{SUF}$］$_{N-笔}$和［vdzin］$_{V-握}$构成支配关系，转指施事者，这个施事者也就是复合词所指：握笔的人。再如［srung mi］卫士，［srung］$_{V-防卫}$和［mi］$_{N-人}$构成修饰关系，第一个语素是第二个语素的特征类，合成指人名词，所指为某种职业的人。还有转指受事的：［btang dngul］汇款，来源于［btang］$_{V-PST-发出}$ + ［dngul］$_{N-钱}$；转指工具的：［bzhes thur］调羹，来自［bzhes］$_{V-吃}$ + ［thur］$_{N-棍儿}$。复合词形类与所指之间的关系取决于复杂的语义合成，在其合成过程中形类结构也可能影响语义关系，这是所谓构式的生成性意义（Pustejovsky，1995）。

把形类结构与复合名词所指关联起来的目的是探索语义合成的规律，依据形类来观察复合名词的透明性或特异性，例如，同一形类并列可能所指是集合概念，同义并列：（ngo gdong）"脸"源自［ngo］$_{N-脸}$ + ［gdong］$_{N-脸}$，相关并列：rkang lag "四肢"源自［rkang］$_{N-足}$ + ［lag］$_{N-手}$；反义并列：（che chung）"尺码"源自［che］$_{A-大}$ + ［chung］$_{A-小}$。N + V 形类结构可能转指施事、受事、结果或工具，例如施事：gzhis gnyer "管家"来自［gzhis］$_{N-庄园}$ + ［gnyer］$_{V-管理}$；受事：mi gla "雇工"来自［mi］$_{N-人}$ + ［gla］$_{V-租}$；工具：so vkh-

---

[①] 本文同意董秀芳（2011：24）的观点，"汉语最早的复合词是来源于句法的，当复合词不断地从句法中衍生出来之后，复合构词法就产生了"。

ru "牙刷"来自 [so]_{N-牙} + [vkhru]_{V-洗}。N + A 所指经常表示具有某种属性的事物（类别）：g-yas lag "右手"来自 [g-yas]_{A-右} + [lag]_{N-手}；dri bzang "香味"来自 [dri]_{N-气味} + [bzang]_{A-好}。

此处我们不打算精细描述复合词内部各成分之间的语义结构关系，这是因为语义关系的描述是为复合词表达所指服务，如果我们能够通过形类分析直接获取所指和所指形成的方式，则没有必要为分析而分析，没必要把问题复杂化。Downing 曾以心理实验方式阐明复合关系具有无限性，而且相当部分语义关系似是而非，难以归类，难以描述。① 本文在必要的地方也可能涉及复合词合成成分之间的常见语义关系，作为形类分析方法的辅助说明。

学界对于复合词的来源一直存在争议，来源于句法（词汇化）还是不涉句法独立创造。尽管藏语目前尚未开展全面的词汇化研究，但经验告诉我们，藏语既有丰富的词汇化产生的复合词，也有大量临场（实时）命名形成的复合词，特别是近现代汉藏翻译促成的书面语复合词及其在口语中的扩散。藏语复合名词无论来自短语的词汇化还是临场命名，它的构成成分肩负了合成新词的重担，都服务于新概念所指，它们自身的语义和所指或许逐渐模糊，偏向所指新概念，这是揭示概念距离缩短的价值，也是复合名词内部形类结构几乎涵盖所有可能来源的语法词类组合的原因。

另外，词法分析需遵循词项的完整性原则。这里所说的词项（lexical item）等同于词位（lexeme），指词的抽象单位，包含词内的词法变体，例如动词：lta_{现在时}, blta_{未来时}, bltas_{过去时}, ltos_{命令式}，多种词形都属于同一词项或词位"看"。美国哈佛大学黄正德提出：短语的规则不能用于分析词的内部结构（Huang, C-T. J., 1984）。荷兰莱顿大学 Geert Booij（2014）教授提出了有关词项完整性的原则：复杂词的内部成分不能用句法规则操作。如果我们把藏语复合词看作一种词法形态，那么复合词内部是不允许句法规则进入或操作的。

---

① DOWNING, 1977, P. On the Creation and Use of English Compound Nouns [J]. *Language.* 53 (4).

三、复合名词的基本类型

藏语复合名词构成成分的内部形式类别比较复杂，以下讨论由名、动、形三种语素构成的 9 种形类结构，① 并对复合名词内部形类构成所蕴含的语义关系及其句法渊源加以阐述。

（一）名语素 + 名语素（N + N）

N + N 复合词表达多种事物或概念，取决于两个成分的语义合成。最常见的两种语义所指是整体概念和特征事物。所谓整体概念往往是两个成分的语义加合，例如 ri chu "山河" 原本分指山丘和河流，合成语义则统指山丘和河流，造成整体的山水地理图景。特征事物是突出两个成分中中心语表示的数量、颜色、形状、时间、空间、材料、功能、类别和属性等特征，例如藏语 phyed gling "半岛" 表达了事物对象的数量特征。从复合词语义所指产生的来源看，可以说存在两种逻辑关系，一是组合成分的并列关系，二是组合成分的修饰关系，前者即人们归纳的并列复合词，后者是带中心语和修饰语的偏正复合词，中心语的修饰语往往提取或描述中心语的特征。由此我们知道，当在形类关系下描述复合词的时候，我们仍然可以对复合词构成成分语义关系决定的所指及其关系进行分析，这样可以揭示复合词所指跟复合词内部结构要素所存在的渊源关系，反映出要素关系制约而形成的语义所指。例如并列关系常常反映出整体概念，修饰关系则突出了中心词的特征所指。

---

① Beyer 提出了藏语复合名词四种结构类型：N + N、A + N、N + A、A + A（Beyer, 1992）。戈尔斯坦（Goldstein）按照词内结构和语义综合分类方法分出 3 大类 12 小类，列举如下：（1）名词性复合词（nominal compounds）：（1.1）同义复合名词（synonymic compounds），（1.2）前修饰复合名词（premodifying compounds），（1.3）并列复合名词（conjunctive compounds）；（2）形容词性复合词（adjectival compounds）：（2.1）形容词性极性复合名词（adjectival polar compounds），（2.2）形容词性后修饰复合名词（adjectival postmodifying compounds），（3）动词性复合名词（verbal compounds）：（3.1）前修饰动词性复合名词（premodifying compounds）A + V，（3.2）同义性复合名词（synonymic compounds）V + V，（3.3）加合复合名词（summation compounds）V + V，（3.4）对立性复合名词（polar compounds）V + V，（3.5）前修饰复合名词（premodifying compounds）V + N，（3.6）前修饰复合名词（premodifying compounds）N + V，（3.7）顺序复合名词（sequential compounds）V + V（Goldstein, 1975）。

(1) N+N 表示整体概念

N+N 复合词以并列方式产生语义加合，加合的语义所指是一种整体事物或整体概念，蕴含了两个具体事物加合代表的所指，形成新的所指。例如 char rlung 风雨(雨+风)，rngul khrag 血汗(汗+血)，sgyu rtsal 技艺(技艺+技能)，lus sems 身心(身体+心灵)，ri chu 山水(山+水/河)，rgyal blon 君臣(国+臣)，dpon dmag 官兵(官+军队)。①

按照传统的分析，并列复合名词常表现出三种语义关系。两个语素可能是同义语素，组成传统所说的同义复合词，例如 lugs srol 传统(传统+习惯)，re vdum 希望(希望+意愿)，glu gzhas 歌(歌+歌)；两个语素也可能是反义语素，组合成反义复合词，例如 nyin mtshan 日夜(日+夜)，gzhung sger 所有人(政府+私人)，pha ma 父母(爸爸+妈妈)，lha vdre 神与魔鬼(神+魔鬼)，rgyu vbras 因果关系(原因+结果)；还有一些既非同义关系也非反义关系的复合词，称为相关关系，例如 sha khrag 血肉(血+肉)，zhing vbrog 农牧民(牧民+农民)，dge slob 师生(教师+学生)，rgya bod 汉藏(汉人+藏人)。

(2) N+N 表示特征事物

非并列性的 N_1N_2 结构表达的所指事物通过凸显特征来表示。以下举例列出其中主要的几种：数量、颜色、形状、时间、空间、材料、工具、功能、类别和领属、属性等特征。

颜色：ser sha 黄蘑菇(黄色+肉)，snag shing 墨板(墨+木/树)；形状：sgong spri 蛋白(蛋+奶的凝结物)，rdo char 冰雹(石头+雨)，spu gri 刀片(绒+刀)；时间：dbyar chu 夏汛(夏天+水/河)，zla phogs 月薪(月+薪金)；空间：bod mdav 藏枪(西藏+箭)，bod sman 藏药(西藏+药)，山村(山+村镇)；材料：dbugs lgang 气球(气+球形物)，chab gdan 尿布(尿+垫子)，gangs chu 雪水(雪+水)；功能/用途：rmon glang 耕牛(耕作+牛)，bshan gri 屠刀(屠杀+刀)，chang rdza 酒坛(酒+陶器)；类别：khang byevu 麻雀(房子+雀)，nags byi 松鼠(树林+鼠)，khrom dmangs 市民(街+公众)；领属：mtsho glang 海牛(海+牛)，dgon gzhis 庙产(寺庙+庄园)；属性：bsod zas 美食(福气+食物)，byis glu 童谣(儿童+歌)。

---

① 为节省篇幅，我们用下标顺序对应藏文第一音节和第二音节，并且略去藏文和藏文的拉丁转写。例如 char rlung 风雨$_{rlung风}$ 简作：char rlung 风雨(雨+风)，全文同此。

根据 Downing（1977）的研究，复合名词之间的语义关系可能是无限的，不可能被有限地归纳出来（黄月圆，1995），以上只是就其中可能的关系做了部分区分。另外，藏语中有些复合词的构词语素已经逐渐虚化，具体性减弱，意义逐渐模糊，还有些甚至作为类词缀出现。例如 mig lpags 眼皮(眼+皮肤)，mig chu 眼泪(眼+水)，每个语素的意义相对具体，复合词意义仍旧透明，可推测判断；gnam gru 飞机(天空+船)，其中 gru 已丧失"漂浮在水面的运输工具"意义；lha khang 寺庙(神+房子)，其中 khang 虽然已经不再是供人居住生活意义上的房子，但作为神的活动空间，语素的本义还可追溯，复合词意义还可以推测。但是，有些词的语义已经空洞化，开始朝词缀语素方向变化，例如 ro 原意是"废品"，作为构词语素，蜕变出"剩余物""渣滓碎屑"等意思，最后变成"不值一提的那么些碎东西"，甚至可以用于指人，表示没有价值没有用处的废人，形成贬义类词缀。例如 bsod zas 美食(福气+食物)，ja ro 剩茶叶(茶+渣滓)。

总起来看，并列型和修饰型 N_1N_2 复合名词分别继承了句法上的并列名词短语和前置修饰名词短语，只是修饰型缩减略去了可能存在的属格标记。语义上，无论同义还是反义词根语素，并列型都涉及范围和量限，有周遍性，形成逻辑上的全称概念。修饰型结构所指多为具体事物，缺少抽象名词，表数和指人名词也不丰富。

（二）名语素+动语素（N+V）

藏语句法上的名词和动词语序可以构成主谓（陈述、领有、判断等谓语）和述宾（受事、对象、结果、类别等宾语）结构，都是陈述性的。尽管 N+V 词法模式是指称性的，构成名词，但语序形式明显源自主谓和述宾两种句法结构，有其继承的合理性。不过，藏语词法模式跟句法模式之间功能上是不等同的。观察以下两种类型。

(1) 对应句法上的主谓结构

诚如上文指出，双音节多为复合名词是藏语词法模式决定的。例如 du vgro 烟囱(烟+走/去)，其中 vgro 是自主不及物动词，由于 du 不是施事，因此 du vgro 后面蕴含了动作的施为者，并且驱动主事发出动作，即词法上的名词 N 和动词 V，所指称的事物可能是"让烟走的东西"，这个所指或者是实体、或者是工具，由母语人约定俗成决定。同样，chu vgro 是"让水走的东西"，转指"下水道/管道"，甚至还可以通过身体部位转指人：rkang vgro"让脚走的东西",转指"脚夫/搬运工"。同类还有:gser vgyur 点金术(金子N+变化V),dbugs chags 生物(气息N+产生V)。

再看 chu log 洪水(水+倒塌),log 是不自主不及物动词,表示事件发生引起的后果或产生的特征,转指经历此变化的事物或产生此特征的事物。所以"河水塌了"指称所产生的后果"洪水"。再如 khab gug 弯针(针-N+弯-V),sprin gug 卷云(云-N+V-卷),khrag rul 脓(血-N+腐烂-V),(kha kyog 歪嘴(嘴-N+斜-V),lto lhag 剩饭(食物-N+剩余-V),phyur skum 奶酪干(奶酪-N+收缩-V),sna gug 鹰鼻(鼻子-N+弯-V),devu vbur 丘陵(小山-N+突起-V),gtam vkhyar 传闻(话语-N+流散-V),sa vgul 地震(土地-N+移动-V)。

如果与 N+A 模式的静态特征相比,可以看出相互之间有一定差别,修饰型是直接描写,不会感知产生的过程和原因,而 N+V 模式则转指意味强烈。例如 lag kyog(残疾)弯手(手-N+弯-A),lam kyog(绕弯的)弯路(路-N+弯-A)。

(2)对应句法上的述宾结构

1)蕴含格意义的结构。从词例 lag vju(楼梯的)扶手(手-N+握住-V)来看,形式上跟句法述宾结构一致。由于逻辑语义上我们可以感知其中蕴含了工具格意义,说明词法是一种压缩的结构。又如 rdo rtsig 石墙(石头-N+砌-V),是"用石头砌的东西"之义,也隐含了工具格。char skyob 伞(雨-N+庇护/救护-V)含有"从雨中救护的东西"意思,隐含了从格意思。① 请比较类似句法结构:mu ge 灾荒 las 从格 bskyags 救护-V-PST 救荒。相似的词例:phyag vbul 礼品(手-N+奉献-V),chu skor 水车(水-N+转动-V),ltag nyal 仰卧(背-N+睡-V)。

2)带受事的动词结构转指事物:带受事的及物动词表示动作的功能及功能的类别,转指所作用的事物。例如 ja dkrug 搅茶棍(茶-N+拨弄-V),转指"拨弄茶水的工具"。再如 bcud vgugs 灯(精华-N+召集-V),lba skor(小孩儿用的)围兜儿(脖子-N+围绕-V),bkav vdzin 字据(话语-N+握住-V),dpe skrun 出版(书-N+建造-V),zwa vdra 藿香(荨麻-N+像-V)。

(三)动语素+名语素(V+N)

句法关系上,藏语动词与名词的语序基本上只能构成修饰关系,而且一般需要句法助词关联。例如 ri-dwags-brgyab 打猎 pavi NMZ-GEN skabs 时候 打猎的时候,

---

① 拉萨话 vdzin 本身可以作名词,意思是"字据,契约",而 bkav "指示,命令"<敬语>可以作为名词敬语前置语素,因此 bkav vdzin 是 N+N 结构,这意味着这个词有两种释义方式。

vgran_比赛 rgyuvi_NMZ-GEN kha-dan_约定 比赛的约定，前者动词之后使用名词化标记 pa，再添加属格标记 vi，后者使用名词化标记 rgyu 和属格标记 vi。但是词法模式中，句法上的语法化标记和格标记等语法词有可能压缩取消，例如带属格-vi：bkur-sti_侍奉-vi_GEN lugs 方法 侍奉的规矩，不带属格-vi：go-mtshon_武器 spyod_使用 lugs_方法 使用武器（的）方法，skyong_抚养 lugs_方法 抚养（的）办法，skad-cha-bshad_说话 ma-phod_不敢 pavi_NMZ-GEN tshul_样子 不敢说话的样子，grongs_死-PST tshul_样子 死的样子。

尽管藏语 V + N 模式可能继承了句法的结构关系，但无疑形成自身的构式意义。这种意义规定了 V 的功能是提取 N 的语义特征，表达 N 的某类属性，显然这个位置上的 V 具有形容词的功能。周荐（1991）曾提出汉语 V + N 的 9 种语义关系类别：动作 + 动作发出者，用途 + 事物，动作 + 受动者，动作 + 处所，原因 + 事物，方式/状态 + 事物，动作 + 时间，动作 + 方位，动作 + 单位，其中部分关系也存在于藏语的 V + N 模式之中。

（1）动作 + 动作发出者：gtug mi 诉讼当事人_(诉讼+人)，brlag mkhan 失主_(丢失+人)，bshal sman 泻药_(泻+药)，chags srol 传统制度_(出现+习惯)，khro mig 怒目_(发怒+眼)，brlag brda 遗失启事_(丢失+消息)，vdzum khung 酒窝_(微笑+洞)。

（2）动作 + 工具：bdar rdo 磨刀石_(磨+石头)，bzhes phor 糌粑盒_(吃+碗)，blu rin 赎金_(赎+价钱)，bstod gtam 美言/好话_(赞扬+话语)，bstod yig 奖状_(赞扬+文字)。

（3）动作 + 受动者：gces blon 宠臣_(爱惜+大臣)，bzhes rgyu 饮料_(喝+原料)，mkhyen yon 学问_(懂得+知识)，vjog dngul 存款_(放置+钱)。

（4）动作 + 处所：bzhugs gling 林园_(住+岛)，bzhu thab 熔炉_(熔化+炉子)，gsang lam 僻路_(隐密+路)，bzhugs gdan 坐垫_(坐+垫子)。

（5）用途 + 事物：dran tho 备忘录_(回忆+账[本])，mchod me 佛灯_(祭祀+火)，chags tshig 情话_(爱恋+话)。

（6）动作 + 材料：gnyid sman 安眠药_(睡+药)，bdug rdzas 熏药_(熏+材料)。

我们发现，无论指人名词还是非指人名词，藏语 V + N 模式在整个词法体系中的数量有一定限制。检诸各种原因，似乎有两种可能原因。第一，藏语中存在 V + 词缀 pa 的指人名词格式，指施事动作的人或具有某种属性的人，例如 tshong_买-V pa 商人，snyon_诬陷-V pa 疯子，gnyer_管理-V pa 管家，ngan_坏-A pa 坏人，vdum_和解-V pa 和事佬，vdris_熟悉-V pa 密友，vdren_引导-V pa 带路人，sbrags_交付-V pa 邮递员。或许存在于词库的这类派生形式阻遏了 V + N 指人复合词的形成（董秀芳，2005）。第二，有部分 V + N 结构中的 N 逐步向派生形式的方向发展，产生了一些类词缀。例如，mkhan 表示施动者，ldan 表示受动者，yag 或 yas 表示与动作客体有关的事物，且 yag 的词缀化程度较高，rgyu 表示要做的事，stangs 表示做某种事情的方式、方法，long 表示动作的时间、时段，sa 表示动作的地点或对象，thabs 表示做事的方法，srol 表示做事情的规矩或习惯，vdod 表示意愿，rtsis 表示打算，tshad 表示程度、标准，vphros 表示剩余概念，snyugs 表示继续概念，res 表示轮换，dus 表示时间点，shul 表示时间段，bzo 表示方式方法，lugs 表示情形，sems 表示心灵或精神，tshul 表示方法、态度、情况，等等（江荻，2005）。

(四) 动语素 + 动语素 (V + V)

藏语典型的 V + V 词法模式是两个单音节动词并列组合，例如 vkhyud vtham 拥抱(抱+搂)，blu nyo 赎买(赎+买)。这种模式与句法模式一致，例如 gzhas btang ba 唱歌 dang 和 zhabs bro brgyab pa 跳舞 唱歌和跳舞。藏语句法上还有一些其他动词连用形式，但一般不发生词汇化，而是朝其他方向发展，例如虚化为助动词。试观察实例，movi lag-pa 她的手 nas 旁格 vjus 抓住 te 并且 rtsa-lta 看脉 rtsis-byed 打算准备抓住她的手看一下脉，sa phyogs 地方 gzhan 其他 zhig_ tu ALA vgro 去 rtsis 打算打算去一个别的地方，bya-dgav 奖品 len 取得 vdod 愿意想获奖，lag-pa 手 rkyong 伸 mi 不 phod pa 敢 不敢伸手。rtsis 原型rtsi 是实义动词"计算"，用于动词之后衍化出"打算（做），当作"义，具备了助动词的资格。同样，vdod 和 phod 也用于动词之后，虚化为助动词。目前传统文法学界尚未明确界定助动词类别，这些词的地位还有争议。有意思的是，随着复合动词的发展，rtsis 跟轻动词结合构成的 rtsis byed，似乎使句法有向带动词或动词短语作为受事宾语的方向发展，从藏语句法整体观察，这只是初期的个别案例，不在本文讨论之列。除此之外，句法上还有一些更复杂的并列结构，例如 lam 路 du LOC vgro 走 gin vgro 走 gin lavng <连词> sgra-snyan-gtong 弹琵琶 gin gtong 做-弹 gin vgro 走 gi-vdug ASP 在路上边走边弹琵琶，其中 gin…gin… 连接动词并列构成"动作同时发生"的意思。这样的句法结构似乎不太可能为有限单元的词法继承。以下仅讨论并列型动词构成的复合名词。

两个动语素并列构成的名词基本都是抽象名词。但是，追究其内部构成语素表示的特征，则语义特征上可能存在多种加合方式：同义的、反义的、顺连的。

（1）同义组合

两个动语素表示相同的语义意味着二者具有共同的语义范畴，每个语素义代表这个范畴的某种特征，也就是具体的动作。例如，bor brlag 丢失/遗失，分别由 bor"遗失"和 brlag"丢失"构成。每个特征表示的意义称为特征义，特征义所指向的共同范畴义是一个上位概念，是有差别的特征义的集合义，因此是一种复杂的、抽象的意义，这种意义泛指动作代表的抽象"行为"。深入内部分析可以知道，由于 V+V 结构的每个语素特征义凸显范畴义，因此动作特征义弱化，所构成的词义也缺乏明确的动作性质。从表述角度看，"行为"虽然可以陈述，但同时也可以指称，这就使得这类复合词具有事物的性质，即可能充当名词。例如 slob(学习)-v sbyong(练习)-v 学习，该词目前各词典都处理为名词，动词则用 slob sbyong byed 学习。①

形式上，同义语素组合是并列或联合结构，是一种离心结构，我们就获得了这样的基本模式：V+V > N。语义上，V+V > N 模式是从各语素特征义抽取共同的范畴意义而成，这种共同意义构成了整体词义。由于每个语素特征义都转指抽象的行为，因而词义也转指包含这些语素特征义的行为或者状态。请观察以下例词。

转指包含动作的抽象行为或动作的结果：rtsom sgrig 编辑/编纂(写作+编排)，bgro gleng 商议/商谈(讨论+叙说)，glod vgrol 释放/放松(释放+释放)，vkhyud vtham 拥抱(抱+搂)，gso skyong 抚养(养活+抚养)。

转指状态：brel brtson 紧张(急+勤奋)，ltogs skom 饥渴状态(饿+渴)，ngan rul 腐朽(腐化+腐烂)，mthong thos 见闻(看见+听见)。

（2）反义组合

两个动语素意义相反，但在本质上却指向同一语义范畴。例如"爱"和"恨"都表示人的感情色彩，每个语素义特征都转指共同范畴的某种属性状态，因此它们的集合意义实际指称某种感情范畴的状态。例如，byams sdang

---

① 翻诸早期的词典，从最早的 Schroeter、乔玛（K. A. Csoma）、叶斯开（H. A. Jaeschke）、达斯（Das）等编撰的词典看，都未收入此词，可见复合名词至少在当时使用或许尚不广泛。

爱憎(爱+恨), dgav sdang 爱憎(喜爱+仇恨), bzhad vphya 嘲笑(笑+讥讽), vpham rgyal 胜败(败+胜), shi rmas 死伤(死+伤)。

(3) 顺连组合

两个动词动作相连相承, 甚至一个动作是另一个动作的结果。例如 dgav vbod 欢呼/喝彩(喜爱+喊), g-yar gzigs 借阅(借+理解), nges shes 信念/信心(记住+把握), shi vphos 逝去(死+离去)。

个别时候, 我们也能发现转指具有动作功能的事物: mchod gshom 佛龛(祭祀+摆设), bgru vkhor 碾子(碾+旋转)。这类转指事物或工具的复合名词很少, 这是因为藏语名词大多数采用词缀或类词缀表示。除此外, 还有部分 V + V 模式呈动作进行的方式或原因, 例如 ltogs shi 饿死(饿+死)。

(五) 形语素 + 形语素 (A + A)

每种事物都含有一定的属性, 直接指称属性的名词称为属性名词, 而非属性名词则通过形容词修饰语来表达属性。也可以说, 形容词是用来表示名词的属性值的词类, 形容词可以看作名词的属性范畴。

世界语言表达属性的方法很多, 英语采用形容词加缀方法实现属性名词。例如 trueness "真伪", correctness "正误", safety "安危, 安全性", intimacy "亲疏", glory "荣辱", 等等。汉藏语言有一种很独特的属性名词表示方法, 例如汉语采用"高低"表示事物的高度属性, 用"大小"表示事物的面积或体积属性, 用"好坏"表示对事物的评价。藏语也采用极性(反义)形容词构成属性名词, 这种名词具有概括该类事物全部属性的功能。例如 tsha grang 温度(热+冷), mtho dman 高度(高+低), che chung 尺寸/面积(大+小), mang nyung 数量(多+少), yag nyes 品质(好+坏), bzang ngan 品质(优秀+坏), ring thung 长度(长+短), nye ring 距离(近+远), dkar nag 对立物(白+黑), gsar rnying 年龄(新+旧), skyid sdug 生活条件(幸福+贫穷), srab mthung 浓度/密度(薄+厚), skam rlon 湿度(干+湿), drag shan 力量(强+弱)。跟 V + V 模式相同, 形语素之间主要采用同义、反义和相关义构成。

(1) 同义并列

bde skyid 幸福(快乐+愉快), cang grung 机灵(聪明+活泼), zing dmar 绯红(粉+红), mdzes bkrag 华美(美丽+艳), gzab brling 稳重(谨慎+踏实)。

(2) 反义并列

spyang glen 巧拙(聪明+傻)，vbel dkon 充裕和缺乏/有余(丰富+稀少)，yangs dog 宽窄(广阔+狭窄)，chen chung 妻妾(大+小)，g-yas g-yon 左右(右+左)，legs zhan 善恶/功过(美好/善良+弱/差)。

(3) 相关义并列

bde chen 幸福(快乐/健康+大)，bde dog 平安(快乐/健康+狭窄)，ljid theg 载重/负重(重+小)，vbring chung 中小型(中等+小)。

（六）名语素+形语素（N+A）

藏语名语素+形语素构成的名词是一种白描型语义关系，这种关系继承自句法结构。例如 gos hrul 破衣(衣服+破)，dri bzang 香味(味+香)，khrag dron 热血(温+血)，chu nyog 浑水(水+浑浊)，dar dmar 红旗(旗+红)，dngul sgor 银元(银/钱+圆)，gron chung 俭省(本钱+小)，lcags seg 锉刀(铁+斜)，sha mkhregs 老茧(肉+坚硬)，sga rlon 鲜姜(姜+湿)，nyi gsar 旭日(日+新)，zla gzhon 新月(月+年轻)，bla chen 大喇嘛(佛+大)。

这些词似乎有两方面特点，其一，无论名语素还是形语素都只用词根构成，都是双音节词；其二，复合词语义可以预测，由两个语素的概念简单合成，无论指人亦或指物，一般都是具体的，不发生转义（隐喻或转喻），或者是显性的转喻，一种常规的状况或结果及其所指。

从某些词语组合来看，这类名词结构很可能来源于偏正式名形短语。例如 gos hrul 来源于 gos hrul po 破衣，gos bzang 来自 gos bzang po 美裳，dri bzang 来自 dri bzang po 香味，khrag nyams 来自 khrag nyams pa 贫血，khrag dron 来自 khrag dron po 热血。

进一步追溯，名词也可能是双音节形式，与形容词构成名词短语。例如 dri ma$_{气味-N}$ zhim po$_{香-A}$ 香气，dri ma$_{气味-N}$ ngan po$_{臭-A}$ 臭气，khrig ril$_{雪球-N}$ dmar po$_{红-A}$ 红血球，khrag shed$_{血压-N}$ dmav ba$_{低-A}$ 低血压。

在这几个层次中，无疑藏语 N+A 双音节名词经历了从短语到双音节词的过程，这个过程通过语素或词缀的脱落得以实现。还有个别形式稍微复杂，沿袭了藏语中曾经出现过的形容词词缀。例如 smyo"疯"原本是动词，添加

黏着词缀 -n 转化为形容词 smyon "发疯的",所以我们补出 smyon pa 形式。①

总起来说,N + A 词法类型可能不是直接从名词词根和形容词词根产生的,这也是该类型结构数量不多的原因,或者说该类结构不具有能产性。我们猜测,阻碍这种结构产生的原因很可能与人们的句法结构心理相关,N + A 不仅蕴含了较强的中心语跟后修饰语语序的句法性质,同时还隐含着与 S + V 语序冲突的可能。至于已经出现的少量该类结构则可能源于短语词化,这是语言其他演变规律导致的,我们一定程度上同意冯胜利(2009)所描述的双音节韵步演变所起的作用,却也不排除还有更多因素在其中所发挥的作用。

(七)形语素 + 名语素 (A + N)

上文所讨论的 N + A 模式复合名词沿袭了藏语常规偏正型短语的语序,二者仍然呈现为修饰语与中心语关系。如果改变这种语序(修饰语前置),则藏语句法上要求前修饰语与中心语之间添加属格标记。这种修饰语序可能是类推产生的,因为藏语名词,或者代词、数量值、名词化短语等一般采用这种修饰语序,例如 bod yig *gi* dpe cha 藏文的书,lcags *kyi* lde mig 铁的钥匙,rang *gi* ma rtsa 自己的资金,su*vi* slob deb 谁的书,nags *kyi* rgyal po 林中之王,pho brang ltar *gyi* khang bzang 像宫殿般的琼阁,rnyed pa*vi*(NMZ-GEN) dngul rta rmig ma 得到的银锭。

相对充当后置修饰语的形容词,形容词前置有一定限制,需要带修饰语标记(跟属格标记一致),② 例如 sgam po*vi* ngang 深沉(的)性质,ya mtshan *gyi* ngang 惊奇(的)心情,sdug po*vi* ngang 沉痛(的)心情,shin-tu rno-ba*vi* mche-ba 非常尖利(的)牙齿,mthon-po *gi* shing-sdong steng 高高(的)树上,mdzas pa*vi* pha yul 美丽的家乡。这种限制性是由藏语语法体系决定的。也就是说,A + N 模式构成的偏正型修饰关系是藏语修饰语跟中心语基本模式,超出这个模式则需要像其他前置修饰语一样带标记,带标记模式是受限的,受限则数量不多。试比较以下几组词与短语对比案例。

词根(ljid)前置:ljid vgan 重任(重+责任),ljid rigs 重型(重+类);完形词

---

① 关于藏语古词缀现象,参见张济川(2009)、江荻(2016)。
② 严格意义上,领属格标记添加于指人或拟人名词或代词与领属物之间,表修饰或限制的标记添加于其他非指人名词之间。跨语言看,有些语言区分属格标记与修饰标记,而东亚大多数语言这两种标记已然混用。有关讨论参见江荻(2014)。

（ljid po）后置（江荻，2006）：vgan ljid po 重/责任重₍责任+重₎，gting ljid po₍为人₎ 深沉₍深度+重₎，gzhi ljid po 严重₍根基+重₎，kha ljid po 沉默寡言₍话语+重₎，rkub ljid po 不好动/懒惰₍臀+重₎，tshabs ljid po 坏 ₍N₎₍坏+重₎。

词根（gsar）前置：gsar thog 新粮₍新+收成₎，gsar vgyur 消息₍新+变化₎，gsar grogs 新友₍新+朋友₎，gsar rtsom 新著₍新+文章₎。完形词（gsar pa）后置：mar gsar pa 鲜酥油₍酥油+新₎，khral gsar ba 新税₍税+新₎，zhabs敬 gsar ba 新官₍随员+新₎，bag gsar 新娘₍娘+新₎，dgung敬 gsar 新年₍年+新₎，dpe gsar 新式₍样式+新₎。

形式上，A+N 模式呈双音节形式，意味着无论其中的名词还是形容词都只能采用词根合成。那么它是否通过略去修饰语标记紧缩而成的呢？我们检查了相关资料，仅发现极个别的省略形式（例如 ched "特地，专为"）是单音节形容词，也作名词。ched kyi don "特别的事情"是短语。那么，拉萨话的 ched don "专题，项目"是否来自这个短语呢？又如 zhan pavi gras "次等"，zhan pa 是形容词，表"弱，差"意思，可是并没有发现 zhan gras 形式。legs pavi ngang "善良的性格"，也没有直接词化的 legs ngang。所以，我们怀疑 ched kyi don 中的"ched"不是形容词性质。而且 ched 经常与 du 连用，构成派生副词，因此具有副词性质，可以跟动词结合（ched+动词）构成的名词：ched gtong 特派、ched bzos 特制、ched bris 特写、ched sbyong 专修。

功能上，A+N 模式复合词基本属于白描性质，语素之间是比较直接的修饰限定关系，仅仅在少量词义组合特别的时候才呈现转喻。例如 dben gnas 静处：dben 来自形容词 dben pa 寂静，这种语素义关系跟句法上的修饰关系并无二致，比较：gnas dben pa 幽静的地方；ri khrod dben pa 偏僻的小寺。再如 rno zur 锐角，rno 来自形容词 rno ba/rno po 锋利，rnon 是 rno 的变体形式，比较句法形式：mig rno po 眼尖；gri rnon po 快刀；mdav rnon po 利箭；sna rnon po 嗅觉敏锐/尖鼻；kha rnon po 尖锐/口利。不过，多音节形式则一般采用句法模式：skad cha ya mtshan po 奇谈，ha cang ya mtshan po 咄咄怪事。

部分组合带有转喻意义，很可能来自语素自身语义的引申。例如 bur chang "甜酒"专指某类食品，而不是甜的酒。dmav sems "谦虚"已不是语素所指意义，mdzes rtsal 不是"美丽的能力"，而是"美术"专门学问。当然，这种转喻在短语中也可能发生，例如 dmav pavi ming "普通人"，也不是低矮的人的意思。再比较一例，sngo chas 字面意思是绿色器具，其实转指

"珠宝"，而 sngo rtswa 字面义是绿色的草（青草），词义已经转指饲养牲畜的饲料了。再如 mdzes kong 酒窝(美丽+凹)，mdzes ris 图画(美丽+形状)，mdzes rtsal 美术(美丽+技能)，dkar chu 奶乳(白+水)。

（八）形语素+动语素（A+V）

A+V模式词法关系反映的正是句法上的副词与动词或状语与谓语的关系。我们知道，藏语副词是一个正在形成中的词类，相当部分来自形容词。也就是说，藏语句法上的状语可以通过形容词添加状语性助词构成（金鹏，1983），例如 yi ge字-N *gsal po byas*清楚-ADV vbri rogs gnang敬语谓语-V "请把字写清楚"。从来源上看，助词 byas 源于动词 byed "做，进行，成为"的完成式，与形容词结合虚化为副词词缀，例如 yag po byas lta 仔细地看，yag po byas gsan 仔细地听，这种结构不是谓语形式，而是作为其他动词或谓语的伴随结构，表示动作的方式。因此，此例 *gsal po byas* vbri 表示"清清楚楚样子方式（来）写"。这个过程既是动词 byas 语法化的过程，也是副词词汇化的形成过程。可以说藏语史上存在一个 byas 从动词>句法助词>词缀的过程。

形容词还可以添加其他句法助词或者词格标记等构成副词，例如格标记-la（变体形式：-r），关于这些现象，此处不做深入探讨。但更重要的是，形容词也可不添加任何标记直接充当状语，承担副词的功能。例如 da-dung再 *yag-po-byas*好-LY lta看 dus时候再仔细看时，lteb-rtseg皱纹 *gsal-po-r*清楚-LY mngon-pavi显现-NMZ-GEN stod-thung衣服皱褶清晰可见的上衣，nga我 rang-gi自己-GEN lus身体 thog上面 nas_ABL *gsal-po*清楚 mngon byung显现-ASP 从我自己的身体上清楚地表现出来。

藏语词法上的 A+V 模式实际也是副词性修饰语与动词结合。例如 ljid gnon 高压(重+压)，ljid vdegs 举重(重+举)，ljid theg 载重/负重(重+载/受)，ljid 是 ljid po "重"的词根形式，跟动词结合表示动作方式。以上三例意思分别是"用力气压""用力气举""用力气载住"。这意味着这个位置上形容词词根具有状语修饰语性质。

从词类组合功能分配来看，修饰语形容词和副词分别与名词和动词搭配，前者指事物，后者指动作或事件。根据生成词库的语义解释理论，表示事物属性的形容词出现在修饰动词的位置，则会出现功能错配，并导致词类范畴错配，并引起词类产生事件强制和变化（宋作艳，2015）。因此，A+V模式中的形容词呈现出副词化的强制转化。再如 gsar skyes 新生(新+生长V-PST)，gsar bkod 重新安排(新+安排V-PST)，gsar bcos 革新(新+修改V-PST)，gsar brje 革命(新+变革/交换V-PST)，gsar gtod 创造/发明(新+创造/发明V-PRS)，gsar vdzugs 创办/发明(新+开创/成立V-PRS)，skyid snang 快感(舒服/愉快+感觉V-PRS)，mdzes tshor 美感(美丽+感觉N/V-PRS)，kher vgro 独行(单个+走V-PRS)，zol bstod 谄媚(假+赞扬V-PRS)，zol sgrib 蒙蔽/欺瞒(假+遮住V-PRS)。其中有相当部分采用了完成式动词，原因尚待考察。

（九）动语素+形语素（V+A）

双音节 V+A 模式跟 N+A 模式具有平行性。已知 N+A 是藏语句法上的常规模式，且 V+A 乃至形容词用作副词的 V+ADV 并非普遍模式，因此一个合理的推测是 V+A 中的 V 很可能发生了强制转类。我们先比较二者的案例，N+A：khrag dron 热血〔khrag(N-血) dron po(A-热)〕，dri ngan 臭味〔dri ma(N-气味) ngan po(A-臭)〕；V+A：gnang chen 大赦〔gnang(V-赐给/N-允诺) + chen po(A-大)〕，sems chung 虚心/胆小〔sems(V-想/N-心灵) + chung chung(A-小)〕，mngon chen 显著〔mngon(V-显现/N-正面) + chen po(A-大)〕，mngon chung 含蓄〔mngon(V-显现/N-正面) + chung chung(A-小)〕，thos chung 寡闻〔thos(V-听见)/thos pa(N-听闻) + chung chung(A-小)〕，vdzum chung 微笑〔vdzum(V-微笑) + chung chung(A-小)〕，skyor vbol 靠垫〔skyor(V-支撑) + vbol po(A-松软)〕。

二者形式上基本一致，不过 N+A 模式保持了形名直接修饰关系，不发生转喻。可能出于普遍的 N+A 构式的原因，我们从拉萨口语词典中搜寻，发现 V+A 模式的动词多为名动兼类，真正不兼类的十分有限。这意味着 N+A 模式已经成为藏语母语人的一种认知经验框架，也就是说凝结为一种词法构式。以 mthong "看见" 为例，mthong chen po "重视" 这种 V+A 结构在人们的心理习惯上会很自然地理解为 N+A 构式，其中的 V 受到构式力的强制而转化成 N。也可以说，chen po 要求与之组合的是事物论元，具有名词性质，当 mthong 不能满足这个要求，则强制 mthong 转化。就 mthong 而言，它自身是蕴含动作结果的事件动词，可以转化为结果事物，此处即"发现、目睹"。因此藏语可以产生 mthong byed 敬重，重视 V，进一步扩展，又可形成以下词例。

    mthong chung 轻视 < mthong(V-看见/N-看待) + chung chung(A-小)

    mthong chung byed<V> 轻视，小看，看不起

mthong chen 重视 < mthong₍V-看见/N-看待₎ + chen po₍A-大₎

mthong chen byed₍V₎看重/重视 = mthong chen po byed₍V₎看重/重视

上文指出，V+A 模式是非普遍模式，拉萨话一般避免使用这种结构。例如拉萨方言 skul 鼓励与 lcag po 快,迅速以及动词 gtong 组合 skul lcag gtong 动员,鼓励，但却缺乏直接的名词形式 skul lcag。反之形成一组 A+V 的结构：lcag skul 鞭策-N，lcag skul gtong 鞭策,鼓励-V，lcag skul byed 鞭策,鼓励-V。

四、余论

以上讨论了藏语复合名词的各种基本结构以及构成这些结构的形类，也同时讨论了各种结构形类语素之间所存在的语义关系。可是，除了以上 9 类形类结构，藏语中其他词类也能构成复合名词，包括副词、连词、数词等可与其他词类构成复合名词，例如副词与动词构成的形类结构：brel rtab 匆忙₍忙+忙乱-ADV₎，thub tsam 将就/勉强₍胜过+一点儿-ADV₎。

另外，上文讨论的都是双音节名词，实际上也有小量的多音节复合名词。限于篇幅，此处简单介绍。多音节复合名词大致有几种主要的表达类型。一是新词，例如 dmag spyi khang 司令部，dpe lta khang 阅览室，sman len sa 取药处，vjam vdrud snum 润滑油。二是佛教词或外来词，例如 bcom ldan vdas 胜利者/薄伽梵（释迦牟尼的梵文称号），ya kri tshavo 鸭跖草（药），pu li si₍原西藏地方政府的₎警察，bhring ka ra 金水壶。三是部分习惯性短语性质的组合，用法与词基本相同，或可视作词，例如 byang chub gsum 三菩提，chos vkhor gsum 三大古寺，① dpal gyi bevu 吉祥结，dbyar dgun ston dbyid 春夏秋冬，sa chu me shing lcags 金木水火土（胡坦，1986）。四是一些专名、地名和藻饰词之类，例如 rnam rgyal lags 朗杰先生，mtsho skya ring 扎棱湖，mivi dbang phyug 国王₍藻饰词₎。

多音节复合名词的形类结构比较复杂，有些是双音名词加上名词语素，例如 [[dmag rtsal]_{N-武艺} thang_{N-广场}]_N 训练场，[[dug sel]_{N-消毒} sman_{N-药}]_N 消毒药。

---

① 周季文（1981）认为三个词根构成的复合词后面添加的语素 gsum，是同位性成分，例如：rta lug nor gsum 牲畜₍马羊牛三者₎。又参见周季文、谢后芳（2003）。

还有采用后修饰句法格式的结构，例如［［gnas］_{N-界}［chen］_{N-大}［lnga］_{N-五}］_N赡部洲五圣地。有一类甚至添加语法词句法格式，用属格标记把修饰语与被修饰语关联起来，例如［［khrag gi］_{N-GEN-血}rigs_{N-类}］_N血型。关于多音节复合名词详情，拟另篇讨论。

参考文献

［1］Beyer, Stephan V. 1992. *The Classical Tibetan language*［M］. New York：State University of New York. Delhi：Sri Satguru.

［2］Booij, G. 2014. *The Grammar of Words：An Introduction to Linguistic Morphology*［M］. Foreign Language Teaching And Research Press.

［3］Csoma, S., and Phun-Tshogs, S. R. 1834. *Essay Towards A Dictionary, Tibetan and English*［M］. Culcutta：Baptist Mission Press. （1984. Reprinted）.

［4］Downing, P. 1977. On The Creation and Use of English Compound Nouns［J］. *Language*. Vol. 53, No. 4, pp. 810—842.

［5］Goldstein, Melvyn C. （ed.）1975. *Tibetan-English Dictionary of Modern Tibetan*［M］. New Dlhi：Rakesh Press, 1978 reprinted.

［6］Huang, C-T. J. 1984. Phrase Structure, Lexical Integrity, and Chinese Compounds［J］. *JCLTA*. 19.2：53—78.

［7］Jäschke, H. A. 1856/1881. *A Tibetan-English Dictionary*［M］. Delhi：Motilal Banarsidass. （1980, Reprinted）.

［8］Jiang, Di. 2015. Types and Constructions of Exocentric Adjectives in Tibetan. In：Maosong Sun（editor）：*Chinese Computational Linguistics And Natural Language Processing Based On Naturally Annotated Big Data*. Springer International Publishing Switzerland. pp. 167—179.

［9］Pustejovsky, J., Pierrette Bouillon, Hitoshi Isahara, Kyoko Kanzaki, and Chungmin Lee. 2013. *Advances in Generative Lexicon Theory*. Springer.

［10］Schroeter, F. C. G. 1926. *A Dictionary of The Bhotanta or Boutan Language*［M］. Serampore.

［11］丁邦新，2002.上古汉语的构词问题［M］//北京大学汉语言学研究中心《语言学论丛》编委会.语言学论丛：第26辑.北京：商务印书馆.

［12］董秀芳，2005.汉语的词库与词法［M］.北京：北京大学出版社.

［13］董秀芳，2011.词汇化：汉语双音词的衍生和发展［M］.北京：商务印书馆.

［14］冯胜利，2009.汉语的韵律、词法与句法（修订版）［M］.北京：北京大学出版社.

[15] 格西曲吉扎巴, 1957. 格西曲扎藏文辞典 [M]. 北京：民族出版社.
[16] 胡坦, 1986. 藏语并列式复合词的一些特征 [J]. 民族语文 (06).
[17] 黄月圆, 1995. 复合词研究 [J]. 国外语言学 (02).
[18] 江荻, 2005. 面向机器处理的现代藏语句法规则和词类、组块标注集 [M]//江荻, 孔江平. 中国民族语言工程研究新进展. 北京：社会科学文献出版社.
[19] 江荻, 2006. 现代藏语派生名词的构词方法 [M]//何大安, 张洪年, 潘悟, 等. 山高水长：丁邦新先生七秩寿庆论文集. 台北："中研院"语言所.
[20] 江荻, 2014. 藏东南地区藏缅语领属结构现象 [J]. 语言研究 (04).
[21] 江荻, 2016. 古藏语非音节性名词化派生词缀的类型与功能 [M]//龙从军, 燕海雄. 中国民族语言研究和应用. 北京：中国社会科学出版社.
[22] 金鹏, 1983. 藏语简志 [M]. 北京：民族出版社.
[23] 宋作艳, 2015. 生成词库理论与汉语事件强迫现象研究 [M]. 北京：北京大学出版社.
[24] 孙景涛, 2005. 论"一音一义" [M]//语言学论丛：第31辑, 北京：商务印书馆.
[25] 于道泉, 1983. 藏汉对照拉萨口语词典 [M]. 北京：民族出版社.
[26] 张济川, 2009. 藏语词族研究：古代藏族如何丰富发展他们的词汇 [M]. 北京：社会科学文献出版社.
[27] 张怡荪, 1985. 藏汉大词典 [M]. 北京：民族出版社.
[28] 周季文, 1981. 藏语新词术语的构成 [J]. 民族语文 (01).
[29] 周季文, 2003, 谢后芳. 藏语拉萨话语法 [M]. 北京：民族出版社.
[30] 周荐, 1992. 复合词词素间的意义结构关系 [M]//语言研究论丛：第6辑. 天津：天津教育出版社.

江荻　江苏师范大学汉语和汉藏语研究中心
　　　中国社会科学院民族学与人类学研究所

江沙维《华葡字典》的官话注音

孙玺济　邵则遂

摘　要：葡籍汉学家江沙维1833年所著《华葡字典》中，用葡语字母为字典中每一个汉字进行了注音。经过归纳，《华葡字典》代表的汉语音系中有21个声母，39个韵母，5个声调。通过对比，发现《华葡字典》的音系与《中原音系》系韵书、同时代其他字典的音系都存在一定的区别和联系。可以基本确定，《华葡字典》的音系是以当时南方官话为基准的汉语读书音音系。

关键词：江沙维《华葡字典》；《汉洋合字汇》官话；音系

一、江沙维与他的《华葡字典》

（一）江沙维

江沙维（Joaquim Afonso Gonçalves，又可译作冈萨雷斯，1781—1841），是19世纪上半叶活跃在中国澳门的一位著名汉学家，他于1781年3月23日出生于葡萄牙后山省（Trá-os-Montes）的一个贫穷家庭，幼年受到父母的影响，学到了信仰与基督教徒的自我克制，后经洗礼入教，于1799年进入里斯本里那佛勒斯（Rilhafoles）修道院学习，并于两年后开始在此担任教师。

由于江沙维不喜欢当时葡萄牙国内动荡的政局，于是决定前往中国进行传教。1812年，江沙维前往中国传教的请求得到了教会的批准，遂从里斯本出发前往中国。江沙维原计划是去北京进行传教，但由于清政府的禁教政策，最终，只到达了澳门。1813年至1814年，江沙维神父抵达了澳门，并于澳门度过了余生。

江沙维在澳门的工作除了传教之外，便是开展语言教学工作。为了更好地在中国开展工作，江沙维在抵达澳门后进行的第一件事便是学习中国的语言。中国的方言较为复杂，由于他最初的计划是进京传教，因此他学习汉语首先学习的是汉语的官话。后由于无法进京，只得留在澳门，因而后来又学习了粤方言（广州话）。江沙维具有学习语言的天赋和学习汉语的热情，在来澳门的最初几年便习得了流利且语调正确的汉语官话，为他成为一名优秀的汉学家奠定了良好的基础。江沙维工作勤奋，常常一天工作16个小时以上，这也是他取得许多成就的原因之一。

江沙维在汉学界最突出的成就之一便是编撰了一大批著名的字典、词典。同时，他在澳门修道院中教授汉语和欧洲语言（葡萄牙语、拉丁语等），培养了一批双语人才，为澳门的汉学研究做出了巨大贡献。1828年，江沙维完成在澳门的首部著作《拉丁语法》；1829年，完成《汉字文法》的出版；1831年，出版了《葡华字典》（又名《洋汉合字汇》）；1833年，出版了《华葡字典》（又名《汉洋合字汇》）。江沙维生命结束的前5年，他把精力放在了编制拉丁语与汉语的对照字典上，先后完成了《拉丁－汉语字典》（1836）、《拉汉小字典》（1839）和《拉汉大字典》（1841）三部字典，直至因病逝世。

（二）《华葡字典》

《华葡字典》，外文名为 *Diccionario China-Portuguez*（*Dicionário China-Português*），是江沙维神父最优秀的著作之一。他编撰此书的最初目的是帮助他在澳门圣若瑟修道院（Colégio de São José de Macau）学习人类学与宗教学的中国学生们能够流利地掌握葡萄牙语，以便更好地了解葡萄牙文化，开展中葡交流事业，或者方便他们学习宗教。

《华葡字典》全书共1300余页，有前言、正文、同音字表、异体字表四个主要部分。前言部分介绍了字典的结构及使用方法。正文部分将这本字典收录的汉字根据部首顺序排列（同一部首内又依据汉字的笔数排列），以方便使用者对汉字进行查找。同音字表（*Dicionário Tônico*）部分收录的汉字按其注音的拉丁字母顺序排列，同音字列在一起，并标注每个同音字下的声调，每个字用一个葡萄牙语单词进行简释，如"cái"音下的"开"字仅用一个单词"abrir"（开，开创）为之注释，此部分共计99页。最后的异体字表部分则列出了部分汉字的异体字和俗体字。

字典正文的排列顺序虽类似《康熙字典》，采取部首加笔画的顺序排列，但与《康熙字典》相比，又有一些不同，例如，《华葡字典》没有像康熙字典一样，把在左的"阝"列在八画的"阜"部下，把在右的"阝"列在七画的"邑"部下，而是统一地列在了二画的"阝"部下；又如，不管源于"肉部"的"肌""脂""肥"等，还是来源于"月部"的"朓""朦""胧"等字统一列于"月"部下。这种对《康熙字典》排列方法的细微改进更有利于那些不熟悉汉字字形起源的人在字典中查找汉字。

在字典的正文部分，江沙维对每一个字头汉字进行解释时，会先在这个字的右边注明该字的草书写法，然后用一个同音汉字（下称注音字）标注它的读音（注音字优先选择与被注字声调相同的字，若难以寻找合适的字，则用一个音同调不同的字注音）。在这个注音字下，又会用拉丁字母标注它的读音。在注音的右面会用葡萄牙文对该字最基本的含义进行解释。在这个字的字头下面会列举一些含有该字的汉语词语，并对每一个词语进行葡萄牙文释义。

本文关注的重点是《华葡字典》的注音体系，主要是对字典正文部分及同音字表部分为汉字注音的拉丁字母、声调标注符号进行研究，总结出该注音体系的一些特点，并将这个注音体系与同时代的其他注音体系进行对比，同时，归纳出该音系（即 19 世纪初期官话音系）所存在的一些特征。

二、《华葡字典》的音系

《华葡字典》对汉字的注音方式有两种，一种是用注音字对汉字进行注音，即用一个汉字来为另一个汉字进行注音（类似于古代的"直音法"）。而另一种注音方式则是用拉丁字母为汉字注音，本文研究的重点是《华葡字典》的拉丁字母注音系统。在《华葡字典》中，江沙维并没有对其注音体系中所使用的每种拉丁字母所代表的实际音值加以说明，但我们可以根据葡萄牙语的发音特点以及掌握的音韵学材料对其各标注中所代表的实际发音进行拟测。《华葡字典》的拉丁字母注音体系较为复杂，会出现同一个声母或韵母用不同的注音方式的情形，如 c（出现在 a、o、u 等字母前）和 k（出现在 i 前）实际表示同一个声母 [k]；同时也会出现同一个字母注不同的音的情况，如 c 出现在 a、o、u 等字母前表示声母 [k]，而出现在 e 前表示声母 [ts]。这些情形的出现与葡萄牙语的字母拼读方式关系密切，但从整体上而言，对于同音字，《华葡字典》中一般会采用同一个拼写方法为其注音。

（一）《华葡字典》的声母系统

1. 声母表

《华葡字典》的声母如下表所示：

表1　《华葡字典》声母表

[p] (p)	[pʰ] (p')	[m] (m)	[f] (f)	[v] (v)
[t] (t)	[tʰ] (t')	[n] (n)	[l] (l)	
[k] (k/c)	[kh] (k'/c')	[ŋ] (g)	[x] (h)	
[ts] (ç/tz/ch/c)	[tsʰ] (ç'/ts'/ch')		[s] (s)	
[tʂ] (ch)	[tʂʰ] (ch')		[ʂ] (x)	[ʐ] (j)
[ø] (-)				

注：葡萄牙语中没有塞擦音声母，葡语中，字母组合 ch 与 x（出现在词首）发音均为 [ʃ]。在《华葡字典》的标注体系中，明显这两种声母是作为对立的音位存在的，其中，ch（及 ch'）主要用来标的知系的塞擦音声母（知、彻、澄、章、昌、庄、初等）字，可将其声母拟定为 [tʂ]（及 [tʂʰ]），而 x 主要用来标擦音声母（生、书、禅等）字，可将其声母拟定为 [ʂ]。类似的情况还出现在 ç（及 ç'）与 s 上。在葡语中 ç（只出现在 a、o、u 前且一般不出现在词首）和 s（出现在词首）的发音均为 [s]，在《华葡字典》中，前者标示精组塞擦音声母（精、清、从等）字，可拟定为 [ts]（及 [tsʰ]），后者标示擦音声母（心、邪等）字，可拟定为 [s]。另外，考虑到葡语中 ç 不会出现在字母 i 前，为避免音节看上去奇怪，当 [ts]（及 [tsʰ]）出现在 i 起首的韵母前时，便将其改成 ch（及 ch'）标注。这样标注还有一个原因是用 ch（及 ch'）标注的另外一个声母 [tʂ]（及 [tʂʰ]）是不会出现在 i 起首的韵母前的。

2. 声母特点

通过归纳《华葡字典》中的声母，可知该音系声母具有如下特点。

（1）声母区分送气与不送气，而不区分清浊

中古的全清声母读送气声母，次清声母读不送气声母，而全浊声母则清化归并入清声母中，其中平声读送气声母，仄声读不送气声母，如并母平声字"皮"读不送气清声母 [p]，而并母仄声字"步"则读送气声母 [pʰ]，这与官话方言整体特点是一致的。

（2）尖团分立，古精见组细音字不曾腭化

在《华葡字典》的官话音系中，见晓组与精组的细音字仍读 [k]、[kh]、[x] 或 [ts]、[tsʰ]、[s]，存在明显的对立，基本不相混。"京轻馨"不读成"精清欣"，"监牵掀"也不读成"煎迁先"。但是精组塞擦音声母出

现了腭化的倾向，具体倾向在"余论"部分会进行进一步的论述。

（3）古影疑喻母合流，合口呼韵母前多并入微母

《华葡字典》的官话音系中，古影疑母字已经合流，它们在开口呼韵母前一律读［ŋ］声母，在细音韵母前一律读零声母，而在合口呼韵母前与微母合流读［v］声母。但是［u］韵母前影疑母并未与微母合流，前者读零声母，而后者读［v］声母，"吾五悟屋"不读成"巫武务物"。"余论"部分会对［v］声母进行进一步的论述。

（4）知庄章组声母基本合流，少数庄组声母与精组合流

中古的知庄章三组字在《华葡字典》的音系中已经合流，拟作［tʂ］、［tʂʰ］、［ʂ］。有少数庄组声母字与，这其中多是入声字，如"侧""责""泽""策""色""率"等。声母的合流并不意味着读音上也没有区别，这其中的差别主要体现在韵母上。如止摄三等开口，庄章组韵母相同，为［ʅ］，与知组韵母［i］形成对立；又如三等韵中，知章组读齐齿呼韵母时，庄组的韵母则常为开口呼韵母。

（5）古日母变成接近现代的［ʐ］声母，少数云以母字同日母合流

中古的日母字在《华葡字典》中一律用字母"j"标示，拟作［ʐ］。少数以母字（如"容"）以及少数云母字（如"荣"）与日母合流。

（二）《华葡字典》的韵母系统

1. 韵母表

与声母标注相比，《华葡字典》的韵母标注方式更为复杂，其标注韵母的不同符号多达 64 种，实际代表的韵母有 39 个。整理可得韵母表如下。

表2　《华葡字典》韵母表

	［i］(i/ê)	［u］(u)	［y］(iu)
［a］(a)	［ia］(ia)	［ua］(oa)	
［o］(ŏ/ŏŏ/ō)	［io］(iŏ/eŏ)	［uo］(oŏ/ŏŏ/ŏo)	
［ɔ］(o)			
［ɿ］(ū)			
［ʅ］(e)	［ie］(ie)		［ye］(iue/eě/ue)
［ɚ］(olr)			
［ai］(ai)	［iai］(ié)	［uai］(oai)	

续表

[ei](ei)		[uei](oei)	
[au](aǒ/au)	[iau](iau/eau/âu)		
[ou](ou)	[iəu](ieu/eu/ôu)		
[an](an)	[iɛn](ien/án)	[uan](oan/uon)	[yɛn](iuen/uan)
[ən](ān/en/uen)	[in](in/ên)	[un](un/oān)	[yn](iun/ōn)
[aŋ](am)	[iaŋ](iam/eam)	[uaŋ](oam)	
[əŋ](ām)	[iŋ](im/âm)	[uŋ](um/om)	[yŋ](ium/ūm)

2. 韵母特点

通过归纳《华葡字典》中的韵母，可知该音系韵母具有如下特点。

(1) 开合齐撮四呼格局基本形成

《华葡字典》音系中已经形成了开口、齐齿、合口、撮口的四呼格局。大致的规律是一等及非见系二等开口字读开口呼，三、四等及见系二等开口字读齐齿呼，精见晓组及泥来母合口三四等字读撮口呼，其他合口字读合口呼。这其中的"等"是韵图的等，凡韵图中假二等字，即三等韵中的庄组字，一般是读开口呼的，与知章组韵母形成对立。如"臻（庄）衬（初）诜（生）"不同于"真（章）趁（彻）身（书）"，而"皱（庄）愁（崇）搜（生）"也不同于"昼（知）筹（澄）收（书）"。以上四呼与四等开合对应的规律只是一个大致规律，存在许多例外现象。舌尖韵母不适应以上规律；非组声母只见于合口三等，但除了与 [u] 韵母相拼时读合口呼外，其他一律读开口呼；宕摄知章组三等韵母读开口呼，庄组韵母读合口呼，江摄知庄组韵母都读合口呼。后面几种特例与今官话方言是一致的。

(2) 出现了一套舌尖韵母

在《华葡字典》官话音系中，出现了 [ɿ]、[ʅ]、[ɚ] 三个舌尖韵母，这些韵母均来源于止摄，[ɿ] 韵母对应精组声母字，[ʅ] 对应照组声母字，[ɚ] 对应日母字。值得注意的是，知组声母字仍读为 [i]，即"支嗤齿至"读音不同于"知痴耻智"，前一组韵母为 [ʅ]，后一组韵母为 [i]，而 [ʅ] 韵母几乎没有入声字，如"失日直赤"等今官话方言读 [ʅ] 韵母的古入声字在《华葡字典》中均读 [i] 韵母，《华葡字典》所呈现出的这个特点与《中原音韵》《韵学骊珠》等韵书是完全一致的。在《中原音韵》中，"支嗤齿至"等在支思韵,"知痴耻智失日直赤"等均在齐微韵。而《韵学骊珠》中,前者在支时韵,后者舒声在机微韵,入声在质直韵。

(3) 韵母中元音区分十分细致

在《华葡字典》标注体系中,江沙维采用各种各样的读音标示符号,对各韵母中的元音进行了十分细致的区分,如前第二部分已经对诸标注方式进行了介绍的,有在元音上加 "-" "^" "'" "˘" 等符号。经过分析,我们发现其中标示的很多元音都不形成音位的对立,而是互补存在的,它们只是受声母的影响而使韵母起首元音的实际发音产生细微的差异,所以江沙维才采用各种附加符号对它们进行区分。从音位的角度,都应视为同一元音的音位变体,完全可以把它们进行归并。

(4) 韵尾只有 [ŋ]、[n] 两种

从《华葡字典》的汉字注音中,可以发现中古的 [ŋ]、[n]、[m] 三种鼻音韵尾只保留了 [ŋ]、[n] 两种,中古深咸二摄的 [m] 韵尾在《华葡字典》音系中已与臻山二摄的 [n] 韵尾合流。而中古入声中的 [k]、[t]、[p] 三种塞音韵尾则已完全消失,《华葡字典》音系中入声虽作为独立的声调存在,但是已无塞音韵尾。相对应的入声字只与无鼻音韵尾的阴声韵相配,而不与有鼻音韵尾的阳声韵相配。

3. 声母与韵母的拼合规律

[p]、[pʰ]、[m] 三个声母可与开口呼、齐齿呼以及 [u] 和 [uŋ] 两个合口呼韵母相拼,不与撮口呼韵母及大部分合口呼韵母相拼;[f]、[v] 两个声母只同开口呼及 [u] 和 [uŋ] 两个合口呼韵母相拼,不与齐齿呼、撮口呼及大部分合口呼韵母相拼;[t]、[tʰ]、[n]、[tʂ]、[tʂʰ]、[ʂ]、[ʐ] 七个声母同开口呼、合口呼及齐齿呼韵母相拼,一般不同撮口呼相拼,但其中的 [n] 声母是个例外,它可与撮口呼韵母 [y] 相拼;[ŋ] 声母与零声母互补存在,前者只与开口呼韵母相拼,而零声母只与齐齿呼、撮口呼及合口呼韵母 [u] 相拼;其余 [l]、[k]、[kh]、[x]、[ts]、[tsʰ]、[s] 七个声母可与几乎所有的韵母相拼。

(三)《华葡字典》的声调系统

1. 声调表

江沙维在《华葡字典》的序言中并未对声调标注进行详细的说明,但在《华葡字典》正文部分对汉字的注音中,对每个字的声调都进行了标注。在江沙维的声调标注体系中使用了"△"与"○"两种符号来标示五种不同的声调,详见下表。

表3 《华葡字典》声调表

符号	位置	代表声调	对应字
△	汉字左下	阴平	中古清声母平声字
○	汉字左下	阳平	中古浊声母平声字
○	汉字左上	上声	中古上声字
○	汉字右上	去声	中古去声字
○	汉字右下	入声	中古入声字

《华葡字典》的声调标注系统与声母、韵母标注系统相比,要简单了许多,且与中古声调的对应关系也比较明显。但由于字典中缺乏对每一种声调的具体描写,因此从其标注中,我们只能看到调类,无法从中推测出具体的调值。

表中列出的对应关系是大致的对应关系,当然会存在一些例外的现象。一些中古全浊声母的上声字变成了去声,关于全浊上声字的声调问题后面会做出进一步论述。除此之外,还有一些其他的例外现象,例如,"丹单眈殚担耽"等读音为"tan"的清声母平声字在《华葡字典》的音系中一律读作阳平,而次浊声母字"龙""迷""棱"等字则读作阴平。但像这种不规则的情况只占少数,大部分情况下,《华葡字典》音系中的声调是呈明显的规律性的。

2. 声调特点

如前所述,《华葡字典》音系共有五种声调,即阴平、阳平、上声、去声和入声,对比中古音,《华葡字典》音系声调系统具有平分阴阳,上、去、入不分阴阳的特点。

(1) 平分阴阳

在《华葡字典》音系中,中古平声对应字一分为二,根据声母的清浊,将平声分为两种声调。江沙维在《华葡字典》中并未对声调进行命名，但根据通行的声调命名规则，应该将这两种声调分别命名为"阴平"与"阳平"。其中，中古清声母的平声字对应阴平声调，中古浊声母的平声字对应阳平声调。虽然平声分阴平和阳平，但在《华葡字典》中，上声、去声和入声并未根据声母的清浊将声调一分为二。

(2) 关于全浊上声字

全浊上声字变去声是中古到现代诸方言变化的一个主流趋势，但我们从《华葡字典》中可以发现，有相当多数量的全浊上声字没有变读为去声，而保留了上声的读法。为进一步研究全浊上声字的变调情况，笔者从《方言调查字表》中选取了最常用的 144 个中古全浊上声字进行统计分析，发现有 86 个字在《华葡字典》音系中读上声，约占 60%，而变读为去声的字有 58 个，仅占 40%。而在这 144 个全浊上声字中，今普通话读上声的仅有 15 个，约占 10%，而另外 90% 的字在今普通话中都变读为去声。因此，我们可以初步得出结论：在《华葡字典》音系中，虽有一些全浊上声字变读为去声，但保留上声读法的全浊上声字是占据主流的。另外，在《华葡字典》的音系中，通过比较这些变读与未变读的上声字中古声韵来源，发现全浊上声字是否变读为去声与它们的声韵并无甚相关性，而今普通话仍保留上声的全浊上声字，基本都来源于奉母遇摄字、定母四等字以及山臻两摄一等字，这是一个有意思的现象，值得进一步进行研究。与此相关，还有一个现象，在《华葡字典》的音系中，塞音、塞擦音全浊上声字清化后大多是读不送气声母的，但是保留上声的定母四等字清化后都是读送气声母的，如山摄的"殄"、咸摄的"簟"与梗摄的"挺艇"，它们在《华葡字典》音系中声母均为 [tʰ]，而这些字大部分在今普通话中仍读上声。

(3) 入声失去塞音韵尾，但是作为一种独立声调存在

如前论述，在《华葡字典》中，入声虽然是作为一种独立的声调存在的，但同中古的入声韵相比，《华葡字典》音系中的入声已经失去了塞音韵尾，与舒声韵母合流。如入声的"泣"与阴阳上去四声的"溪奇起气"只有声调的差别。

3. 声母韵母与声调的组合规律

通常情况下，[p]、[t]、[tʂ]、[k]、[ts] 五个声母是没有阳平声调的

字的，这是因为阳平声调的字来源于古浊声母的平声，而古浊塞音、塞擦音声母字在《华葡字典》的音系中都读作送气声母，因而，[p]、[t]、[tṣ]、[k]、[ts]这五个不送气塞音、塞擦音声母没有阳平声调的字是解释得通的。同样，[m]、[n]、[l]、[z̧]四个声母不搭配阴平声调的字，这是因为这几个声字的字分别来源于中古的浊声母（次浊）明母、泥娘母、来母、见母，而古清声母字的阴平字才会读阴平，因此，这四个声母通常不会搭配阴平声调的字，这一特点在现代官话方言中也普遍存在。

韵母与声调的搭配规律主要体现在涉及入声的几处。首先，有鼻音韵尾的韵母不与入声搭配，而有[i]、[u]韵尾的字也几乎不与入声搭配，这是《华葡字典》音系中入声韵尾消失的缘故。而[io]韵母的字全为入声字，[ye]、[ie]两韵母的字则以入声占优势，则与这些韵母的中古音韵来源有关。

（四）《华葡字典》的注音字

如前介绍，在《华葡字典》中，除了会用拉丁字母来为每一个汉字进行注音之外，还会使用一个注音字来标注汉字的读音，即类似于古代的"直音法"注音。经考察，江沙维在注音字的选择上，90%的情况下采用的是与原字字音完全相同的字（即声母、韵母及声调完全相同的字），而另外的情况是选取了一个与被注字读音相同但声调不同的字来进行注音。如江沙维用读去声的"艾"来注读阳平的"獃"（382页）。通过查字典后的同音字表，发现"gai"音下没有与"獃"同声调的字。诸多例证可以证实，江沙维在选择注音字时，所遵循的原则是尽量用一个与被注字声韵调完全相同的字来对其进行注音，若没有声调相同的字，或者同声调的字太生僻时，才会选择用一个声母韵母相同而声调不同的字来为被注字进行注音。若实在找不到合适的字，江沙维则会坚持"宁缺毋滥"的原则，如"彪"（pieu）、"恩"（gan）等字，江沙维便没有用注音字来为它们进行注音，而仅采用拉丁字母一种方式对其进行注音。

三、《华葡字典》音系性质的确定

通过对江沙维生平的了解，以及对《华葡字典》中拉丁字母注音的大致的观察，我们可以看出，《华葡字典》音系具备平分阴阳而上、去、入不分阴阳、入声韵尾消失、浊音清化后平声、送气仄声、不送气等官话方言区别于其他方言区的几个突出特点，因此可以确定该音系是当时的一种官话音系。但是如何确定这种官话音系的具体性质，是一个值得讨论的问题。对于明清近代以来西人编撰汉语书籍中所谓"官话"所代表的音系，目前学界多认为是通行于宫廷、贯穿南北的一种读书音体系。明代传教士利玛窦、罗明坚在《葡汉辞典》手稿中便曾用葡文"Falla Madarin"（Fala-Mandarim）来称呼这种官话语言。

与江沙维同时代的艾约瑟在他的《汉语官话口语语法》（1857）中曾指出过中国官话的性质。艾约瑟表示，中国人在宫廷及政府机关中使用的发音是官话，实质上是长江以北各省、四川、云南、贵州以及湖南和广西的部分地区使用的语言。它们相似度高，可以保证被称作同一种语言。同时，艾约瑟表示，可以用地区来区分不同的官话，如山东官话。把这些省任何一种的方言都可以看成真正的官话，各省官话中是允许掺杂一些乡音的。艾约瑟也介绍了各省官话的不同，他举例说明了南京官话中常把 n 韵尾与 ng（[ŋ]）韵尾相混，也常把 n 与 l 相混。同样，他也指出了北京官话的入声被无规则地派入了其他四种声调中且由短促的声调变为可延长的声调；而西南官话的入声则被完全派入了阳平声调中。更可贵的是，艾约瑟指出了当时官话使用的实际情况：北京官话更为时髦，而南京官话通行的地区更广，西方人常在折中原则的指导下采用一种发音形式。艾约瑟表示，马礼逊等人的字典虽然表面上采取了南京官话的形式，但又多受到多部字典及北京方言的影响，如他对 n 韵尾与 ng 韵尾所做出的区分。

艾约瑟的《汉语官话口语语法》与江沙维的《华葡字典》相隔仅 20 多年，基本属于同一时代，在 20 多年的时间里，官话语音很难说发生了较大的变化。因而，我们将艾约瑟所描述的汉语官话方言的使用情况作为江沙维《华葡字典》成书时汉语官话方言的使用情况是比较有说服力的。也就是说，江沙维时代外国人编撰的字典中所描写的官话音系，大多是一种以南京官话为基础，同时又兼顾其他官话方言的一种通行全国的读书音体系。艾溢芳（2021）将这种读书音体系称为规范音体系，并将它们分成南方变体与北方变体两类，其中，其将以马礼逊《华英字典》为代表的一系列著作中的官话音系当作规范音的南方变体，把卫三畏《汉英韵府》、江沙维《华葡字典》等一系列著作中的官话音系当作规范音的北方变体。但是该结论只是从各著作注音体系表面上呈现出的几个特点出发得出的，若要确定《华葡字典》音系的具体性质，还需要做进一步的对比研究。

（一）与《中原音韵》音系对比

《中原音韵》是元代周德清编撰的一部韵书，最初是用以规范元曲创作的用韵。《中原音韵》音系代表着近古音的开端，因此，我们有必要将《华葡字典》音系与《中原音韵》音系进行对比。通过对比，可发现如下异同。

（1）从声母上，《华葡字典》音系与《中原音韵》音系基本保持一致，都具备如下几个特点：

① 知、庄、章组合流，合并为了同一组舌叶音声母或卷舌声母，且这组声母都可以同齐齿呼韵母相拼；

② 尖团分立，精见组细音字都未腭化为舌面音声母；

③ 影疑母合流，开口呼字都归入疑母（[ŋ]声母），撮口呼、合口呼字都归入零声母；

④ 全浊声母清化，全浊塞音、塞擦音清化后平声读送气声母而仄声读不送气声母；全浊擦音清化成对应的清擦音声母。

《华葡字典》音系的声母与《中原音韵》音系的声母也有不同，最主要的一个不同体现在微母字上。在《中原音韵》中，微母是独立的一个声母，而在《华葡字典》音系中，微母字多与并合口影疑母字合流。另外，个别字的声母有些许不同，当属例外现象。

（2）从韵母上，将《华葡字典》音系与《中原音韵》对比，有如下几个共同特点：

① 在《中原音韵》中，韵母开合齐撮的四呼的格局已经初步形成，在《葡华字典》中，则有基本完备的四呼格局；

② 曾梗两摄的唇音声母字及合口字韵母都与通摄韵母合流，在《中原音韵》中，这些字由庚青韵转向东锺韵，而在《华葡字典》音系中，它们读[uŋ]韵母或[yŋ]韵母；

③ 出现了一套卷舌韵母，止摄精照组字和日母字读卷舌韵母，止摄知组字以及"室日"等一系列今读作卷舌韵母的入声字尚未读成卷舌韵母；

④ 假摄二、三等字分化，在《中原音韵》中，分为家麻、车遮二韵，而

在《华葡字典》的音系中，韵母主元音分别是［a］和［e］；

⑤ 见系二等字开口字都出现了［i］介音；

⑥ 入声韵与阴声韵相配，而不同阳声韵相配，入声字归入无鼻音韵尾的各韵中。

当然，两种音系在韵母上除了有以上一些相同点外，也有许多不同之处。

第一，在《中原音韵》中，有［m］、［n］、［ŋ］三套鼻辅音韵尾，而在《华葡字典》的音系中，只剩下［n］、［ŋ］两种辅音韵尾了；《中原音韵》中侵寻、廉纤、盐监这三个［m］韵尾韵字在《华葡字典》中皆读作［n］韵尾。

第二，在《中原音韵》中，对寒山、桓欢、先天三韵，监咸、廉纤二韵，都进行了细致的区分，但是在《华葡字典》的音系中，这五韵已不再明显区分，先天韵的"坚肩鞬"、寒山韵的"艰间奸"、廉纤韵的"兼蒹"以及监咸韵的"监缄"在《华葡字典》中都读作"kien［kiɛn］"；桓欢韵的"官冠"与寒山韵的"关鳏"在《华葡字典》中都读作"cuon［kuan］"。

第三，《中原音韵》中，入声字舒化后几乎可以分派到任何一个不带鼻音韵尾的韵母中，皆来、萧豪、尤侯等有［i］、［u］等元音韵尾的韵部都有大量的入声字，而《华葡字典》中入声字的韵母则相对较为集中，与［ai］、［ei］、［au］、［əu］等有［i］、［u］等元音韵尾的韵母基本不搭配入声字。

(3) 从声调上看，《中原音韵》与《华葡字典》的异同则体现在如下几个方面。

① 都有阴平、阳平、上声、去声这四个声调，平声根据声母的清浊分成了阴平和阳平，上声、去声则不区分阴阳；

②《中原音韵》中的入声根据声母的清浊派入了另外三声，其中全浊入声派入阳平、清入派入上声、次浊入派入去声，而《华葡字典》的音系中，入声则未派入另外三声，而保留一个独立的声调；

③《中原音韵》中的全浊上声字基本都派入了去声，而《华葡字典》音系中，全浊上声仍读上声占据主流。

(二) 与同时代其他著述音系对比

(1)《华葡字典》音系与马礼逊《华英字典》音系比较

英国来华传教士马礼逊（1782—1834）在 1815 年至 1823 年出版了一套

《中国语文字典》，也即《华英字典》。马礼逊在字典中用拉丁字母为每一个汉字进行了注音。

通过对比江沙维的《华葡字典》音系与马礼逊字典音系，整体上而言同多异少，主要的差异体现在如下几个方面。

①《华葡字典》音系对每个字的读音都较为精准，而在马礼逊字典中对汉字的注音则比较粗疏。这与马礼逊"重汉字形义，略汉字读音"的汉语观是有关系的。马礼逊认为汉语中的声调与送气都是次要的，在他的字典中，一般不会明确标注出一个汉字的声调，而且不区分塞音、塞擦音是否送气，这与江沙维《华葡字典》的注音完全不同。江沙维能够准确地区分汉语的五个声调以及送气音与不送气音。

② 马礼逊字典中零声母的范围比《华葡字典》要广一些。《华葡字典》音系要比马礼逊字典音系多出一个[v]声母，《华葡字典》音系中[v]声母的字在马礼逊字典中都标作"w"声母，即零声母的合口呼字。另外，马礼逊字典中"安、阿"等少量开口呼字作零声母，而这些字在《华葡字典》中皆作[ŋ]声母。

③ 马礼逊字典中庄组字读[ts]、[tsʰ]、[s]声母的要比《华葡字典》多。在马礼逊字典中，三等庄组字的声母绝大部分声母为[ts]、[tsʰ]、[s]，只有宕摄读[tʂ]、[tʂʰ]、[ʂ]，而在江沙维《华葡字典》中，庄组字声母大部分为[tʂ]、[tʂʰ]、[ʂ]，只有少数读[ts]、[tsʰ]、[s]。

④ 两字典韵母[ei]与[uei]均不形成对立。但在《华葡字典》中，[l]、[n]声母只与韵母[ei]相拼，不与[uei]相拼，而马礼逊字典中[l]、[n]则只同韵母[uei]相拼。

⑤ 在《华葡字典》中，[p]、[pʰ]、[m]、[f]四个唇音声母的字与韵母[ən]、[uŋ]相拼，而不同韵母[un]、[əŋ]相拼，马礼逊字典则反之，唇音声母字同韵母[un]、[əŋ]相拼，不同[ən]、[uŋ]相拼。

⑥ 在《华葡字典》中，同摄内照二的字与照三的字往往韵母是不同的，照三的字通常读齐齿呼韵母，也即[tʂ]、[tʂʰ]、[ʂ]三个声母可以拼大部分齐齿呼韵母。但是在马礼逊字典中，同摄内照组字通常韵母是一样的，只有曾梗臻深四摄，照三组字才会读成[in]和[iŋ]两个齐齿呼韵母，[tʂ]、[tʂʰ]、[ʂ]三个声母只同[in]、[iŋ]两个韵母相拼。

⑦ 在《华葡字典》中入声字一般都有与之同韵母的其他声调的字，即入声字的韵母不是独立的，而在马礼逊字典中，入声字的韵母是独立的，与其他声调的字韵母都不同，拟音中入声字韵母多一个喉塞音韵尾。

(2)《华葡字典》音系与卫三畏《汉英韵府》音系比较

美国来华传教士卫三畏（1812—1884）在他于1874年出版的《汉英韵府》中，同样用罗马字母为每一个汉字进行了注音。《汉英韵府》记录了官话、北京、上海、广州、厦门、福州、汕头、芝罘、古音等九种读音，我们在这里主要关注卫三畏所标注的官话读音。

通过对比《华葡字典》音系与卫三畏《汉英韵府》官话读音，可发现二者在音系上同多异少，它们的差异主要体现在如下几个方面。

① 声母方面，《华葡字典》音系与《汉英韵府》官话音系相比，多了一个零声母 [v]，《华葡字典》中的 [v] 声母字在《汉英韵府》官话音系中为零声母合口呼字。在《汉英韵府》官话音系中，零声母可以开口呼相拼，有大量开口呼的字为零声母，然而这些字在《华葡字典》中皆作 [ŋ] 声母。

② 韵母方面，一个显著的特点是在卫三畏《汉英韵府》音系中，[tʂ]、[tʂʻ]、[ʂ] 三个声母只能同开口呼、合口呼声母相拼，而不能同齐齿呼韵母相拼，知系二等字（含假二等字）与三等字同音，如二等的"罩抄盏臻皱"音同三等的"照超展真宙"。而在江沙维《华葡字典》中，前一组字的读音与后一组字的读音是截然对立的。另外，在《葡华字典》中，止摄照组字和知组字尚存在音位的对立，而在《汉英韵府》官话音系中，二者读音是相同的。

③ 前已提及，在《华葡字典》中入声声调的韵母不是独立的，但在卫三畏的《汉英韵府》中，入声字的韵母是独立的，拟音中入声韵母后带喉塞音韵尾。

④ 声调方面的差异主要体现在全浊上声字的归派上，在《华葡字典》中，全浊上声字保留上声占据优势，而在卫三畏《汉英韵府》的音系中，中古的全浊上声字绝大部分归入了去声声调。

(三) 与现代官话方言音系对比

《华葡字典》与现代官话方言相比，有一些不同，整体上看，现在官话方言区尖团音基本已经合流，只有少数官话方言存在着尖团分立，尖团音两组声母在现代官话方言区至少有一组已腭化为舌面音声母 [tɕ]、[tɕʰ]、[ɕ]，而在《华葡字典》的音系中，见组声母与精组声母均未腭化，还保留着明显的尖团音分立；现代官话方言中，[tʂ]、[tʂʰ]、[ʂ] 三个声母一般不与齐齿呼韵母相拼，这与《华葡字典》音系是不同的；在现代的官话方言中，全浊上声字绝大部分已经变作了去声，而在《华葡字典》中，读上声仍占据主流。

除上述总体特点外，与今北京话相比，凡在《华葡字典》中标注为 [ŋ] 声母的字，在今北京话中都读作零声母；今北京话中，入声字已经派入平、上、去、入四声，但在《华葡字典》中，入声仍然是一个独立的声调。华葡字典中读入声字的韵母常常和北京话中入声字的韵母有一些差异。与今南京话相比，《华葡字典》中的声母 [n] 与 [l] 已不能区分，韵母 [ən]、[in] 与韵母 [əŋ]、[iŋ] 也已不能区分。

（四）《华葡字典》音系性质

为便于比较异同，我们首先将《华葡字典》音系及参与同《华葡字典》对比的所有音系（尤其是《华英字典》与《汉英韵府》）通过比较而呈现出的几个显著差异的 10 个特征列成一张表格，以方便进行比较。

表 4　各比较音系的特征差异

音系特征	《华葡字典》	《华英字典》	《汉英韵府》	《中原音韵》	今北京话	今南京话
五个声调,有入声	+	+	+	-	-	+
止摄知照组开口字韵母有别	+	+	-	+	-	-
全浊上声字多数仍读上声	+	+	+	+	-	-
影疑母开口呼读[ŋ]声母	+	+	±	+	-	-
知系二等字与三等字韵母大多不同	+	-	+	-	-	+
声母分尖团,精见组均未腭化	+	+	+	+	-	±
泥来母止蟹摄合口字读合口呼韵母	-	-	-	-	-	+
庄组大字部分读[ts]类声母	-	-	-	-	-	+
声母[n]、[l],韵尾[n]、[ŋ]相混	-	-	-	-	-	-
有[v]声母	+	-	+	+	-	-
与华葡字典相似特征数目		7	5	7	3	1

从表格中我们可以看出，与《华葡字典》更为接近的音系是马礼逊《华英字典》音系，其次是卫三畏《汉英韵府》的音系。相比于同时代的字典，

《华葡字典》音系与现代官话方言音系存在更大的差异。

艾溢芳(2021)在《19世纪以来西人文献中的南北官话规范音》一文中指出，当时的官话规范音分两种，一种是"南方变体"，如马礼逊的《华英字典》，另一种是"北方变体"，如卫三畏的《汉英韵府》中的官话音系，并且把江沙维《华葡字典》（《汉洋合字汇》）的音系归为"规范音的北方变体"，但笔者认为，这个结论是不成立的，理由如下。

①其人所举的全部"规范音南方变体"的材料全部是1870年以前的材料，而"规范音北方变体"的材料除了《华葡字典》，全部是1870年以后的材料。

②通过对比，我们发现《华葡字典》的音系相比于"北方变体"的《汉英韵府》，更接近的是"南方变体"的《华英字典》。

③艾溢芳把《华葡字典》音系作为北方变体，其主要的几个理由包括：

a.《华葡字典》精见组声母在细音前腭化；

b.《华葡字典》蟹摄开口二等见系不读［iai］；

c.《华葡字典》中知系三等字不读齐齿呼韵母；

d. 入声韵不独立于阴声韵。

但通过归纳整理《华葡字典》音系，我们发现，a—c是艾溢芳未能从《华葡字典》音系的整体性及葡语发音特点出发正确进行拟音而产生的错误判断，而d则更可能是江沙维在记音时忽略掉了喉塞音韵尾的结果，因为1870年后真正的"北方变体"中，凡入声韵不独立于阴声韵的，它们都可以和以［i］、［u］为韵尾的韵母相拼，而《华葡字典》是不可以的，这一点和"南方变体"中的"入声韵独立于阴声韵"时的韵母是具有相同特点的。

④江沙维并没有去过中国北方，一直在粤南活动。

因而，如果从"南方变体"与"北方变体"角度考虑，江沙维的《华葡字典》理应当作一种规范音的"南方变体"。但这样一来，规范音"南方变体"全部为1870年以前的著作，而"北方变体"全部是1870年以后的著作。不可否认，"南方变体"具备更多南京话的特征，而"北方变体"具备更多北京话的特征，但是，它们出现差异的关键在于时代的先后，而不在于地域的南北，"南方变体"与"北方变体"的称呼并不是合理的。这种官话音系在不同著作中出现的差异是时间带来的，而不是地域带来的，且这种差异的产生便像艾约瑟所讲的，北京的中心地位突出，人们认为北京话更为时髦，因此，标准音便由偏向南京音向偏向北京音发展。

通过归纳，对比音系，我们基本可以确定，《华葡字典》的音系就是艾约瑟所讲的，当时折中南北、通行全国的一种南方官话的音系，它以南京官话为基础，同时又吸收了北方官话的一些成分，且北方官话的特点在逐渐增多。

五、余论

（一）精组细音字声母的腭化倾向

可以看到，《汉洋合字汇》对细音前精组声母字的声母标注中，塞擦音声母与知系声母保持一致，同用 ch（及 ch'）标注，而擦音声母与精组洪音声母字保持一致，同用 s 标注。根据音系整体性的特点，并比照同时期其他传教士及外交官对官话的罗马音标注，我们没有理由认为精组细音字在塞擦音声母时读舌面（或舌叶）音声母而擦音声母时读舌尖前音声母。当然，我们可以根据葡语音节的特点给这种现象的出现做出一个合理的解释。但对精组细音字这种标注方式，在一定程度上反映了当时的官话中精组细音字已经出现了腭化（由舌尖音向舌面前音过渡）倾向。

从音理上看，葡语中 ch 的发音是 [ʃ]，是舌叶音；s 的发音是 [s]，是舌尖前音，根据音系的整体性，我们可以认为，精组细音字的塞擦音、擦音声母是同部位的声母，而对该组声母的标注，在舌尖前声母和舌叶声母的"两可"状态。舌叶声母在与以 [i] 起首为代表的细音韵母相拼时，受元音影响，舌位常常后移，近似舌面前音，另外，在威妥玛的对北京话的注音中，便是用 ch 与细音韵母相拼来标注北京话的舌面音声母 [tɕ] 的。因此，我们可以认为，在《汉洋合字汇》所代表的音系中，虽然精见组细音字并未合流，存在着尖团分立，但精组声母字的出现了腭化的倾向。

（二）"v [v]"声母问题

"v [v]"声母对应中古汉语微母，在《中原音韵》中，微母字拟音为"v [v]"。但是《华葡字典》中，部分影疑喻母合口字介音消失，也变读成了"v [v]"声母。如影母的"碗"音同微母的"晚"（记作"van"），云母的"王"音同微母的"亡"（记作"vam"），疑母的"危"音同微母的"微"

（记作"vei"）。在同时代的《华英字典》等记录汉语语音的字书中，"v[v]"声母是不存在的，全部作零声母的合口呼韵母字，但是在归纳《华葡字典》音系时，我们不能作同样的处理，因为合口呼介音［u］和［v］声母也是存在对立的。［u］韵母前影疑母并未与微母合流，前者读零声母，而后者读［v］声母，"吾五悟屋"（记作"u"）不读成"巫武务物"（记作"vu"）。从《中原音韵》微母与影疑喻母合口的完全分立，到现代官话方言音系的完全合流，我们可以看到，江沙维时代正处于合流进程中，且该进程并不是一步完成的，而是存在先后顺序的，复韵母合口呼的影疑喻母字先完成了与微母字的合流，而后，单韵母"u"的影疑母字才与微母字完成了合流。

参考文献

［1］Joaquim Afonso Gonçalves 1833 Dicionário China-Português，Colégio de São José

［2］马礼逊，2008. 华英字典1—6（影印版）［M］. 郑州：大象出版社.

［3］卫三畏，1889. 汉英韵府［M］. 郑州：大象出版社.

［4］Joseph Abraham Levi2006 Prade Joaquim Afonso Gonçalves（1781—1834）and the Arte China（1829），An innovative linguistic approach to teaching Chinese grammar，Conference Paper. Jan.

［5］Maria Helena MiraMateus2006 Sobre a Natureza Fonológica da Ortografia Portuguesa，Estudos da Língua，Junho

［6］Mao Yaqi2018Contributos para o estudo contrastivo de provérbios e idiomatismos em português e chinês：as obras metalinguísticas de Joaquim Afonso Gonçalves，Universidade do Minho. Dissertação de mestrado.

［7］罗常培，1959. 汉语拼音字母演进史［M］. 北京：文字改革出版社.

［8］叶农，2010. 19世纪上半叶活跃在澳门的葡籍汉学家——江沙维神父［J］. 国际汉学学报（02）.

［9］沈乘麐，2006. 韵学骊珠［M］. 北京：中华书局.

［10］艾溢芳，2021. 19世纪以来西人文献中的南北官话规范音［J］. 华文教学与研究（4）.

［11］钱奠香，2016. 马礼逊"重汉字形义，略汉字读音"汉语观分析［J］. 国际汉语学报（01）.

[12] 罗琳, 2015. 《华英字典》音系研究 [D]. 厦门: 厦门大学.
[13] 林琳, 2016. 《汉英韵府》官话音系研究 [D]. 福州: 福建师范大学.
[14] 艾约瑟, 2015. 汉语官话口语语法 [M]. 董方峰, 杨羊, 译. 北京: 外语教学与研究出版社.

孙玺济　华中师范大学语言所
邵则遂　中南民族大学文学与新闻传播学院

略论《纯常子枝语》的民族语文研究

曹海东

摘　要：清末学者文廷式《纯常子枝语》一书对民族语文问题多有研究，内容涉及语言与民族的关系、民族语言的共性与个性、语言接触与语言影响、民族语言的翻译等方面。该书在民族语文研究上呈现出了自己的特点：注重借鉴吸收新的语言学理论和方法，学术视野开阔；注重域外资料与本土载籍的比勘互证；善于利用语音线索探究译语问题；富于探索精神，敢于创立新说，且不乏精义。

关键词：文廷式；《纯常子枝语》；民族语文研究

《纯常子枝语》是清末文廷式所撰的一部学术札记。文廷式（1856—1904），字道希，号芸阁，晚号纯常子，江西萍乡人，清末著名词人、诗人、学者，在文学创作、学术研究等方面取得了不凡的成就。钱仲联（1979：1）评之曰："晚清学者开派标宗者，文芸阁、王半塘、朱古微，巍然鼎峙称巨匠。然以词人而为学人，并身系政局之重者，则独推芸阁。……芸阁博学强识，四部俱深入其奥。"文氏所撰《纯常子枝语》四十卷，内容"涉及经学、小学、史学、官制、地理、姓氏、典籍、词章、术数等诸多领域。其考镜源流，匡辨伪讹，索微烛幽，多中肯之论"（陆有富，2014：270）。因此，该书历来为一些学人所推重，如钱锺书先生在《容安馆札记》《管锥编》中，征引《纯常子枝语》中文字多达30余处（孙甲智，2018）。

《纯常子枝语》一书，对民族语文问题多有探讨，且常有精审之论、独到之见。本文拟对该书中与民族语文研究相关的材料进行抉发和梳理，并在此基础上做一些粗简的论析。本文所引《纯常子枝语》中材料，据该书1943年刻本。

一、《纯常子枝语》民族语文研究的内容

《纯常子枝语》中有关民族语文问题研究的材料甚多,其涉及面广,内容丰富。举其要者,有如下一些方面。

(一) 语言与民族

以今观之,语言与民族的关系十分密切,是民族学、民族语言学等学科领域的一个基本问题。对于二者之间的关系,100 多年前的文廷式早就有所关注,进行了较为深入的思考和探讨,并在《纯常子枝语》中提出了一些颇有价值的观点和论断。

1. 族类之分在言语

就《纯常子枝语》中相关论述材料来看,文廷式认为语言与民族的关系至为密切,二者相互依存,共同发展;语言是组成民族的一个重要特征,一个民族离不开自己特有的语言。他说:

> 言语异同,乃天地自然之气。《希腊志略》云:"当往古无书史记事之先,里海东、葱岭西有一原族,实希族、意族并欧洲他族及北印度人生生之本源。是诸族中器物称名,大率相若,可知方言同,即同为一族人。"余谓族类之分在言语,而言语之存在文字,故有文字相通,即保国联民之要道也。(卷二)
>
> 吴汝纶《东游丛录》记阿多君曰:"昔琉球语言、风俗全然不同,及设立小学校,学童六岁至九岁,必授以普通语言,是为国语。故今琉球年老者或不解东京语言,年少者无不圆熟。"按此可知琉球与日本种族必不同,故言语多殊异也。(卷二十五)

其中所谓"族类之分在言语""方言同,即同为一族人"云云,说明语言是组成民族共同体的核心要素,语言是民族认同和民族识别的重要标志,所以从前琉球人与日本族因语言殊异而分属于不同的族类。此外,在文廷式眼中,民族语言文字不仅是一个民族的符号、象征,也是一个民族内部认同

感、凝聚力得以形成的基础所在，故谓其相通乃"保国联民之要道"。再看一条材料：

  《史记·齐悼惠王世家》："高祖立肥为齐王，诸民能齐言者皆予齐王。"按：此以言语分国，盖三代之遗制。（卷十三）

此处稽引古代以言语分国的史实，意在说明语言是一个民族的符号，是民族身份识别的重要标志之一。

2. 语言文字关乎种族之盛衰

在文廷式看来，民族语言（或文字）与民族的存亡盛衰息息相关，犹似唇齿相依，互为保障；如果一个民族丧失了自己的语言或文字，就失去了自己生存的土壤。他说：

  波兰之既分也，则俄罗斯、日耳曼并禁其本国言语；希腊之将复也，则自本邦至突厥结社日希的里阿，而以希腊语教子弟。盖种族之分，由于言语；言语不亡，则其种族未为澌灭也。（卷十二）

  布加利亚即保该力阿，新立为自主国，政务皆有俄员主之，现定地方文武教事，悉用俄国语言文字。余谓古人分名教、声教两种：名教即文字，声教即语言。其行用之广狭，关系种族之盛衰，不可不留意也。（卷十三）

  无文字则语言不能留；周秦之言，今日犹能通之者，赖文字以传之也。无学问则文字不能留；契丹、女真之文字，今日遂无能识之者，无学问以永之也。然则天地间种族之盛衰，悉关诸学问矣。（卷十二）

合上三条材料而观之，文廷式历考古今中外一些民族及其语文文字的盛衰存废之迹，悟到了一个重要规律：民族语言（或文字）是一个民族赖以生存和发展的重要手段之一，关乎民族的兴亡盛衰。

(二) 民族语言的共性与个性

语言是人类最重要的交际工具和不可或缺的思维工具，无论何种民族语言，都是语音和语义相结合的符号系统，都是人类思维的内部机制的外部表现，故各民族语言之间存在着一定的共性。但由于受民族的历史渊源、文化心理、思维方式、经济生活等的制约和影响，各民族语言又呈现出各自不同的特点，即有自身的民族性，或曰个性。对于民族语言的共性和个性，文廷式已有较为深刻的认知，并在《纯常子枝语》中常有论述。例如：

声音先于文字，而心意又先于声音，此必然之理。如言天者声必高，言地者声必低，称己者声必自外而内，称人者声必自内而外，言大者声大，言小者声小。推之各国言语，无不皆然。（卷十三）

孙兰《舆地隅说》云：大约极北者，其声在喉而音不断；极南者，其声在唇齿而音飘忽。碛北，北音也。正月，豁必撒剌；二月，豁者儿撒剌……十二月，可可勒儿撒剌。其音在喉，音于其中缭绕而出。……百译、高昌、缅甸、暹罗、八百息妇，南音也。百译呼天曰法，日曰扛，月曰楞……缅甸呼天曰某，呼日曰腻，呼月曰剌……暹罗呼天曰筏，日曰踢亚剌婆，月曰趟剌婆……其声翻簸于唇齿，疾速而不及听。（卷十三）

其论表明，在共同的文化心理的作用下，或在相似的地域环境等因素的影响下，不同民族语言的语音形式往往有相同或相似之处。又如：

《欧洲史略》云："今有数国语言似异，然详为寻绎，知洪荒之世本同。试即欧洲而论，如英语之乃得，德语之那克得，以及拉丁文之挪格得，希腊文之奴格得，音虽小异，而概译曰黑夜。借是推之，知四国语言为同源异派。"余按：以此知欧洲语言多源于北印度，而梵语实开各国之先。（卷十九）

即此而观之，欧洲语言（如英语、德语、拉丁语、希腊语等）均源于北印度方言，同属印欧语系，是具有亲属关系的民族语言，其间虽不无差异，但相似性仍然很多。又如：

梵语调伏曰毗奈那，已调伏曰毗腻多（见《华严玄谈》卷三）。今

欧逻巴语，凡现作与已作异名，盖本之印度也。（卷十四）

以此可知，欧洲民族语言与梵语都存在着词汇形态的变化，其动词均可通过形态的变化来表示现在时、过去时。再看一条材料：

（《涅槃经·四相品》）又云："我又示现家间，作大鸟身，为欲度彼诸鸟鹫故。"此文先言"鸟"，后言"鹫"，实依天竺文义。《迦叶菩萨品》云："须名无漏，陀洹名修习，修习无漏，故名须陀洹。"文法亦倒，与中国异。今西方诸国称物名，皆先言族类，与天竺同。（卷十九）

由此论述可见，梵语与西方诸国语言的语序（词序）有相同之处，而汉语的语序（词序）则与之相异，显示出了民族语言的个性。

（三）语言接触与语言影响

《纯常子枝语》中的不少论述材料能让人看到，不同民族在政治、经济、文化、军事等领域的交流或碰撞，使得不同民族的语言相互接触、彼此影响，进而出现各种各样的变化。

1. 语言接触、语言影响的类型

综观《纯常子枝语》中的相关论述可知，不同民族的语言相互接触和影响，约有如下几种情形。

（1）语言成分的借用

语言成分的借用包括词汇借用、语法规则借用等，但最常见、最突出的是词汇借用。例如：

若以朝鲜、日本二国之方言与中国较其同异，皆当溯考其古音为正。如日本人名"泉"曰伊仔米，而朝鲜人名"井"曰碎末，是皆与中国"井"字古音为 Tsim 相近。……《方言》记朝鲜洌水之言多同于燕。《三国志·东夷传》云："陈胜等起，天下叛秦，燕、齐、赵民避地朝鲜数万口，燕人卫满复来王之。"按：此朝鲜语所以多出于中国也。（卷十三）

《宁古塔记略》记土语……如砚曰砚注，钱曰济哈（按"济哈"二

字急呼则成钱音），木曰木立，衣曰衣立之类，则又似汉音，当由柳边之外，商贾久通，故言语亦有时出入矣。（卷三十三）

显而易见，朝鲜方言中的"碎末"、日本方言中的"伊仔米"，均借自古汉语的"井"；满洲语中的"砚洼"等词则借自汉语。

(2) 语言混合

两种语言相互接触、渗透，会使语言产生相互混杂的现象。例如：

"狻猊"也，"师"也，皆梵语之讹略，非汉名。其谓之"师子"者，汉人所加呼。盖穆满西征之时，已采用中天名物矣。《穆天子传》"乃膜拜而受"，注云："今之胡礼拜，举手加头，称南膜拜者，即此。音摸。"周时已译用印度语，此亦一证。（卷二十三）

推此而论之，汉语中"师（狮）子"、"膜拜"二词，是由梵语与汉语杂糅而成的词语：构词语素"师（狮）"、"膜"（即"南膜"之省）均源自梵语，"子""拜"则为汉语固有的构词材料。

(3) 语言替代

不同民族语言的接触，会引发一个民族的成员放弃使用自己的母语，转用另一语言，致其母语被另一语言整体或局部取代。例如：

《颜氏家训》："我有一儿，年已十七，颇晓书疏，教其鲜卑语及弹琵琶，稍欲通解。……"按：此则北朝颇尚鲜卑语。然自隋以后，鲜卑语竟失传，其种人亦混入中国，不可辨识矣。（卷十）

（《越人歌》）原歌乃无一字之可通，是当时之越人与华夏迥殊，其后通于中原，遂失其故有之语言矣。（卷十三）

可见，古代鲜卑语、越语，在语言接触中逐渐被汉语替代而消亡。

2. 语言接触、语言影响的途径

(1) 贸易往来

不同民族之间的贸易往来，会导致语言的接触与交流，进而会促使语言之间相互渗透和影响。文廷式说：

> 言语通行于各国，必由商务之力。今英吉利国之语遍行于各邦，而前数十年则固习荷兰语也，又前二百余年则固行葡萄牙、西班牙语也。然欧洲之兵学半开于蒙古，而欧洲之商务多沿于回人，穆罕蓦德之教有商律焉，保护之、劝勉之，无不至也。税商贾之什一，为之治道路、凿井泉、建道标，于是沙漠始可往来，物货始得流布；盖其时各国无不研习亚剌伯语者，今欧洲数目记号犹用亚剌伯字，而南洋各货仍多用亚剌伯文者，职是故也。（卷二十二）

观此可知，亚剌伯（阿拉伯）语、葡萄亚语、西班牙语、荷兰语、英语等曾在世界各国通行，与商业贸易活动有着十分密切的关系；商业发达，贸易活跃，促进了语言的"互市贸易"，也使得上述民族语言在商贸浪潮的裹挟之下广行天下。

（2）文化交流

在文廷式看来，不同民族之间的文化交流，会引起语言的接触及相互影响：

> 《释法显行传》云："至鄯善国，其国王奉法，有四千余僧。诸国俗人及沙门尽行天竺法。从此西行，所经诸国，类皆如是。唯国胡语不同，然出家人皆习天竺书、天竺语。"按：此天竺字母所以遍传各国之故。（卷十三）

这说明，伴随着佛教的传播和盛行，天竺语、天竺字母也在世界诸多国家产生了广泛的影响，为不同国家的人们所接受、使用。

（3）移民杂居

一个族群的迁徙移居，不同族群的杂居共处，都会引起语言的接触及语言的相互吸收，例如：

> 今交趾人读中国"心"字，音如"点"字，盖中国人当汉世流寓交

趾者甚多，故交趾言语今尚有存中国汉时音者。余按：汪大渊《岛夷志略》云："交趾诵诗读书，谈性理，为文章，皆与中国同，惟言语差异耳。"三国之乱，士大夫多避地交州；唐末之乱，中原旧族亦相从度岭，故今广东土音颇合唐韵，考方言者正宜博采参稽，毋囿一隅之见也。（卷十三）

古代岭南地区（如交州等地）不断有中原族群迁入，故该地区的一些土音掺杂进了汉唐时代的中原音，并遗存于后世。

(4) 婚姻互通

族际婚姻的缔结，对于不同民族语言之间的接触及其相互影响起到了重要的促进作用。例如：

《宁古塔记略》记土语，如父曰阿马，母曰葛娘，金曰爱星，银曰蒙吾，书曰必帖黑之类，颇有与蒙古语相同者。此由满洲、蒙古婚姻互通，故言语相杂也。（卷三十三）

满族与蒙古族婚姻互通，使得一些蒙古语词汇成分杂入满语之中，说明不同民族之间的婚姻互通也是语言接触、语言影响的途径之一。

(四) 民族语言的翻译

《纯常子枝语》中的论述文字，有一些论及民族语言的翻译问题。举其大要，有如下几方面。

1. 译事的重要性

民族语言的翻译活动有利于文化的交流与传播，增进民族之间的相互沟通与了解。对此，文廷式已有较为清晰、深刻的认知，曾在《纯常子枝语》中说：

余谓族类之分在言语……故不可无翻译者，所以知列国之情。（卷二）
曾侍郎纪泽《日记》言，骆滋医士好译中国书籍，讲求呼吸吐纳之术，即以治人疾病，为西人新开一种法门。（卷二十四）

于此可见，语言翻译在文化的交流、传播上扮演了重要的角色，作用不可谓不大。

2. 古人的翻译活动

《纯常子枝语》对古人的民族语言翻译活动，有多层面、多维度的考察和论析。譬如，关于古人译事活动的起源：

《说苑·善说篇》："越人拥楫而歌，歌辞曰：'滥兮抃草滥予……'召越译，楚说之曰：'今夕何夕兮，搴中洲流……心说君兮君不知。'"此译诗歌之始，盖本原意而文饰之。（卷十三）

此谓古代楚人将越语民歌《越人歌》翻译成楚语歌词，是为译诗之始。又如，关于古人译语音节的繁简：

《十年传》："吴子寿梦。"《正义》曰："服虔云：寿梦，发声。吴，蛮夷，言多发声，数语共成一言。寿梦，一言也。经言乘，传言寿梦，欲使学者知之也。"按：当时蛮夷文字，盖亦以音并合而得之。服子慎通于译语，是以能言其故。（卷一）

一字读二音者古亦有之。……二字读一音者，则所在多有。李文贞《榕村语录》卷十七云："买朱锄，密州两字切音也（按当云合音）。苢，夷也，语译而通。"余案："寿梦"之为"乘"，亦是此类。古人用译语，或略或详，然二合之例，已于此见端矣。（卷二十五）

这两条材料均言及《春秋经》《左传》对季札之父名的音译有详略之别，说明古人翻译其他民族语言中的多音节词语，有将音节并合者，《春秋经》作"乘"，即是并合二音而得之。又如，关于古人译经的用字问题：

《说文》有一十三万三千四百四十一字。又诸佛经，其字更多，就梵音翻译时借声而作也。（卷二十二）

五代释可洪《藏经音义随函录序》云"如喇、哩、嗒、嚓……"，自注："已上诸字并弹舌呼。"尤足证唐以前译语，凡特加"口"旁者，

皆志弹舌音也。(卷九)

《福盖正行所集经》卷一曰:"佛住舍卫城时,众会有二外道,曰迦毗罗大仙、乌嚧迦大仙。"按:"迦毗罗"即"劫比罗","乌嚧迦"即"喝露迦",译音无定字也。(卷二十二)

依上引三条论述材料来看,古代汉译佛经中有些词语采用了音译的方式,译语所用的记音汉字,或是依据梵音新造、改造(如加"口"旁)的字,或是依据梵音而借用的现成汉字;再者,同一个音译词往往有不同的书写形式,无固定用字。

3. 翻译的方法与策略

《纯常子枝语》对民族语言翻译的方法与策略较为关注,并结合前人的翻译实践和相关论说做了一些理论性探讨和总结。例如:

宋释赞宁《高僧传·译经篇》论曰:"今立新意,成六例焉。谓译字译音为一例,胡语梵言为一例,重译直译为一例,粗言细语为一例,华言雅俗为一例,直语密语为一例也。……"斯诚足以垂翻译之式矣。宋叶少蕴《避暑录话》卷下云:"……《后汉·楚王英传》'伊蒲塞之馔','伊蒲塞'即梵语'优婆塞'。时佛语犹未至中国,盖西域之译云然,如'身毒'与'天竺',其国名尚讹,何况语乎?"余按:"优"与"伊"一声之转,"天竺"、"身毒"音近非讹。少蕴盖知胡梵之殊,要足助赞宁张目也。(卷二十一)

《谷梁·桓二年传》云:"孔子曰:名从主人,物从中国。"杨疏云:"名从作者之主人,不同华戎,皆得系之。物从中国,若《传》称吴谓义稻为伊缓,夷狄谓大原为大卤,以地形物类须从中国之号,故不得谓之伊缓、大卤也。"案:后世译语并以此为准。(卷十九)

上引第一例阐论宋人赞宁提出的佛经翻译"六例",第二例讨论孔子所倡导的"名从主人,物从中国"之说,均涉及翻译的方法与策略。再看两条材料:

> 译音无定字，自古已然。然及今通商之国遍及寰区，文字既殊，语音尤变，则凡地理、名物、度量皆当定画一之字，以便翻译，而无歧误。此当以令甲行之者也。（卷十三）
>
> 译语一事，宜有科条诏示于先，一成不改。如"菩萨"之号既定，则"布萨"、"蒲薛"之字悉可从删。"蒙古"之文既彰，则"蒙哥"、"忙兀"之名固宜勿用。今者万方辐凑，九译纷来，鞮寄之司所宜考也。（卷二十二）

此所论者，主张术语、专名的翻译实行标准化和统一化，亦与翻译的方法、策略相关。

二、《纯常子枝语》民族语文研究的特点

由上文的考述和分析来看，《纯常子枝语》一书中多有民族语文研究的内容，其研究的涉及面甚为广泛，内涵亦较丰厚。不仅如此，《纯常子枝语》在民族语文研究上还呈现出了自身的一些特点。

（一）注重借鉴吸收新的语言学理论和方法

作为晚清维新变法活动的积极倡导者，文廷式思想活跃，具有国际视野和近代意识。正如刘方（1986：23）所说："文廷式从小生长在广东，这里有着特殊的地理位置和最早与资本主义国家通商的历史……也就较早地受到了西方思想的冲击。……由于重视社会的变迁，文廷式利用一切机会、途径接触西学，以了解西方社会。……他接受西学，是通过大量阅读介绍西学的书。"从《纯常子枝语》中经常引述《欧洲史略》《希腊志略》《罗马志略》《列国政教考略》《自西徂东》《万国通鉴》《泰西新史揽要》《西学略述》《西艺知新》《国家学》等书之材料的情况来看，文廷式的确阅读过不少介绍西方文化的书籍。这样一位深受西学熏染、睁眼看世界的学者，在学术研究上具有新思维、新观念、新方法，敏锐地追踪学术前沿，显现出与时俱进的时代性。就其民族语文研究来看，也明显受到了当时外来文化思潮的影响，注重借鉴和吸收当时世界上新的语言学理论和方法，有着鲜明的近代意识，给人耳目一新之感。譬如，他在《纯常子枝语》中对欧洲语言文字所作的

论述：

  欧洲语言多源于北印度，而梵语实开各国之先，故余于悉昙之篇恒加用意。（卷十九）

  窃疑西人字母之学，仍得之于印度，故其名物之称颇有相同者。印度称中国为支那，今西洋各国皆用之。又佛经称橙相之属为阿练，西洋语亦然。（卷二）

  西人有亚里西亚、腓尼西亚、埃及、希腊诸邦文字对照表，言其本源，皆同一象形。今日西人文字多由亚里西亚改变，亚里西亚字与梵文亦同出一源。（卷二十三）

  文廷式在这三条材料中均言及欧洲的语言文字多源于北印度，与梵语、梵文有着深刻的渊源关系，彼此之间多有相似点。文氏之论，其实借鉴、吸收了近代西方学者有关印欧语系的研究成果。早在18世纪下半叶，英国学者威廉·琼斯发现印度的梵语与欧洲的拉丁语、希腊语等存在着很多共同的特点，遂提出"印欧语假说"，用以解释这些语言之间的相似性。他认为，梵语与拉丁语、希腊语、古英语等在动词词根和语法形式上具有广泛的相似性，这不可能是偶然的现象，它们应当源于同一原始语。后来，一些学者在琼斯研究成果的基础上做进一步探讨，提出了一些著名的论断，使印欧语系的理论研究日趋精密。如德国学者弗·施勒格尔于1808年发表《论印度人的语言和智慧》一文指出，梵语和拉丁语、希腊语、日耳曼语等在词汇及语法关系方面有着亲缘关系，"印度语是最古老的，而后演变出了其他语种"。明乎此，可知上引文廷式论析欧洲语言文字的三条材料，实际上是将西方学者有关印欧语系的理论学说作为分析的工具和立论的基础，因而认定欧洲的语言文字多源于北印度。

  文廷式对民族语文的研究，不仅在理论视角、学术观点上多受近代西方语言学的影响，于其研究成果有所参考和吸纳，而且在研究方法上也对近代西方语言学有所借鉴和采用。这明显地体现在比较研究方法的运用上。如所周知，近代西方一些语言学家注重不同语言的比较研究，求其共性，考其差异。如施勒格尔主张通过比较语言间的同质性，证其同宗同源，并首次使用了"比较语法"的概念；葆朴倡导运用历史比较法来探讨语言之间的亲属关系及其历史演变。而观文廷式的民族语文研究，也广泛地使用了比较研究方法，取得了良好的成效。兹从《纯常子枝语》中撷取一个例子来说明：

《文选·班孟坚〈封燕然山铭〉》："蹑冒顿之区落。""区落"，李崇贤无注。余谓"区落"盖即单于帐殿之称，"区"读如"欧"。元人"窝耳朵"、"斡耳朵"，皆"区落"之音转。日本人称拔都大王所建庭曰金党。酒卷鸥公有《金党史》，沈子培刑部云："金党，即斡耳朵之对音。"案：那珂通世《叙》云"编述金斡耳朵之史"，则"斡耳朵"三字急呼为"党"，如沈君说。（卷三十三）

由是观之，文廷式将具有关联性的蒙古语、日本语语料同古代汉语语料系联起来，进行比较分析，考察这些语料之间的对应关系，探寻"区落""斡耳朵""（金）党"之间的历史渊源和发展脉络，认为它们音有关联，义亦应相近，进而认定"区落"一词为外来词，意指单于帐殿。其所运用的研究方法实即近代语言学的历史比较法。

(二) 注重域外资料与本土文献的比勘互证

鸦片战争以后，随着各种新思潮的风起云涌以及西方文化在中国的传播，不少西方学者的著作被译介到中国。处在中西文化剧烈碰撞时期的文廷式，敏锐地觉察到来自域外的一些文献资料在学术研究上可以弥补本土汉文载籍的缺漏，于是自觉地搜集西方学者的研究成果，将其中一些有用的资料运用到自己的民族语文研究之中，从而在中外文献资料的比勘互证、融会贯通之中寻求解决问题的突破口。这种研究的路数，在《纯常子枝语》的民族语文研究中有较为突出的表现。举一例如下：

《西游记》蒙古目汉人有"桃花石"之称，余尝疑为"唐兀惕"之转，而未有以证也。近译西人《交涉纪事本末》云："有希腊国人名条非辣脱者，曾讲中亚细亚洲内地通商之事，并言该处有一种土耳其人甚为骁健，其名为叨伽司，殊不知即中国人也。……"按："叨伽司"与"桃花石"音极相近，"叨伽司"为"唐室"之转音，"桃花石"又由

"叨伽司"而再转，可无疑义。……洪钧《元史译文证补·西域补传》"王曰：闻彼征服大贺氏，然否"，自注云："多桑书字音如曰唐喀氏，义不可解。其所谓'唐'，必非唐宋之唐。及注《西游记》，有'谓汉人为桃花石'一语，循是以求，乃悟即契丹之大贺氏也。蒙古称中国为契丹，今俄罗斯人尚然。"……文卿之言近于附会。苏尔滩云云，即对太祖已平女直之语，而言作"唐喀氏"者，称中国为唐，而"喀"为衬字，与希腊人"叨伽司"之音若合符节，不必更生异议矣。（卷二十）

据文氏此论可知，域外之人用以指称汉人或中国的"桃花石"一词，实为"叨伽司"（或作"唐喀氏"）之转音，而"叨伽司"乃"唐室"之转音。其所用的证明材料出自域外文献《交涉纪事本末》、《多桑蒙古史》、本土文献《长春真人西游记》等。今按：关于"桃花石"一词的由来，一直是颇有争议的问题，迄今尚无定论。如法国学者伯希和以"桃花石"为"拓跋氏"的对音，德国学者夏德以为是"唐家"二字的音译，日本学者桑原骘藏认为是"唐家子"之音译，岑仲勉认为其语源为"敦煌"或"太岳"、"梼杌"等，章巽认为其源自"大汗"。在上引论述材料中，文氏谓"桃花石"是"唐室"之转音，虽然还难以称得上精确不刊之论，但其在论证过程中将域外资料与本土文献结合起来，相辅为用，彼此证发，也能使其论自成一家之言，聊备一说。

（三）善于利用语音线索探究译语问题

依《纯常子枝语》之所论，"凡译书，名从主人，但拟其音，未有意义"（卷十九），所以理解和解释某些译语，当"以音求之"（卷二十）。文廷式在《纯常子枝语》中讨论一些译语问题，很善于利用语音线索进行探究。例如：

黄衷《海语》云："暹罗阿昆猛斋，犹华言总兵。"余按：明人暹罗译官语为"握坤"，即"阿昆"之转音；又以译语考之，暹罗文虽与中国异，而其名物多与中国同，如"办事"为"板细"，"叩头"为"犒桃"之类。大约闽、广人商彼者多，故音亦随变。然则"阿昆"、"握坤"，皆官字之对音也。（卷十二）

在此，文廷式沿着语音的线索推考，认定暹罗译语"握坤"与"阿昆"实为一词，只是二者的语音形式稍有差异，这种差异是闽广方言语音的影响造成的。再看一例：

郑所南《心史》卷下云："……不狼儿，言左右垂髻，碍于回视，不能狼顾，或合辫为一，拖垂衣背。"按：此可考元人剃发之制，其合辫为一，拖垂衣背者，则与满洲制度相同。至"不狼"是蒙古语，所南就文生义，未得其实。"不狼儿"者，即《净发须知》之"钵浪川"也。（卷二十一）

即此而观之，文廷式依音求义，探赜索隐，认为"不狼儿"一词实即元代文献《净发须知》中的"钵浪川"，源自蒙古语，为音译词，故郑所南于此词望文生义，未得其实。

（四）富有探索精神，敢于创立新说，且不乏精义

今人章广（2011）论及文廷式的文献学成就，说："文廷式博学强识，视野开阔。他认为'不读古书，不足知后世之变；专信古书，不足知后世之变'，必须读古书而不泥古，重在经世达变。他的读书札记对古籍注疏有很多中肯的评论。"综观文廷式的民族语文研究，情形亦如此，重古而不泥古。对于民族语文研究中的一些具体问题，他进行了大胆的探索，敢于质疑旧说，勇于创立新论，其言其论往往不乏真知灼见。下面，列举《纯常子枝语》中的一些实例来说明：

释家咒语，译经者每用对音，而不译其义，以为依声唱诵，始有灵验。朱子又疑其原文鄙俚，故不传译。今有日本东都灵云沙门净严译《佛顶最胜陀罗咒》云："敬礼三世，最殊胜。觉者、世尊，所谓三身清净平等……誓愿加持，世宝法宝，真实清净，摧咃智清净，最胜最胜，念持一切诸佛，加持清净。金刚，金刚藏，愿成如金刚……总持成就已竟。"按：此唯"摧咃"二字不可晓，余悉文义明白，若依译之，亦与所译诸偈等耳，无所谓鄙俚也。（卷十九）

文廷式在此着重讨论了佛经咒语多用音译的原因,其对朱熹的"原文鄙俚"之说提出了质疑,认为咒语翻译多用对音,主要是因为"依声唱诵,始有灵验"。以今观之,文氏的看法是较为精审的,因为"咒语是建立在声音的力量之上的。在印度有一种观念,认为声音会产生力量,它会变微粒,进而产生或摧毁一些事物"(康·格桑益希,2002)。下面,继续举例:

近时言译语者,以"支那"当为"秦"字之合音,中国惟秦威烈最盛,故西人至今以称中土。余则谓若作"秦"音,正当是姚秦之"秦",非始皇也。姚秦译经最多,天竺人以"支那"译其国名,西洋又从印度译之,故展转不可知耳。又案:唐李长者《华严经论》卷二十六云:"震旦国,亦曰支提那国。此云思惟,以其国人多所思虑,多所计度,故以立其名,即是今汉国也。"据此,则"支那"为"支提那"之省文,其名乃印度人强名中国者,窃恐不然。(卷四)

《开元释教录》卷七云:"大支那国旧名真丹、振旦者,并非正音,无义可译,惟知是此神州之总名也。"既云"无义可译",则其为"秦"字之转音。名从主人,益可信矣。(卷九)

印度称中国为支那,"支那"急呼则成"秦"字矣。各国互称必以国名,其译"支那"为瓷器,为文明之象者,皆后起义也。(卷十九)

这三条材料,均论及"支那"一词的来源。依其所论,域外之人用以指称中国的"支那"一词,是"秦"字的音译,且此"秦"指姚秦。今按:关于"支那"一词的来源,在晋代以来的一千多年里,学者们异说纷纭,莫衷一是:有人认为是"秦"字之转音,而"秦"指嬴秦;有人认为源于古印度人对中国的指称,由本义为"思维"的梵语词音译而来;有人认为是"瓷器"的对音。由此复观上引三条论说材料,不难看出,文廷式于前人的各种成说,未曾拘守,而是有所扬弃和纠驳;其虽言"支那"为"秦"字之转音,但不从前人所主张的嬴秦之说,而是别立新义,谓"秦"指姚秦。其说颇具新意,且不乏合理性。最后,再看一例:

慧琳《一切经音义》卷四十一云:"苏幕遮,西戎胡语也。正云飒磨遮。此戏本出西龟兹国，至今犹有此曲。……土俗相传云：常以此法禳厌，驱趁罗刹恶鬼食啖人民之灾也。"按：今满洲典礼跳神之纱帽，一作撒麻太太，盖出于此。"纱帽"、"撒麻"皆"飒磨"之转音也。姚元之《竹叶亭杂记》作"萨吗"。（卷四）

《满洲源流考》卷十八云："《北盟录》女真言语萨满（满洲语师巫也，旧作珊蛮，今改正）者，女巫妪也。"按："萨满"、"珊蛮"，皆"苏幕"之转音。《文献通考》卷三百三十六云"高昌妇人戴油帽，谓之苏幕遮"，盖因"幕遮"二字附会，似误。（卷九）

以上两条材料，首先对"苏幕遮"的来龙去脉进行了考证，以其为西戎胡语，意指一种禳灾驱鬼、带有宗教色彩的活动，然后与满语、女真语中的"纱帽""撒麻""萨满""珊蛮"等进行勾连，认为它们实即"苏幕"或"飒磨"的转音，故书面上写作"珊蛮"并无不当，而将"油帽"称作"苏幕遮"，则为穿凿附会的误解。

由以上所举三例来看，《纯常子枝语》在民族语文研究上，勤于探索，勇于开新，往往能独抒己见，有所创获。

三、结语

总体上讲，《纯常子枝语》一书对民族语文问题甚为关注，进行了较为深入的研讨，相关论述材料相当丰富，涉及的具体问题也甚为广泛。作者文廷式学贯中西、博通古今，视野开阔，且深受近代学术思想的滋养和浸润，故而能以新的理念、新的方法、新的思路、新的材料去研讨民族语文的相关问题，多有中肯之见、创新之论，在民族语文研究上做出了重要贡献。其研究成果，即使在今天仍具有一定的参考价值和借鉴意义，值得珍视和留意。

参考文献

［1］格桑益希，2002. "风马"与经幡［J］. 宗教学研究（2）．
［2］刘方，1986. 文廷式述论［M］. 夏良才，曾景忠. 近代中国人物：第3辑. 重庆：重庆出版社．

［3］陆有富, 2014. 文廷式《纯常子枝语》的文献价值论［M］//中国历史文献研究会. 历史文献研究: 第33辑, 上海: 华东师范大学出版社.

［4］钱仲联, 1979. 纯常子枝语序［M］//文廷式. 纯常子枝语. 扬州: 广陵古籍刻印社.

［5］孙甲智, 2018. 钱锺书读《纯常子枝语》: 笔记与征引辑录［J］. 萍乡学院学报(2).

［6］章广, 2011. 文廷式的文献学成就［J］. 萍乡高等专科学校学报(5).

曹海东　华中师范大学文学院

西北接触方言引语标记的复杂用法*

敏春芳

摘 要：在甘肃、青海一带的河湟民族地区，没有亲属关系的几种不同语言长期共处于一个地区，密切接触，语言呈现出一系列显著的区域特征。如具有成套的"格"范畴、SOV语序等、引语标记等。像甘肃临潭话缀接于引语之后的"给"、青海西宁话的"说着/说"、甘肃临夏话中的"是"等，是与本土方言 SOV 语序倾向相和谐的后置从属语标注式的引语标记。这种异源性标记是少数民族放弃母语转用汉语中的底层残留，也是少数民族习得汉语时母语干扰的结果。

关键词：西北接触方言；引语标记；给；说着说着；语言接触

甘肃、青海的河湟地区分布着汉、回、藏、东乡、撒拉、土、裕固、保安等民族。其中东乡、撒拉、土、裕固、保安五个民族是目前甘肃和青海两省的特有民族，有语言，没有文字。这几种没有亲属关系的不同语言，长期共处于一个地区，密切接触，形成了明显的"语言区域特征"。如名词 SOV 语序、具有成套的"格"范畴；动词有与阿尔泰语动词的式、体范畴；引语

---

* 本文先后于 2017 年 6 月 18 日在西北师范大学"历史语言学研究高端论坛"和 2019 年 11 月 23 日在首都师范大学文学院召开的"第三届燕京民族语文工作坊"上报告，得到了与会专家的点评和指正，并做了修改。
项目基金：国家社科基金重大招标项目"西北民族地区回族话与回族经堂语、小儿经语言研究"（项目批准号：17ZDA311）；兰州大学中央高校重点项目（项目批准号：17LZUJBWZD004）（2018skzy023）；中央高校基本科研业务费专项资金资助以及 Supported by the Fundamental Research Funds for the Central Universities（2019jbkyzx007）（2019jbkyzx016）。

标记；等等。我们把这种方言称为"接触方言"（祖生利，2001；钟进文，2007；意西微萨·阿错，2002）。本文讨论西北接触方言引语标记的复杂用法及其来源。

一、西北接触方言中的引语标记

西北汉语方言引语标记的语法系统要比普通话复杂得多，其类别、来源、语法功能等都有不少值得再研究的地方。如接触方言中引语标记有的使用"是"、有的使用"给"、有的则是用汉语的"说/说着说着"等表示，形态复杂，形成机制各不相同。我们试以普通话为例：

(1) 普通话　他说他不去/来。（间接引别人的话）
　　a 西宁话　傢［tɕiə］说着傢不去/来说。
　　b 临夏话　傢［tɕiə］说不去［tɕʻi］/来是。
　　c 临潭话 人家不去［tɕʻi］/来给。
(2) 普通话　她问我妈妈："怎么还不来？"（转述别人的话 直接引语）
　　a 西宁话　傢［tɕiə］我的［tʂi］阿妈上"阿木着还不来？"说［fo］着。
　　b 临夏话　傢［tɕiə］我的［tɕi］阿娜问着"阿么［mu］还不来是？"
　　c 临潭话　人家我家阿妈问之"人家阿木还不来给？"
(3) 普通话　听说张明最近病了。（表示听闻）
　　a 西宁话　说地［tɕi］张明这一期儿病下了说［fo］。
　　b 临夏话　听说张明直两天病哈着里是。
　　c 临潭话　听说张明直两天疼哈给了。
(4) 普通话　我想明天去北京。
　　a 西宁话　我思慕着明早北京起俩说［fo］。
　　b 临夏话　我思慕明早北京起个是。
　　c 临潭话　我思慕明［mɘŋ］早儿北京起给。

同一句话在西北不同的方言中采用不同的说法，这的确让人眼花缭乱，莫名其妙。其中甘肃临潭话等的引语标记是"给"［giə］。例如：

(5) 人家不去［tɕ·i］给。他说他不去。
(6) 人家让你早点来给。他说让你早点回来。
(7) 人家不吃给。他说他不吃。

青海西宁话引语标记形态是"说/说着说着"。例如：

(8) 傢说"阿扎儿去俩"说［fo］？他说要去哪里？
(9) 你叫啥名字说着？我"阿伊莎"说［fo］着［tʂɔ］说［fo］着［tʂɔ］。你叫什么名字？我叫阿伊莎。
(10) 天气预报说明早儿刮风俩说［fo］。天气预报说明天刮风呢。
(11) 傢思谋着阿妈阿们还没来说［fo］着［tʂɔ］。他想妈妈怎么还没来回呢？

甘肃临夏话引语标记形式是"是"。例如：

(12) 傢说不来是。他说他不来。
(13) 傢的名字是法图嫚是。她的名字叫法图嫚。
(14) 则乃拜大学考上了是。则乃拜（人名）考上了大学。
(15) 我思慕明早北京起个是。我想明天去北京。

以上例中的"给""说/说着说着""是"分别表示言说，听闻的，称谓和表示想要、愿望等情态意义。① 作为引语标记的语法功能毫无二致。但引语标记的形态不一、各不相同。甘肃临潭话用"给"，青海西宁则用汉语的"说/说着说着"，甘肃临夏话用"是"。

上文我们提到的"接触方言"是几种没有亲属关系的不同语言长期密切接触的产物。联系西北民族地区的地理位置和民族语言，我们推测引起西北接触

---

① "是"表判断助动词和各种复杂关系的用法，见敏春芳（2015；2016）。

方言引语标记的复杂用法是北方汉语的大规模阿尔泰化。下面我们从西北方言和周边少数民族语言之间的对应关系，考察接触方言引语标记的类型特征。

二、西北地区阿尔泰语引语标记形态分布

据我们对阿尔泰语系东乡语、保安语、土族语等蒙古语族语言的调查发现：蒙古语动词有一类特殊的虚义动词叫联系动词，联系动词并不是真正意义上的联系。清格尔泰（1991：335）先生对联系动词做过深入分析。他说：联系动词从表达方式来说，有直接应用式的和间接引用式的，直接应用就是引用原意与原话，间接引用是经过转达者的口吻转述的；有思维内容，概括词有：想、希望、理解、感兴趣等；有言语内容，概括词有说、据说、听、问、评价等。从句法功能看，联系动词就是存在于我国民族语言中的引语标记（quotative marker）。以普通话"他说：'我不去'"为例，试做一分析：

(16) 普通话　他说："我不去。"
　　　蒙古语　tere kümkün: bi očiqu ügei geĵü keleĵei (geĵei)。
　　　　　　　那　人　　我　不　去联系动词说
　　　　　　（清格尔泰，1991：335）
　　　东乡语　hə kiəliəwo oruŋ uliə ətʂine giə-ne。
　　　　　　　他　说　　我　不　去联系动词未完成体
　　　　　　（布和，1986：177）
　　　保安语　nəgə kuŋ ədgə çi gədẓi。
　　　　　　　那　人　　不　去联系动词
　　　　　　（陈乃雄，1987：246）

以上三例是阿尔泰语系蒙古语、东乡语、保安语表言说的例句，其结构顺序均为：言说内容→言说动词（联系动词）。其中，蒙古语的联系动词是"gekü"、东乡语是"-giə"、保安语是"gə"均被置于言说的内容后面。不仅如此，阿尔泰语系满通古斯语族的满语、鄂温克语、鄂伦春语也有类似的引语形态。例如：

(17) 满语　bila xɯdʐɯɯ xɯ ʂunjegɯm xulame。
　　　　　 河　 主　　　 河神爷　联系动词
　　　　　叫作河主河神爷①。(恩和巴图，1997)

(18) 鄂温克语　tari mintuxi ʃii awʊwa ɡələədi ɡun。
　　　　　　　　他 我 　你 谁 　找　联系动词
　　　　　　他对我说："你找谁？"

(19) 鄂伦春语　tamaan ʃinəwe ɔnckar əmejin ɡunəkən buku ʃilbaatʃaa。
　　　　　　　　明天　 你　　无论如何去　联系动词 布库
　　　　　　布库说："明天你无论如何去一下。"

我们把这些少数民族语言的联系动词及其句法功能概括为下表。

表1　阿尔泰语言联系动词形态标记、句法功能分布状态

阿尔泰语	形态标记	例　　句
蒙古语族	蒙古语-gekü	tere kümkün: bi očiqu ügei geʃü keleʃei (geʃei) 那　人　我 不　去 联系动词 说
	东乡语-giə	hə kiəliəwo oruŋ ulię ətʂinə giə-ne 他　 说　 我 不 去 联系动词未完成体
	保安语-gədʐi	nəgə kuŋ ədgə çi gədʐi 那　人　不　去 联系动词
满通古斯语族	满语-ɡɯm	bila xɯdʐɯɯ xɯʂunje ɡɯm xulame 河　 主　河神爷 联系动词
	鄂温克语-ɡun	tari mintuxi ʃii awʊwa ɡələədi ɡun 他 我　 你　谁　　找　联系动词
	鄂伦春语-gun	tamaan ʃinəwe ɔnckar əmejin ɡunəkən buku ʃilbaatʃaa 明 天 你　无论如何 去　联系动词 布库

这个表格一目了然：阿尔泰语系联系动词附加成分标记形式不仅整齐划一"-g+元音"结构，而且同一语族内语言之间的标记相似性更大。阿尔泰语系满通古斯语族的满语、鄂温克语、鄂伦春语也有类似的引语标记形态几乎完全一致，为"-gun"；蒙古语族的东乡语标记形式"-giə"，这与汉语

---

① 恩和巴图（1997）满语口语里存在一个联系动词gɯ，主要是将一些专有名词连接到有关名词上，将要表达的内容连接到主句或接于动词某些形式之后表示情态意义。

"给"的读音一模一样，毫无二致（西北方言"给"读［giə]）。

由此启发我们，西北接触方言引语标记的复杂用法，我们或许要从周边少数民族语言的引语标记中去寻找原因。

三、西北接触方言引语标记及其来源

我们在上文提到，清格尔泰（1991：335）指出：联系动词这种特殊的虚义动词在汉语里没有相应的词，英语、俄语里都没有，日语有。那么，少数民族在习得汉语时，就会将自己母语的这种特殊语法形式带进汉语，选用汉语中故有的音同音近的成分对应自己语言中的的形态特征，自然而然会用自己母语的"-giə"匹配目标语汉语中的"给"。试以东乡语与东乡汉语为例进行比较：

(20) 普通话   他说："我不去。"

　　 东乡语   hə kiliəwo orun uliə ətʂɯmsə giə-ne。

　　　　　　 他 说   我   不   去   联系动词 未完成体

　　 东乡汉语 傢不起给。

(21) 普通话   阿訇说："他不来。"

　　 东乡语   ahun hə uliə irənə giədzɯ kieliə wo。

　　　　　　 阿訇 他 不 来 联系动词   说 完成体

　　 东乡汉语 阿訇不来给。

(22) 普通话   他说："我一个人去吧。"

　　 东乡语   hə kiliə orun niə dzən ətʂɯjə giə-ne。

　　　　　　 他 说 我 一 人 去   联系动词 未完成体

　　 东乡汉语 傢一个人去给。

以上三例东乡汉语用"给"的语音形式对应联系动词"-giə"。此"给"与"-giə"应该是一脉相承，而与汉语故有的"给"大相径庭，形成机制完全不同。它是在阿尔泰语言影响和渗透下出现的不同类型的异质要素，是一种只有语法功能的引语标记。刘照雄(1981)指出，东乡语如果前面有"听

说""说"这种插入语,更多的情况下能引出引语;引语通常都要在句终使用助词 giə。他举的三个例子是:

(23) 普通话　我听说你要到北京去说着。(刘照雄,1981:103)
　　　东乡语　bi tʂuGundasə "tʂu bəidzində ətʂunə" giə-dzɯwo。
　　　　　　 我　听说　　　你　北京　　　去　　联系动词 未完成体
　　　东乡汉语　我听说,你北京去给/个。

(24) 普通话　他们说:"我们明天进城去。"(刘照雄,1981:52)
　　　东乡语　həla kiəliə "oruntan maɤaʂɯ badza ətʂunə." giənə。
　　　　　　 他们　说　　 我们　　明天　　　城　去　联系动词 未完成体
　　　东乡汉语　他们说,我们明早城里去给/个。

(25) 普通话　老大爷们说:"活到老了,不懂的事物我们看了电视就像亲身经历过了。"(刘照雄,1981:103)
　　　东乡语　laodʐigala kiəliədzɯ "agidzɯ otɕiaoluwo. bidziən
　　　　　　 老大爷们　　 说　　　活　老　　我们
　　　dziən ʂɯ-ni udzədənə, mədziə dakuni dzindzinə" giə-dzɯwo。
　　　电视　　看　　 知道　不能　　　经历　　　联系动词 未完成体
　　　东乡汉语　老大爷们说:"活到老了,不懂的事物我们看了电视就经历给了。"

这三例汉语方言中的"给"显然不同于汉语的标记类型。例中前有汉语 VO 语序的言说动词"说",该句式是汉语和非汉语两种句式的相互融合叠加。这种现象并非绝无仅有、独一无二。早在《蒙古秘史》中,汉语就用"秃该"或"秃孩"为蒙古语中表示希望、祝愿的祈使式动词的附加成分(-tuɤai、-tügei)注音。

有关青海方言句尾"说"的研究,最早见于程祥徽(1979)。张安生(2007)也指出:西宁回民话接于引语之后的"说着""说",是与本土方言 SOV 语序倾向相和谐的后置从属语标注式的引语助词。除了注音形式的音译外,西北方言中还保采用言说动词"说"作为引语标记。例如:

(26) 傢［tɕiə］说不来说。他说："他不来。"（程祥徽，1979）

(27) 你叫啥名字说着，我"索索"说着叫着。你叫啥名字？我叫索索。（张安生，2007）

在甘肃的东乡唐汪话、青海的甘沟话中，"说着/说着说着"作引语标记的例子比比皆是，随处可见。例如：

(28) 挣上的两万钱啊头里拿着来给了说着。不久前把挣得的两万块钱拿来了。

(29) 嗳傢说摘："我的阿达明天学校里来哩"说着。他说"我爸爸明天要来学校。"

(30) 尼个丫头哈"唱给"说着叫开给了。人们向那个女孩叫嚷起来"唱歌"。

这是采取的有别于注音的另一种方式——意译，即用汉语句法特征和语法功能都相似的"说/说着说着"对译引语标记。马树钧（1984）指出甘肃临夏话中的引语标记是"是"。例如：

(31) 他自己来哩是。他说："我自己来。"（马树钧，1984：53）

(32) 明天下雨哩是。听说明天要下雨。

(33) 则乃拜大学考上了是。听说则乃拜（人名）考上了大学。

(34) 我思慕明早北京起个是。我想明天去北京。

马先生认为，"是"由"说"演变而来，是"说"的变体，"是"可以与"说"自由替换。因词义虚化而导致了语音的弱化：语音从［ʂuo］变为［ʂʅ］；词义从表示具体概念变为主要起语法作用。先生所言极是。"说"语法化过程是由该动词的语义弱化，引起了论元结构的变化，句型由"他说：'我自己来。'"变为"他自己来哩是"。

临夏话位于句末的"是"与阿尔泰语系的蒙古语、维吾尔语等同类成分有着类型的相似性，均作为引语标记。我们略举几例予以证明：

(35) 普通话　听说明天要下雨。
　　　蒙古语　kataka porukan orutfu paina kənə。①
　　　　　　　外面　　雨　　　下　　有　　听说
　　　维吾尔语　نەته يامغور ياغدو دەيدۇ.
　　　　　　　说　　要下　　雨　　明天
　　　临夏话　明天下雨哩是。
(36) 普通话　他说他自己要来。
　　　西部裕固语　ol ulu kelen tito。
　　　　　　　　他　自己　来　　说。
　　　临夏话　他自己来哩是。
(37) 普通话　听说张明最近病了。
　　　维吾尔语　ناگاشلار غا قاريغاندا جاڭ مىڭ يىققىندا ناغرىپ قا سۇزلىد.
　　　　　　　说　　病了　　最近　　　张明
　　　临夏话　张明阿早病哈了是。
(38) 普通话　老师让我休息。
　　　东乡语　laoshi mini hamara kielie wo。
　　　　　　　老师　我　休息　说　了
　　　临夏话　老师我哈缓几（的）是。

　　我们注意到（35）—（38）例中四组临夏话中"是"的引语标记成分与蒙古语、维吾尔语、东乡语等阿尔泰语言的引语标记平行一致，都是借用汉语的"是"意译联系动词的一种对应策略。

　　我们看看汉语史上语言接触中的情况。在蒙古语干扰下出现的元白话，也产生了若干带有蒙古语特征的语法现象。据祖生利（2001）的研究，在元代"蒙式汉语"里，蒙古语引语动词对应的形式是"道/说"或"么道"等，例如：

(39) 阿老瓦丁说："各衙门里行的官吏人有问过……"说有。（元

---

① 文中的蒙古语和维吾尔语例句分别来源于西北民族大学的胡阿须和阿尔帕提两位老师。谨向他们表示感谢！

典章，卷 15，被告）

（40）他根底唤呵，"病"么道推辞着，不肯出来对证。交医人验去呵，"没病"道有。（元典章，刑部卷 8，取受）

（41）听得"这周回贼盗多了有"说有。（元典章，卷 13，失盗）

后置的引语标记与前面的"说""么道""听得"前后呼应，其义一也。

回族经堂语，是流行于回族穆斯林内部的一种特殊语言。是元代前后，经师们用当时的"汉儿言语"讲解伊斯兰教经典所使用的一种汉语变体。其中的言说动词"说/说了/说着"一律后置，都显示出引语标记的用法。例如：

（42）委实我在我上有一个同伴说。他说："我确实有一个同伴。"（23·37《萨法特》/31 页）

（43）你们知道着委实他们因为他们的造谎。一定他说了。他说："你们知道，他们确实撒了谎。"（23·37《萨法特》/44 页）

（44）然后委实我高声着教导他们。然后委实他们说着讲着。他们说："我的确大声教育他们。"（29·71《努海》/41 页）

我们将上述讨论加以总结概括，如表 2：

表 2　西北接触方言引语动词形态句法分布表

形态	语言			
	临潭话	临夏话	西宁汉话	经堂语
给	人家不去给 人家不吃给			
说/说了/说着		傢说不来说 我阿伊莎说着叫着	委实我在我上有一个同伴说 一定他说了 然后委实他们说着讲着	
是	傢不去是 明天下雨哩是		你尽力着遵守是 委实我一定是属于对你两个行忠的是	

从表 2 我们可以得出这样的结论：不管是甘肃临潭话和经堂语中的"给"，还是甘肃临夏话的"是"、青海西宁和甘沟话的"说着/说着说着"

等，都是汉语和阿尔泰语系语言接触过程中，不同时期和地域人们采用的不同对应策略：可以用汉语语音近似的故有成分"给"对应蒙古语族的引语动词，也可以用汉语固有的语法意义和功能相似的成分"是/说/说着"对应。"给""是""说"三者异口同声，只是用字上的不同选择而已。

需要强调的是结尾叠加两个"说着"、一个句子出现三个"说"的现象。如例句"傢说₁着傢不去说₂着说₃着。"那么，句末重叠的两个"说"的标记方式、语法功能和语序类型与汉语的言说动词"说"是否相同？值得我们反思。对此，张安生（2007）有所揭示，她认为"说₁"为核心动词，"说₂"是关系动词，"说₃"为引语助词。

我们的研究证明："说₁"为汉语的核心动词毋庸置疑，但"说₂""说₃"的用法与汉语的标记类型完全不同，这种特殊语的法形式的源头是蒙古语，但已经过汉语的重新分析。例如蒙古语的例句：

(45) 普通话　他说："我不去。"（清格尔泰，1991：335）
　　　蒙古语　tere kümkün: bi očiqu ügei geǰü keleǰei (geǰei)。
　　　　　　　那　人　　我　不　去 联系动词 说
　　　汉语方言　那人"我不去"说₂着说₃着。①

例句是"说₂""说₃"与蒙古语引语标记、核心动词的对勘关系。"说₂"实质上对应的是联系动词 geju，蒙古语引语标记的 ge-（中古形式 ke'e-）与东乡语的联系动词"-giə"大同小异，如出一辙；而句尾的"说₃"才是蒙古语的言说动词 kelei（说）的译义。试举几例东乡语的例子：

(46) 普通话　他说看见的见过啦像哩说₂着说₃着。（布和，1986：193）
　　　东乡语　tərə kiəliəkuni tʂanliəsə tʂudʐiəkəsan mutu giə-dʐɯ
　　　　　　　他　说　　　看见　　　熟悉的　　一样 联系动词 进行体

---

① "着"是东乡语动词的进行体是"dʐɯwo"（蒙古语-[dʐ], -保安语 dʐi）。例句 V "着"中的"着"表各种复杂时体的用法，我们将另著文进行探讨，兹不赘述。

kiəliə dz̡iwo。
说　　完成体

东乡汉语　像说的见过的像哩说₂着说₃着。

(47) 普通话　说道：娶一个像我这样的媳妇吧。说着。（布和，1986：177）

东乡语　bi mutu imutu niə biəri agi giədz̡ɯ kiəliədz̡i wo。
我一样　像　一　媳妇　娶联系动词进行体说 完成体

东乡汉语　我一样像的媳妇娶上。说₂着说₃着。

(48) 普通话　要是说让我去，我就去啦。（刘照雄，1981：73）

东乡语　mini ətʂɯ giə-dz̡ɯ kiəliədz̡i bi-sə bi ətʂɯjələi。
我　去联系动词 进行体说进行体　我 去

东乡汉语　我去说₂着说₃着。

东乡汉语中的第一个"说"是汉语的核心动词，前半句是普通话 VO 语序；第二个"说"置于言说内容的后面，它是一种异源性标记。就是张安生所说的"关系动词'说₂'和引语助词'说₃'"①。只是一种形态标记而已；"说₃"与第二个"说"显然功能不同，是东乡语动词"kiəliə"（说）的意译，是真正的核心动词。因此，该"说₃"不一定都是言说动词，还可以是其他动词。例如：

(49) 普通话　你家里有什么人？问来着。（刘照雄，1981：76）

东乡语　tʂɯni giədə ian kun wo? giə-dz̡ɯ asadz̡ɯwo。
你的 家里 什么 人 有联系动词 进行体问 进行体

东乡汉语　你的家里什么人有？说着₂问着。

(50) 普通话　人们抬举他，叫做孬司令。（布和，1986：177）

东乡语　kuŋla taidzi giə-dz̡i ɢa siliŋ giə-dz̡i urndz̡iwo。
人们 抬举 联系动词 孬司令 联系动词 进行体叫进行体

---

① 关系动词和引语助词，两者其实是一回事，是不同的说法。清格尔泰（1991：335）和布和（1986：176）称为联系动词；刘照雄（1981：151）称为引语标志。

东乡汉语　人们抬举他，尕司令说$_2$着叫着。

这两例中句尾的的核心动词不是"说"，而是"问"和"叫"，是"说$_2$着问着"和"说$_2$着叫着"。"说$_2$"和"说$_3$"的区别可见一斑：它们的标记类别、语法功能和形成机制的确不同。前者无词汇意义，只是形态标记；后者才是核心动词。"说$_3$"和"说$_1$"的词汇、语法功能相同，只不过前者是汉语 VO 语序，后者是 OV 语序，动词句尾。故，引语句"傢说$_1$着傢不去说$_2$着说$_3$着"，是汉语和少数民族语言两种句式的套用重叠：先是汉语的"言说动词'说$_1$'加言说内容"句式；再用汉语的"说$_2$"对译引语标记，模仿蒙古语"言说内容言+说动词说"的语法模式，句尾又用汉语的"说$_3$"对译蒙古语言说动词，重新分析出的一种结构模式。句中三个"说"，各司其职，来源不一，反映了语言接触的不同层次。

四、对西北接触方言中引语标记的思考

我们认为是语言接触引发了西北接触方言中引语标记的复杂用法。Heine 和 Kuteva（2005）在讨论语言接触造成的语言改变时，把由语言接触引发的语言变化分为借用和复制两种。"借用"是指形式或者音义单位转移的过程，而"复制"则是一种创新机制。指复制语（Repleca language，简称 R）的用户利用自己语言里可得到的语言材料，仿照模型语（Model language，简称 M）的某一语法特定模式，在其语言里产生出一个新的语法结构。如我们讨论的西北地区的少数民族是复制语的用户，他们在学习汉语的过程中，把自己母语的语法特征包括引语标句带进了习得的汉语中，导致了目标语——汉语的改变，最终创造出一个新的语法模式。像"傢不起给""他自己来哩是""傢说不来说""我'索索'说着叫着。"等。其中句尾的"给/说/是"是为了匹配自己母语后置的引语标记，或音译（给），或意译（说/是）。以上不合汉语的特殊现象，有的是改变了汉语的语序和句型；有的则引入了汉语语法本身没有的语法范畴。有时候一些被复制进来的语法错误，最后也会被复制语接受，成为复制的一部分，并在特定的地域或者特殊的人群中使用并且会保存下来。

参考文献

[1] 布和, 1986. 东乡语和蒙古语 [M]. 呼和浩特：内蒙古人民出版社.

[2] 布和, 1982, 刘照雄. 保安语简志 [M]. 北京：民族出版社.

[3] 陈乃雄, 1987. 保安语和蒙古语 [M]. 呼和浩特：内蒙古人民出版社.

[4] 道布, 1983. 蒙古语简志 [M]. 北京：民族出版社.

[5] 黄行, 2005. 语言接触与语言区域性特征 [J]. 民族语文（03）.

[6] 公望, 1986. 兰州方言里的"给给" [J]. 中国语文（05）.

[7] 黄成龙, 2014. 类型学视野中的致使结构 [J]. 民族语文（05）.

[8] 贾晞儒, 1991. 青海汉话与少数民族语言 [J]. 民族语文（05）.

[9] 李克郁, 1987. 青海汉语中的某些阿尔泰语言成分 [J]. 民族语文（03）.

[10] 李克郁, 1988. 土族语和蒙古语 [M]. 呼和浩特：内蒙古人民出版社.

[11] 李克郁, 1993. 析青海汉语中的让动形式"给" [J]. 青海民族大学学报（社会科学版）（04）.

[12] 刘照雄, 1981. 东乡语简志 [M]. 北京：民族出版社.

[13] 马树钧, 1984. 汉语河州话与阿尔泰语言 [J]. 民族语文（02）.

[14] 敏春芳, 2014. 甘青民族地区语言接触中的"格"范畴 [J]. 民族语文（05）.

[15] 敏春芳, 2015, 程瑶. 语言接触视域下临夏话"是"字句特殊用法研究 [J]. 兰州大学学报（社会科学版）（06）.

[16] 敏春芳, 2016, 雷雨. 临夏回民汉语的"S是＋N是/不是是"句 [J]. 方言（03）.

[17] 恩和巴图, 1997. 满语口语联系动词gɯ- [J]. 民族语文（03）.

[18] 清格尔泰, 1991. 蒙古语语法 [M]. 呼和浩特：内蒙古人民出版社.

[19] 宋金兰, 1990. 青海汉语助动词"给"与阿尔泰语言的关系 [J]. 民族语文（02）.

[20] 张安生, 2007. 西宁回民话的引语标记"说着"、"说" [J]. 中国语文（04）.

[21]《中国少数民族语言简志》编委会,《中国少数民族语言简志丛书》修订本编委会, 2009. 中国少数民族语言简志丛书修订本 [M]. 北京：民族出版社.

[22] 祖生利, 2004. 元代直译体文献中的"么道" [J]. 民族语文（04）.

[23] 祖生利, 2001. 元代白话碑文中代词的特殊用法 [J]. 民族语文（05）.

[24] 钟进文, 2007. 甘青地区特有民族文化的区域特征 [M]. 北京：中央民族大学出版社.

[25] 意西微萨·阿错, 2002. 雅江"倒话"的混合特征 [J]. 民族语文（05）.

[26] Heine, B. and T. Kuteva. 2005. *Language Contact and Grammatical Change* [M]. Cam-

bridge: Cambridge University Press.

[27] Thomason, Sarah G. 2001. *Language Contact: An Introduction* [M]. Washington, D.C.: Georgetown University Press.

[28] Thomason, Sarah. 2003. Contact as asource of language change [C]// Joseph, Brian D. & Richard D. Janda, (eds.), *The Handbook of Historical Linguistics*. Blackwell Publish.

[29] 程祥徽, 1979. 汉语风格论 [J]. 青海民族大学学报（社会科学版）(01).

敏春芳　兰州大学文学院

试论民族语中汉借词的主借层年代考证
——以藻敏瑶语油岭土话为例*

龙国贻

摘　要：文章以藻敏瑶语油岭土语为例，讨论民族语中汉借词的主借层借入年代的考证方法，即将民族语汉借词主借层与各个历史时期的汉语音韵文献的音系结构作比较，从而将借入年代锁定在一个相对较为准确的历史时期。藻敏瑶语汉借词主借层的借入之时当为朱翱反切之后与邵雍《皇极经世》之前的年代（南唐之后，北宋之前），其借源为当时江西的某个汉语权威方言。

关键词：藻敏瑶语；汉借词；主借层次；借入年代

　　语言接触往往是一个漫长的历史，词汇借入不是一次性行为，而是一个持续的过程，不同历史时期的借词，形成多个历史层次。在民族语和汉语接触的漫长历史时期中，各个时期的接触频繁程度不等。接触密切的时期，借入汉语词汇就多，接触少的时期，借入汉语词汇也少。我们把其中接触最密切时期的汉借词叫作主借层次，其他历史时期的汉借词叫作非主借层。民族语中汉借词的主借层，在民族语和汉语的关系研究中最为重要。不只是数目最多，更重要的是具有最强的构词能力。但是，因为许多少数民族没有文字，缺少古代的历史记录，汉文献对他们的历史记录也过少、过简，所以对汉借词的借入年代和借源，考证起来都有一定难度。对借词历史层次的分析，是一种比较可靠、可行的方法。本文尝试以瑶语藻敏方言油岭土话为例，讨论

---

* ［基金项目］国家社科基金重大项目"基于严格语音对应的汉语与民族语关系字研究"（项目批准号：13&ZD132）的资助。

民族语汉借词主借层年代考证的方法，主借层借源的考证将另行撰文讨论。

油岭瑶寨位于广东省连南县，是藻敏方言中存古较多、研究较充分的土语点。本文以油岭瑶语为代表，求出藻敏瑶语汉借词各个历史层次，同时把数量最多的那个层次暂定为主借层。除借词数量外，确定主借层还要兼顾两个因素。其一，各个音类的主借层都是同一个历史时期借入的，共同构成一个语音系统。主借层的确定还要考虑这个层次内部音系的一致性。其二，现代油岭瑶语是借入时期油岭瑶语音变的结果，因此，确定主借层还应参考现代油岭瑶语的音系结构。通过这种方法，我们可以得到藻敏瑶语汉借词主借层如下：

表1　藻敏瑶语汉借词声母主借层

声部	对应读音	声部	对应读音	声部	对应读音
帮	ɓ	精	t/ts	章昌	ts
滂並	p	清	h/s	船书禅	s
明	m	从	s/ts	见溪群	k
非敷奉	f	心邪	h/s	疑	ŋ
微	m	知徹澄	ts	晓	h
端	ɗ	娘	n	匣	h/v
透定	t	庄	ts	影	ʔ
泥	n	初生	h/s	云以	j/v

韵母：

表2　藻敏瑶语汉借词韵母主借层①

韵部	对应读音	韵部	对应读音
通摄舒声	uŋ	蟹摄开口二等	ai
通摄入声	up/u	蟹摄开口三四等	ɛi
江摄舒声	ɔŋ	蟹摄合口一等	ui
江摄入声	ɔ	蟹摄合口二等	ai/a
止摄开口	i	蟹摄合口三等	ui

① 个别声类由于调查所得汉借词太少，没有讨论其主借层，例如，果摄三等、深摄舒声。汉语词汇借入藻敏瑶语之后，也可能发生类似汉语的音变，这些音变后的词汇可能会混入后来的历史层次，无法分辨。这些内容不在本文讨论范围之内。

续表

韵部	对应读音	韵部	对应读音
止摄合口	ui	臻摄开口三等	in/it
遇摄	u/ŋ(疑)	臻摄合口一、三等	un/ut
蟹摄开口一等	ɔi	山摄开口一等舒声	an/ɔn(钝)
效摄一等	ou	山摄合口一等舒声	ɔn
效摄二等	au	山摄二等舒声	an
效摄三四	ɛu	山摄开口三、四等舒声	ian
假摄二等	a	山摄合口二、三等舒声	ɔn(知系)
假摄三等开口	ia	山摄合口三等舒声	an(非组)
果摄一等	ɔ	山摄开口一等入声	at/ɔt(钝)
宕摄一等开口 知系宕摄三等开口	ɔŋ	山摄开口二等入声	at
非知系宕摄三等开口	iaŋ	山摄三、四等入声	iɛt/ɛt
宕摄合口	ɔŋ	流摄一等	ɛu
宕摄开口一等入声	ɔ	流摄三等	iu
梗摄开口二等	aŋ	深摄舒声	-
梗摄开口三四	ɛŋ	深摄入声	ip
梗摄开口二等入声	a	咸摄一等舒声	ɔm
曾摄开口一、三等	aŋ	咸摄二等舒声	am
曾摄开口一等入声	a	咸摄三、四等舒声	iam
曾摄开口三等入声	it	咸摄一等入声	ɔp
咸摄二等入声	ap	咸摄三、四等入声	iap

本文提出一种年代考证的方法。

周边语言汉借词的历史层次，主要分为两层，一种是中古以后的层次，如日语的汉音、越南语中的汉越语，朝鲜汉字音。另一种是中古以前的层次，如日语中的吴音、越南语中的古汉越语，朝鲜语中《三国遗事》《三国史记》所记录的汉语借词。汉语各方言中，大体上也有文读、白读两个层次与之对应。其中，中古以后的借词数目最大，构词能力也最强，属于主借层。各个民族语中的汉借词还没有做过详细的调查与分析，大体上也应该差不多。主借层的历史年代都是中古以后。但是中古以后，是一个很长的历史时期，能不能可以考证出更确切的年代呢？现代民族语汉借词的语音特征，从古代演变而来,如果我们能够确定这些特征与中古以后某个年代的汉语特征相符,就可以大致上确定它们的借入年代。从中古到宋元,以下几个历史时期的汉语语音面貌,因为这个时期的代表韵书的研究,大致可以确定。

本文的考证所涉及的音韵文献有以下几种。

《切韵》是现今可考的最早的韵书,记录的是公元6世纪前后的音系。(拟音参考李荣,1956)

朱翱的反切。朱翱与徐锴同是南唐人,徐锴著《说文解字声传》,朱翱又给徐锴作反切,他的反切是根据当时实际语音而作的,反映的是南唐的音系(王力,1982)。

《皇极经世》作者邵雍,成书于北宋,记录11世纪的范阳音系(冯蒸,1987:80—86)。

《蒙古字韵》,是用八思巴字拼写汉语(也称八思巴字汉语)的韵书,编著于1269—1292年,反映公元13世纪前后(元代)的中原音系(照那斯图、杨耐思,1987)。

《中原音韵》,周德清于1324年出版,是代表近代官话的一部韵书,反映的是元代的大都音系(杨耐思,1981)。

不过这里首先要解决两个问题。第一,某个民语中的汉借词的语音特征,与所参照的某个古代音系中这个语音特征出现的时间,是否有可比性。第二,民语汉借词中的这个语音特征,在所参照的某个古代音系中是否也出现。

这与我们选择什么样的语音特征有关。如果一条音变在所比较语言中的音变方向是明确的,在时间的参照上自然没有问题。

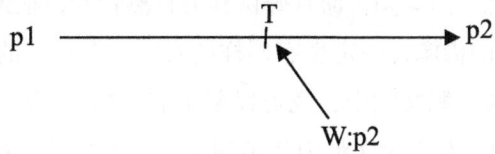

图1 民语汉借词的语音特征

图1中某个民语汉借词W的读音为p2,而汉语借源中这个词的音变方向是明确的,而且已知是在时间T以后才发生了这个音变,那么我们可以确定民语中W的借入时间一定在T以后。

至于第二个问题,实际上就是所参照的某个古代音系是不是民语汉借词的借源。所以我们必须要寻找一个可以确定为借源的古文献作为参照系。藻敏瑶人最早分布在湖南省的洞庭湖一带，后迁入广东地区，所以笔者曾简单推论藻敏瑶语主借层的借源最有可能是当时湖南的某个汉语权威方言（龙国贻，2012：36）。后来在笔者的另一篇文章，通过语言地理学的方法，推断出借源会是江西的汉语权威方言（待刊）。江西就是五代的南唐。所以，本文提出以南唐朱翱的反切作为借源性质的参照文献。图 2 是江西的一段历史演变，南唐的时间点在 T2，T1 与 T3 各是在它之前与之后的时间点，某个音类在这三个点上的读音分别是 p1、p2、p3。

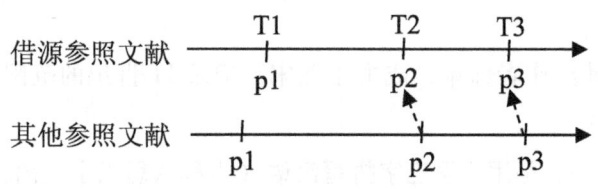

图 2　民语汉借词的借源

如果这个音类的民语汉借词 W 正等于 p2，那么这里会有以下几种情况：

1. p1 < > p2 < > p3，W 借入时间在 T2；
2. p2 = p1，p2 < > p3，W 借用时间在 T2 之前；
3. p2 = p3，p2 < > p1，W 借用时间在 T2 之后。

如果这个音类的民语汉借词 W 并不等于 p2，而是等于 p3，而在借源参照文献（朱翱反切）中却找不到 p3 的证据。在这种情况下，我们就要寻找出现 p3 的其他文献证据。如果我们找到了另一个文献，其中有 p2 的证据，也有 p3 的证据，其演变是 p2 > p3，而且确认其为自然音变，根据自然音变的普遍原理，可以推断它的借源，一定也有同样的音变。在找到的文献中，p3 发生在 p2 之后，那么在借源文献中，也可以断定 p2 之后会有一个 p3。所以，民族汉借词虽然是 p3，在借源文献中找不到证据，但是只要在其他文献中找到证据，就可以推导，这个民族语中借入 W 的时间一定在 T2 之后。当然，这样的考证还是粗了点，我们还不能确定其借入时间到底在 T2 以后的哪一个时间点上。不过通过好几个文献资料的互相补充，可以把借入点定得尽可能准确。

以下我们通过一些具有区别年代意义的音类，考证藻敏瑶语主借层的借入年代。

1. 疑母二三四等

《切韵》疑母为一类，都读 ŋ（李荣，1956：128）。

据王力（王力，1982：244）考证，朱翱反切中疑母为一类，都是鼻音。

《皇极经世》（周祖谟，1966：586—587）中，零声母影母字在音三，而疑母字玉瓦仰五牙月尧在音二，说明疑母还没有变成零声母。

《蒙古字韵》中部分疑母字开始变成零声母，如"皑艾碍"声母为 ŋ（弓），而"崖涯额"的声母已经变成了零声母 j（凵）（照那斯图，杨耐思，1987：74—77）。

《中原音韵》疑母读作零声母（杨耐思，1981：19—20）。

藻敏瑶语疑母主借层没有分化，都读作鼻音 ŋ。

2. -k 韵尾

《切韵》有 -k 尾（李荣，1956：105）。

朱翱反切中还保留了完整的 -p、-t、-k 韵尾，例如，药铎（九）ak、月薛（五）at、叶业（十三）ap（王力，1982：234—239）。

《皇极经世》声四、声五中，《切韵》的 -t、-k 尾字配阴声字；声七中，《切韵》-p 字配 -m 尾字，说明还保留韵尾 -p，但 -k、-t 尾已经消失（周祖谟，1966：587—598）。

《蒙古字韵》中《切韵》的入声字全部与舒声字归在一个韵部，如十五麻，还包括"雪月夹节"等入声字，十四歌包括"合脱客"等入声字，可见已经派入三声（照那斯图，杨耐思，1987：129—139）。

《中原音韵》入声已派入三声，至少韵尾已经消失（杨耐思，1981：46—54）。

藻敏瑶语主借层中，还保留 -p-t 入声字，但 -k 尾已经失落。

3. 非组

《切韵》没有轻唇音，非组和帮组为一类。（李荣，1956：128）。

朱翱反切中非组与帮组分离，已经轻唇化。其中非敷母为一类，奉母、微母各为一类（王力，1982：247—248）。

《皇极经世》的音四和音五对立，音五为帮组，音四为非组，已经轻唇化（周祖谟，1966：587）。

《蒙古字韵》中帮滂并明分别用ㄹㄹㄹㅁ表示，但是微母用ㅉ，非敷用ㄷ加合口，奉用ㄷ加合口表示（照那斯图，杨耐思，1987：7）。

《中原音韵》非组已经轻唇化（杨耐思，1981：18—19）。

藻敏瑶语汉借词主借层中非组已经从帮组分离，轻唇化为 f-。

4. 麻韵二三等

《切韵》麻韵二三等是一类（李荣，1956：150）。

朱翱反切中的麻蛇韵包括麻韵二三等（王力，1982：296）。

《皇极经世》麻韵只有一个"化"字，出现于一声翕，与果摄字合为一列，说明果假二摄已经合流为一韵，因为没有麻韵三等字出现于图中的其他韵类，所以麻韵二三等应该还没有分化（周祖谟，1966：596）。

《蒙古字韵》第十五麻，既包括二等麻、假、家、加、虾、瓜、花等字，也包括三等且、舍、者、车等字，所以二三等还没有分化为两个韵（照那斯图，杨耐思，1987：133—139）。

《中原音韵》麻韵二三等已经分化（杨耐思，1981：153—165）。

藻敏瑶语汉借词主借层中麻韵二三等是同一类，没有分化。

5. 真谆的分合

《切韵》真韵是一类，开合不分韵（李荣，1956：150）。

朱翱反切中真文韵包括开合两类（王力，1982：221—222）。

《皇极经世》声三的臻摄又根据开合分作两类，开口"臣引艮"为一类，合口"君允巽"为一类（周祖谟，1966：597）。

《蒙古字韵》真韵的开合口都归为七真，实际上这个韵部中的开合口的主元音是不同的，开口记作 in ㅢ，合口记作 jun ㅠㄴ（照那斯图，杨耐思，1987：82—90）。

《中原音韵》的真文韵虽然包括《切韵》真韵的开合口，但是"宾"字在早于它的《蒙古字韵》中读 in，在晚于它的现代北京话中也读 in，所以它在《中原音韵》中也只能是 in，它与合口字放在同一个韵部，与《蒙古字韵》的情况当相似（照那斯图，杨耐思，1987：120—125）。

藻敏瑶语汉借词臻摄三等主借层为两类，开口元音为 i，合口主元音为 u。

6. 寒桓韵

《切韵》寒韵包括《广韵》的寒桓韵（李荣，1956：150）。

朱翱反切中寒桓为一类，说明山摄一等开合还没有分化（王力，1982：224）。

《皇极经世》声三中，开千典旦、合元犬半，其中"旦"为寒韵，"半"为桓韵，两者韵类不同，说明开合已经分化（周祖谟，1966：597）。

《蒙古字韵》八寒包括寒桓，但是寒为 an，桓为 on，主元音并不相同（照那斯图，杨耐思，1987：90—97）。

《中原音韵》寒韵在寒山韵部，桓韵在桓欢韵部（杨耐思，1981：126—131）。

藻敏瑶语汉借词主借层山摄一等开合是一类，没有分化。

7. -p 韵尾

《切韵》有-p 韵尾（李荣，1956：150）。

朱翱反切中，《切韵》-p 类韵仍然保持为一类（王力，1982：241—244）。

《皇极经世》声七中，《切韵》-p 字配-m 尾字，而其他入声字都配阴声字，这说明还保留-p 尾（周祖谟，1966.：598）。

《蒙古字韵》入声字的韵尾都已消失，并入阴声韵（照那斯图，杨耐思，1987：46—146）。

《中原音韵》入声已经消失（杨耐思，1981：46—54）。

藻敏瑶语汉借词主借层有-p 韵尾。

8. -t 韵尾

《切韵》有-t 韵尾（李荣，1956：150）。

朱翱反切的-t 类韵与《切韵》同（王力，1982：235—239）。

《皇极经世》-t 尾韵均与阴声韵相配，说明-t 尾已经消失（周祖谟，1966：596—598）。

《蒙古字韵》所有的入声均消失（照那斯图，杨耐思，1987：46—146）。

《中原音韵》入声消失（杨耐思，1981：46—54）。

藻敏瑶语汉借词主借层还有-t 韵尾。

9. 曾梗舒声

《切韵》曾摄和梗摄舒声是不同的两类（李荣，1956：150）。

朱翱反切中，有蒸登和庚青两类，蒸登为曾摄字，庚青为梗摄字，说明二者没有合流（王力，1982：228—230）。

《皇极经世》声二有两类，一类是开丁井亘，其中有曾摄也有梗摄字；另一类是合兄永莹，也都是曾摄和梗摄的舒声字，说明曾梗舒声已经合流（周祖谟，1966：597）。

《蒙古字韵》二庚，包括曾、梗二摄（照那斯图，杨耐思，1987：32—39）。

《中原音韵》曾梗摄舒声已经合流（杨耐思，1981：166—171）。

藻敏瑶语汉借词主借层中曾摄梗摄舒声已经合流。

10. 蟹摄开口一二等分合

《切韵》蟹摄一二等是不同的韵类（李荣，1956：150）。

朱翱反切反映，蟹摄一等合为一类，二等合为一类，三四等合为一类（王力，1982：217—221）。

《皇极经世》一声辟，仅有的"开宰爱"三个都为一等字（周祖谟，1966：596），但这并不能说明蟹摄开口一二等尚未合流，因为此前的《尔雅音图》（冯燕，2007：21—25）与此后的《蒙古字韵》都已经合流（照那斯图 杨耐思，1987：74—78）。

《蒙古字韵》六佳，包括蟹摄的开口一二等。

《中原音韵》皆来韵，包括蟹摄的开口一二等（杨耐思，1981：113—119）。

藻敏瑶语汉借词主借层中蟹摄开口一等为 ɔi，二等为 ai。

由于汉语词汇借入藻敏瑶语后发生类似汉语音变的情况不在讨论范围内，所以本文的假定前提是：主借层的读音就是借入年代的实际读音。整理上述各个音类的讨论，可以逐条分析主借层的借入年代（见表3）：

表3 各音类主借层借入年代表

	隋 切韵	南唐 朱翱	北宋 皇极	元代 蒙古	元代 中原	藻敏瑶语 主借层	借入年代
-k 失落	-	-	+	+	+	+	朱翱反切之后
轻唇化	-	+	+	+	+	+	《切韵》之后
真谆分为两类	-	-	+	+	+	+	朱翱反切之后
寒桓分为两类	-	-	+	+	+	+	朱翱反切之后
疑母读零声母	-	-	-	+	+	-	《蒙古字韵》之前
-p 尾失落	-	-	-	+	+	-	《蒙古字韵》之前
-t 尾失落	-	-	+	+	+	-	《皇极经世》之前
麻韵二三等分化	-	-	-	-	+	-	《中原音韵》之前
效摄合为一类	-	-	+	+	+	-	《皇极经世》之前
曾梗舒声合流	-	-	+	+	+	-	《皇极经世》之前
蟹摄开口一二等合流	-	-	+	+	+	-	《皇极经世》之前

表3中的第1列为能够反映借入年代的音类或者语音现象，第2—6列为该音类在各历史时期汉语文献中的语音面貌，第7列是藻敏瑶语主借层的语音面貌，第8列是对比之后得出的借入年代范围。凡是借入年代的汉语的创新，瑶语主借层中一定存在；借入年代之后的汉语的创新，瑶语主借层中一定不存在。例如，-k韵尾失落是一种创新，藻敏瑶语主借层中-k韵尾失落，那么主借层的借源k韵尾也已经失落了，朱翱反切中还有-k尾，皇极经世-k韵尾失落，这说明主借层一定是在朱翱反切之后的年代借入的。又如，疑母读零声母是创新，藻敏瑶语主借层疑母还没有变成零声母，还是读作鼻音，那么其借源的疑母也还是鼻音，《皇极经世》疑母还是鼻音，《蒙古字韵》开始有疑母为零声母，这说明其主借层借入年代一定早于《蒙古字韵》。

表3几个特征表明，藻敏瑶语主借层借入年代应是在朱翱反切之后与邵雍《皇极经世》之前的年代，即在南唐之后，北宋之前。史料记载"排瑶先民最早可能在唐宋之间的五代或稍早从湖南迁入"，我们考证得出的借入年代与之相符（练铭志，马建钊，李筱文，1992），不过史料记载只能作为参考，语言学本身的研究结果才能真正探究到语言事实，藻敏瑶语主借层的借源是当时的江西方言，借源考证的内容将另行撰文。

结　语

语言史上年代的确定是一项很难的工作，用语言材料与移民材料的互相印证，会增加其确定性。本方法不仅限于主借层的年代考，实际上对民族语汉借词各个历史层次的年代考证都适用；上文所列也并非可以依据的全部音韵文献，如果加入更多的文献（特别是与借源相关的文献），考证的结果会更加准确。

参考文献

［1］冯蒸，1987. 北宋邵雍方言次浊上声归清类现象试释［J］. 首都师范大学学报（社会科学版）(01).
［2］冯燕，2007. 论《尔雅音图》的音系基础［J］. 汉字文化（03）.
［3］照那斯图，杨耐思，1987. 蒙古字韵校本［J］. 北京：民族出版社.
［4］李荣，1956. 切韵音系［M］. 北京：科学出版社.
［5］练铭志，1992，马建钊，李筱文. 排瑶历史文化［M］. 广州：广东人民出版社.
［6］龙国贻，2012. 藻敏瑶语汉借词主体层次年代考［J］. 民族语文（02）.
［7］潘悟云，2008. 吴语韵母的主借层［J］. 东方语言学（03）.
［8］王力，1982. 朱翱反切考［M］//王力. 龙虫并雕斋文集. 北京：中华书局.
［9］杨耐思，1981. 中原音韵音系［M］. 北京：中国社会科学出版社.
［10］周祖谟，1966. 宋代汴洛语音考［M］//周祖谟. 问学集：下册. 北京：中华书局.

龙国贻　中国社会科学院民族学与人类学研究所

海南三亚港门话的语音系统及声调层次*

刘春陶

摘　要：港门话是三亚崖州区使用的海南闽方言，与乐东的方言特征近似。港门话共有21个声母、27个韵母和6个声调，其不同于海南北部闽方言特征的是入声塞音韵尾消失，入声调只保留了一个。本文初步分析其声韵系统中包含的层次和年龄差异，统计研究了各调类的组成层次并列出同音字汇。

关键词：港门话；音系；调类层次；同音字汇

一、概　说

港门话是位于海南三亚崖州区的海南闽方言，主要分布于崖州区保港村、临高村、保平村等沿海地区，向西与乐东地区的海南话相连，二者具有语言特征的相似性。崖州区以东40千米左右的三亚市区方言是随三亚市经济开发移民到来的，在该区域存在的历史晚于港门话，二者语言特征存在一定的差异，因此有学者认为三亚市区的海南话和港门话分属不同的方言片。与港门话发生密切接触的主要是具有官话性质的崖城军话（刘春陶，2013，2021），附近分布的其他语言主要是黎语俘方言和迈话（粤方言）。与琼海、文昌等地闽方言的优越地位不同，港门话在崖州地区的语言地位和影响力较低，不同语言（方言）族群间相对独立。在长期的语言演变和接触中，港门话受到其他方言（特别是崖城军话）的影响较多，故而其语音系统表现出复杂的层次性，具有重要的研究价值，近年来日益受到关注。但从当前研究来看，学者

---

* 本文是天津市哲学社会科学重点项目的阶段成果，项目编号：TJYY21-003。

们仅将港门话作为宏观视域研究下的一个单点泛泛提及，目前尚没有专门的音系描写、研究的文章发表，港门话独特的音系现象仍未得到圆满解释，并因此使进一步的相关研究产生争议。比如，学界对海南闽语的分区有多种意见：港门话在梁猷刚（1984）的分区中属于崖县片；刘新中（2006）认为其属于昌感片崖城小片，虽邻近三亚市区，但二者方言有一定的差异；辛世彪（2013）则将港门话划入南部东片，也提出了与三亚地区的海南话存在面貌上的不同。为了进行有针对性的系统研究，笔者于 2018 年年初对海南港门话做了专门调查，主要发音人有以下几位。

郑联贵，男，79 岁（1942 年生），三亚崖州区临高村人，退休高中语文教师。

郑联惠，男，84 岁，三亚崖州区临高村人，务农。

郑燕，女，23 岁，三亚崖州区临高村人，现在三亚市区工作。

港门话在不同年龄组发音人之间具有规律性差异，本文以老年组为准，对年轻人的语音特征做了说明，并列出老年人语音的同音字汇。

二、港门话的声韵调系统

（一）声母及例字

港门话共有 21 个声母。

ʔb 波薄冯封		pʰ 编敷甫帆		m 巫问蚊危	v 符无抚盼
ʔd 大茶都猪	t 左珠多前	tʰ 头层拆杖		n 验尼闹虐	l 劣力令蓝
	ts 针展惩捷	tsʰ 充查传才	s 沙恕社士		
	tɕ 著叔周轴		ɕ 取枪深市		j 已人谣尿
	k 楷械枯含	kʰ 期亏夹兼	x 醉会云叶	ŋ 仰硬抠义	
	ʔ 有鸭羊阴				z 锐员院悦

说明：

① [ʔb]、[ʔd] 实际音值为内爆音[ɓ]、[ɗ]。

② [x] 的实际音值接近喉擦音 [h]。

③ [ɕ] 的实际音值带有送气特征，接近[ɕʰ]，音系中没有[tɕʰ] 和 [ɕ] 的对立，统一记录为[ɕ]，[tsʰ]的实际音值是[sʰ]，但与[s]仍有对立。

④存在几组特殊的声母对立现象，如[ʔ]与[j]、[ɕ]与[s]在 i 前均有对立：乙[ʔi³⁵]≠译[ji³⁵]、由[jiu¹¹]≠油[ʔiu¹¹]；输运输[si³³]≠殊[ɕi³³]、手[ɕiu³¹]≠守[siu³¹]。

⑤新老派在发音上存在语音区别。

老年人读 vo 音节的，年轻人读为 fo，如"福"老年人读为[vo³⁵]，年轻人读为[fo³⁵]。

[ts]、[tsʰ]、[s] 年轻人读音音值更接近舌叶音，带有卷舌色彩。部分[tsʰ]声母年轻人读为[ʃ]，如"擦"老年人读为[tsʰuo³⁵]，年轻人读为[ʃuo³⁵]。年轻人[s]大部分读为[θ]，如"沙"读为[θuo³³]①。

年轻人部分三等介音丢失，导致声母[j]在年轻人中部分演变成[ẓ]，[tɕ]部分演变成[ts]。如"热"老年人读为[juo⁵³]，年轻人读为[ẓuo⁵³]；"烛"老年人读为[tɕia³⁵]，年轻人读[tsa³⁵]。

（二）韵母及例字

港门话共有 27 个韵母。

a	摆疤箩北	ɛ	纱更麦灭	i	边脾笔吕	o	波榜薄缸	u 夫都私事
ia	鹿掸雅一			iə	兵弱车瓦	io	辱约育岳	iu 周刘修须
				uə	飞盘热火			
ai	败西别贼					oi	稗贝初第	ui 肺酸核锐
au	堡斗劳楼	eu	嚼补路斗	iau	标交雀跃			
aŋ	冬动般香	ein	邓鼎廉咸	iŋ	宾讯填眠	oŋ	总宋丰通	uŋ 分春冏船
iaŋ	弓穷江让					ioŋ	熊雄凶	iuŋ 润闰韵运
uaŋ	端窗全桑			iai	崖涯			uai 怪绝夺疫

说明：

①io 韵母仅有 8 个例字，且音节为 jic，在年轻人的语音中，i 韵头丢失，声母变成 ẓ 音节变为 ẓ0；iai 韵母下仅有 2 个例字；ioŋ 韵母下仅有 3 个例字。

②入声韵塞音尾消失，音节舒化，与阴声韵合流。

③部分阳声韵鼻音尾脱落。

---

① 这一读音在部分老年发音人中也有出现，或许不完全是年龄层形成的差异，而是语音链式演变的过程现象。

(三) 声调及例字

港门话共有 6 个调类。

33	歌波沙乌车	31	果火马写补	13	课兔货霸醋
11	箩河麻徐虾	51	祸五户月六	35	竹七福百铁

说明：

港门话的 6 个调类，听感上分别是中平、低平 2 个平调，一高一低 2 个降调和高低各异的 2 个升调，根据 praat 分段提取基频做出声调格局显示如下。

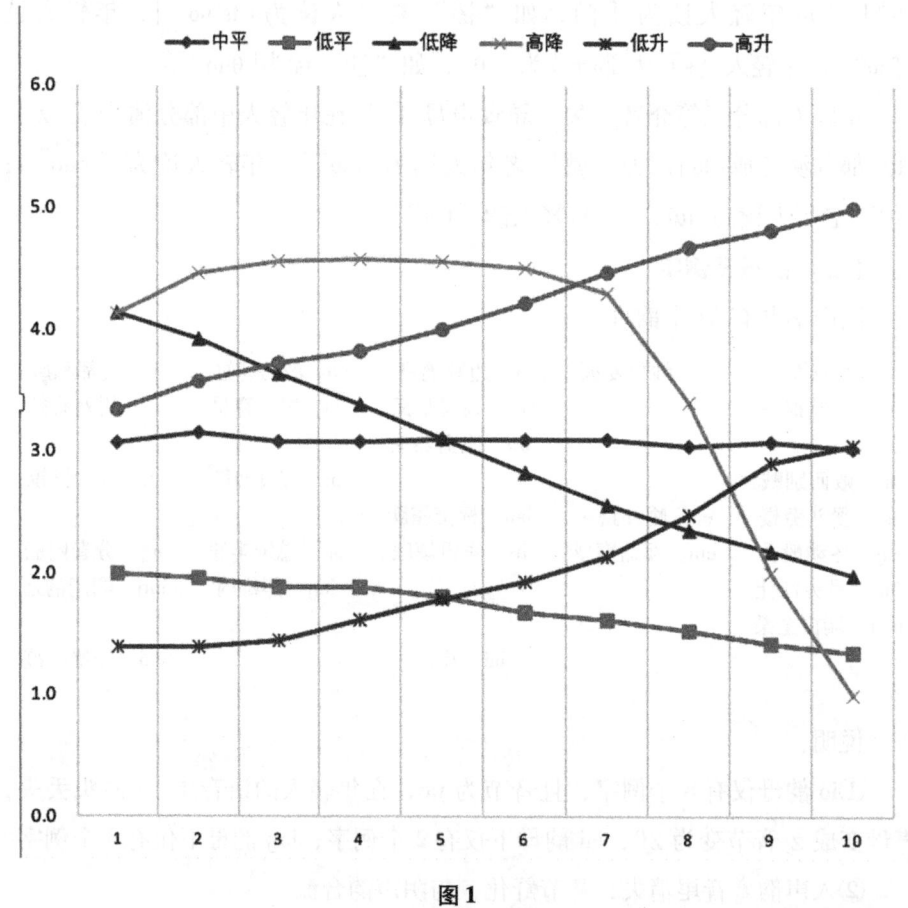

图 1

据图显示，低平调带有略微下降的特征，但由于降幅不大，为音系格局对立分明，我们仍将其视为低平 11，高降调实际音值为略升后降，听感上高调域略有拖长，实际音值或为 451 或 551，为音系简明我们将其记作降调 51。

三、港门话的音韵特征

（一）港门话声母的音韵特征

1. 现代港门话没有浊塞音和塞擦音声母，中古全浊声母在港门话中读为清声母，部分送气，部分不送气，中古全浊擦音声母今读为清擦音。

2. 双唇不送气塞音在港门话中读为内爆音ɓ，舌头不送气塞音读为内爆音ɗ。港门话中没有不送气双唇塞音p，舌音t多数来自中古精、照组，如左[to³¹]、专[tuaŋ³³]；少数来自知组，如中[toŋ³³]。

3. 普通话今读为轻唇音声母的字有一部分在港门话读为重唇音（如分[ʔbuŋ³³]、伏[pho³⁵]），反映了港门话声母系统中的存古层次。

4. 见组细音没有发生腭化，今天港门话的tɕ、ɕ来自知庄章精组细音。港门话中的擦音s在细音前部分腭化，部分没有腭化，且存在最小对立，如"手[ɕiu³¹]"不同于"守[siu³¹]"，不同年龄层发音人呈现对立的具体例字不同。

（二）港门话韵母的音韵特征

1. 从历时演变看，港门话的鼻音尾包括多个层次，有鼻音尾脱落层：凉、山[θuo³³]、天[tʰi³³]；鼻音尾合并为-ŋ层：斑=帮[ʔbaŋ³³]、今=巾=经[kiŋ³³]。

2. 存在特殊韵母形式[ein]，音节形式可以分析为双元音韵核加鼻音尾（刘春陶，倪博洋，2019）。

3. 港门话音值与中古音类呈现一种交互对应的关系，即某个音值有多个历史音类来源，某个历史音类分化成多个韵母。如在我们的调查中o韵母包含铎韵17字、唐韵11字、歌戈韵39字、屋烛韵28字、豪韵12字、鱼虞模韵12字；鱼韵含eu韵母5字、i 21字、o 3字、u 28字等，表现出丰富的层次，其中既包含不同历史时期的语音层次，也包含由于和其他方言接触带来的异源层次。若逐韵对港门话韵母系统进行层次分析会使本文过于庞杂，且有些问题尚待考察，我们将另行撰文加以说明。

（三）港门话声调的音韵特征及层次分析

港门话有6个调类，这在海南闽方言中是较为特殊的现象。辛世彪（2013）提到"海南闽语的调类数为6—8个。北部方言都是8个调，南部方言多数是 7 个调,只有三亚港门是 6 个调"。因此,我们将港门话的调类与中古调类进行了对比,发现港门话单字调调类的历史来源较为复杂,中古的四声在现代港门话各调类均有分布。这种复杂的对应关系与周边方言(特别是崖城军话)的影响有密切关系,它使港门话声调来源呈现不同的层次。从字数统计看,我们得到如下结果。

表 1　港门话声调来源统计

调值调类	字数(个)	中古调类对应(个)
33 阴平	646	清声母平声 504(78%)
		上声 25
		去声 96
		入声 21
11 阳平	571	浊声母平声 464(81%)
		上声 65
		去声 29
		入声 13
13 阴去	501	平声 48
		上声 47
		清声母去声 375(75%)
		入声 31
35 阴入	320	平声 17
		上声 24
		去声 29
		清声母入声 250(78%)
31 阴上	368	平声 62
		清声母、次浊声母上声 269(73%)
		入声 6
		去声 31
51 阳去	423	平声 31
		全浊、次浊声母去声 156(37%)
		全浊声母上声 110(26%)
		全浊、次浊声母入声 126(30%)

注:括号内为占比。

按照中古来源调类的辖字数量,我们将字数最多的来源称为主要层次,对比发现，除了各调类的主要层次外，还有一个次要层次，主要分布于阴平、阳平和阴上三个调类，和主要层次比，次要层次的例字大幅减少，但与其他调类来源的例字数相比有明显的优势。对比主要层次和次要层次的分布及例字数量，我们发现下列规律。

表2 港门话声调的历史层次

调类	调值	中古调类（主要层次）	中古调类（次要层次）	次要层次对应军话调值	次要层次对应迈话调值
阴平	33（总646字）	阴平78%	去声15%	55	33/21
阳平	11（总571字）	阳平81%	上声11%	21（11）	33/21
阴去	13（总501字）	阴去75%	无明显优势调类		
阳入	35（总320字）	阴入78%	无明显优势调类		
阴上	31（总368字）	阴上73%	平声17%（次浊）	32	55
阳去	51（总423字）	阳去37% 阳上26% 阳入30%	无		

按照字数及主要层次中古调类对应规律，我们可以称33调为阴平、11调为阳平、13调为阴去、35调为阴入、31调为阴上、51调由于合并了上、去、入的阳调类，称为阳去（辛世彪，2013。称为阳上）。在次要层次中，港门话阴平调类混入部分去声，阳平调类混入部分上声，阴上调类混入部分次浊平声（即阳平）。为进一步明确次要层次的形成原因，我们再来看一下与港门话密切接触的崖城军话和迈话的声调系统。

表3 崖城军话和迈话的声调系统

中古来源	崖城军话调类及调值	迈话调类及调值	例字
阴平	阴平33	阴平13	波多花珠金课建举毯
阳平	阳平32	阳平55	爬鱼求南构素谜伟遭
阴上	上声21	阴上去33	闭瘦欠信左马点苏钢
阴去			
阳上	去声55	阳上去21	部在孔限座下慢挪伦
阳去			

续表

中古来源	崖城军话调类及调值	迈话调类及调值	例字
阴入	入声 324	上阴入 5	笔出菊握
		下阴入（含次浊入）3	八足末裂
阳入		阳入 1	舌笛腻及

注：迈话中古清上、次浊上和阴去合流，全浊上与阳去合流

通过与军话、迈话的调值对比，我们发现港门话调类次要层次的调值与崖城军话相应调类的调值更加相近。如港门阳平的次要层次—去声，在军话里也是平调（33—55）；阳平的次要层次上声在军话是低平（11—21），阳上的次要层次阳平在军话是低降（31—32）。而无论是调值还是调类分合规律都与迈话相距较远。军话是崖州地区的优势方言，在普通话普及以前地位相当于官话正音，因而港门话在日常接触中借入了大量军话语音词汇，在借入时，方言使用者没有考虑调类对应而是选择调值近似匹配的手段，用 33 调配对军话的 55 调（均为平声），阳平和阴上的调值几乎无差别匹配，因此在上述调类中产生了因借入军话词汇形成的次要层次。而由于崖城军话音系中没有匹配的调型和调值，另外几个调类——阴去、阴入、阳去没有形成显著的次要层次，而表现为不同调类数量均等的例外。

四、结论

在闽方言范围中进行比较，港门话的语音系统具有如下特点。

第一，和闽方言相同，港门话也具有丰富的文白异读层次，据我们对声调系统的初步对比分析，港门话的文读层次有普通话和崖城军话两个来源。

第二，不同于大多数闽方言的语音系统特征，港门话音系中仅保留一个阴入调，入声韵塞音尾消失，阳入并入其他调类（以阳上和阳去为主）。

第三，港门话音系中存在一些特殊的语音对立形式，如音节首的辅音 [j] 和 [ʔ] 的对立（"应"不同于"盈"），辅音 [ɕ] 和 [s] 与细音相拼时存在对立（"手"不同于"守"）。其特殊的音系对立有助于丰富我们对汉藏语音系对立形式的认知，其表现可以视为汉藏语音史中某一时区也有可能

存在过的对立形式，既具有类型学上的参考价值，也进一步提醒我们在语音调查实践中对于音位整理要十分慎重。

第四，港门话在语音上存在较为显著的年龄差异，这与方言在特殊语言接触环境下的演变有密切关系。港门话的新老派形式的差异提供了一个重要的、动态的海南闽语演变过程，对于厘清海南闽语的发展具有一定参考价值。

由于上述特征的特殊性，我们需要再次审视港门话方言性质的关系，如为何在入声消失的情况下我们仍将其归入闽语的范畴；这些特殊的语音面貌和复杂的层次又是如何形成的；等等。对于这些层次的剥离可以提供一个观察语言接触与语言融合的窗口。

五、港门话同音字汇

[a]

ʔb　［33］巴疤芭［11］饱［31］摆绑［13］霸坝［53］卜［35］簸北幅爸

pʰ　［11］琶杷［31］朵［53］晒［35］打

m　［11］麻_脚麻了_［53］目

v　［53］墨

ʔd　［33］担［31］胆［53］踏毒［35］搭

t　［33］昨［31］早［53］杂［35］扎

tʰ　［53］沓读

n　［33］只_只有_［13］哪那

l　［11］箩［53］蜡六栏［35］落

ts　［33］楂渣［13］诈榨炸［35］烛

tsʰ　［33］叉岔差_差别_钗［11］查柴［31］炒［53］凿咳［35］插

s　［33］衫三

k　［33］咳铰［11］搅敢［31］弃［13］教［53］咬［35］甲角橼

kʰ　［33］脚［31］巧［35］壳

h　［53］鹤

ʔ [33] 阿亚 [35] 浇鸭押闸

[o]

ʔb [33] 波菠玻 [31] 保宝榜 [13] 报 [53] 薄 [35] 博泊驳柏

pʰ [33] 坡 [11] 婆 [53] 颇抱 [35] 朴扑仆伏霉

m [33] 望 [11] 毛摩 [31] 魔 [13] 磨碾膜 [53] 馍沫默 [35] 寞穆牧躲

v [11] 无 [53] 复覆服 [35] 福

ʔd [33] 刀 [11] 塘长_{长短}肠 [31] 着 [53] 丈特独 [35] 卓督独_{田独}剔刺

t [33] 装 [11] 堂 [31] 阻左佐 [53] 椭助族朵 [35] 做作粥

tʰ [33] 汤 [11] 妥糖棠 [31] 讨驼 [13] 烫 [53] 杖 [35] 托

n [11] 挪 [53] 腻二贰诺匿

l [33] 啰 [11] 罗锣 [53] 落禄录 [35] 乐_{快乐}陆洛

ts [53] 蜀 [35] 祝

tsʰ [33] 仓疮 [11] 础桌床 [31] 楚 [13] 锉措错糙 [35] 鹊畜蓄促触

s [33] 蔬霜疏 [31] 锁所嫂 [13] 朔塑 [53] 俗属 [35] 绳速缩束肃

k [33] 杠杆歌哥戈扛竿缸 [31] 稿 [13] 告钢阁虹 [35] 各国

kʰ [33] 糠 [31] 可 [53] 局 [35] 藿确

ŋ [33] 饿 [11] 鹅俄 [53] 蛾 [35] 鄂叩

h [33] 号 [11] 河何 [31] 好_{好坏} [53] 贺或惑 [35] 豁获

ʔ [33] 荷鸦蜗秧 [31] 扭影 [53] 学 [35] 恶握

[ɛ]

ʔb [33] 病 [11] 钯耙_{划平} [13] 柄 [53] 父白 [35] 剥百伯掰

pʰ [11] 爬 [13] 帕 [35] 魄牌_{扑克牌}

m [33] 骂 [11] 夜 [53] 灭 [35] 瓣

v [31] 马码 [53] 麦脉

ʔd [33] 爹袋 [11] 茶 [31] 短 [13] 处_{处处}块 [53] 敌 [35] 谍德滴氐

t [33] 斋争 [31] 井 [13] 债 [53] 坐垫座 [35] 饰

tʰ [33] 筛_{筛米} [35] 帖贴洁

n	[53] 馅捏逆 [35] 孽	
l	[11] 胴螺 [53] 历粒 [35] 列烈裂劣肋勒	
ts	[33] 积姐 [31] 者 [53] 值职 [35] 逝捷折_{打折}汁铡哲浙泽责积夕斥_{斥责}绩	
tsʰ	[33] 青星瞎 [31] 且醒 [53] 砌 [35] 刺妾切策册戚侧测彻撤	
s	[33] 纱生甥 [13] 性姓 [53] 谢社舍懈 [35] 涉袭涩薛设说色	
k	[33] 加更 [31] 假嗻 [13] 假架驾嫁价 [53] 决遐 [35] 劫杰揭诀抢格革隔	
kʰ	[33] □_(枝,权) [53] 狭峡搛窄夹 [35] 刻克客	
ŋ	[11] 蜈牙芽衙 [53] 业硬 [35] 眨	
h	[33] 虾 [53] 胁协 [35] 吓歇赫宿	
ʔ	[11] 喉 [31] 哑而 [53] 下 [35] 隘益	

[i]

ʔb	[33] 边 [11] 脾鄙 [31] 比 [13] 蔽敝弊币毙闭痹 [53] 被_{被人打了}备弊 [35] 笔毕必逼碧	
pʰ	[33] 胚鼻嗅 [11] 疲 [31] 痞 [53] 丕庇 [35] 撒匹辟避	
m	[33] 面 [11] 迷谜糜弥棉 [35] 密	
v	[33] 味 [31] 米	
ʔd	[11] 迟 [13] 戴帝 [53] □_(直,竖)弟递地 [35] 得	
tʰ	[33] 添天 [11] 苔蜓哭 [31] 体 [13] 剃 [35] 铁	
n	[11] 倪尼 [31] 女 [35] 些	
l	[33] 滤 [11] 昌旅离篱璃厘 [31] 李礼狸理 [13] 虑隶吏栗励丽梨 [53] 厉利立 [35] 痢	
tɕ	[33] 支之脂诸 [11] 痔脐钱池驰持 [31] 紫椒姐旨指止址 [13] 挤著际济制智致稚至置治痣箭炙 [53] 舌舐滞 [35] 继接集蛰执疾织寂叔淑殖植聚	
ɕ	[33] 殊妻施资姿咨师寺饲鲜趋 [11] 孟 [31] 取 [13] 趣次柿试尝式 [53] 市□_(逐,驱) [35] 缉辑揖七膝	
s	[33] 扇舒需输犀尸丝诗 [11] 时始史 [31] 死 [13] 泄序叙绪世势	

　　　　四［53］羽习实侍是氏翅［35］悉失息熄媳矢视

k　　［33］居拘驹饥几几乎基机［11］棋旗记［31］举己纪［13］计技既见
　　　戟［53］巨拒距据俱具惧祀忌稠及极矩［35］急级橘吸结结婚,打结吉剧
　　　击激

kʰ　［33］枢区驱欺［11］启奇渠企企鹅期［31］齿其起祈［13］企企业
　　　气生气［53］□(居住)［35］□(赐,给)乞

ŋ　　［11］仪疑凝拟［53］艺义议

h　　［33］墟虚牺希稀砚［11］年［31］许允许喜［13］系戏［53］耳

ʔ　　［33］伊医［31］椅［13］亿［35］姨乙忆

j　　［33］饵［11］语遗于淤余儿［31］儒已娱宇谊［13］玉愉毅喻［53］
　　　入日易郁欲冀御预易豫［35］释译

　　　　　　　　　　　　　　［ia］

ʔd　［53］鹿

tʰ　［35］掸

l　　［53］绿

tɕ　［35］烛嘱

ɕ　　［35］谷

tsʰ　［53］戳

s　　［53］赎熟

k　　［33］佳［35］菊

kʰ　［35］曲

j　　［33］亦［31］雅惹［13］誉［53］一

　　　　　　　　　　　　　　［u］

ʔb　［33］孵［13］怖［53］部埠［35］吻

pʰ　［33］敷［11］蒲谱普俘麸脯辅浮甫菩模［53］甫

m　　［13］幕雾暮募［53］肤

v　　［33］夫［11］符扶腐侮牛抚［31］府腑武俯［13］戊富副妇［53］
　　　付赋附务负

ʔd　［33］都首都猪箸［11］厨［31］赌［13］渡镀［53］度在［35］拄杜

| t | [33] 书朱珠字 [31] 煮主 [13] 驻注
| t^h | [11] 徒屠途涂图 [13] 杜
| n | [53] 努怒女
| l | [33] 捞 [11] 卢芦鸬鲁房庐驴
| ts | [11] 组
| ts^h | [33] 酥 [11] 徐除锄_{锄头} [13] 厝
| s | [33] 苏斯厮私狮司思嗣 [11] 署薯瓷兹慈辞词祠磁 [13] 素诉肆士仕室 [53] 恕自事
| k | [33] 旧孤枯估故_{故乡}龟 [11] 股 [13] 故_{故意}句固锢顾锯 [53] 舅
| k^h | [53] 臼酷
| ŋ | [11] 吾 [31] 梧 [53] 悟
| h | [33] 呼 [11] 胡湖狐壶乎鱼渔 [31] 浒 [13] 去 [53] 沪互护
| ʔ | [33] 乌污 [53] 有

[ai]

| ʔb | [33] 败 [11] 排牌_{招牌} [13] 拜 [53] 别
| p^h | [13] 派
| m | [13] 迈_{迈步}示 [53] 母 [35] 迈_{澄迈}
| v | [11] 眉媚 [31] 密 [35] 知法识
| ʔd | [11] 埋 [13] 贷 [53] 待代袜 [35] 答丐达
| t | [33] 灾茧知 [11] 前 [31] 宰 [13] 再载 [53] 十 [35] 节_{一节课}
| t^h | [33] 胎筛_{筛子} [11] 台杀 [13] 态太泰 [35] 塔榻踢堵
| n | [33] 奶 [31] 仍 [53] 耐奈纳
| l | [33] 荔 [13] 癞赖_{姓赖} [53] 力内里 [35] 腊猎
| ts^h | [33] 猜千差 [11] 才材财 [31] 彩睬 [13] 菜蔡 [53] 贼 [35] 察漆
| s | [33] 西先 [31] 屎使驶 [13] 赛 [35] 寨塞
| k | [33] 该皆阶肩 [11] 个的 [31] 拣 [13] 盖介芥届戒械 [35] 鸽合
| k^h | [33] 楷 [13] 概溉慨 [53] 遇
| ŋ | [33] 碍 [11] □_(愚,傻) [13] 艾

| h | [31] 海孩谐 [13] □(疲劳) 辖 [53] 亥害骇 |
| ʔ | [33] 哀埃 [11] 暇欲 [31] 偃卧,躺 蔼 [13] 爱 [53] 盒 |

[oi]

ʔb　[33] 杯杯玟 瓦瓦工 稗无碑卑婢悲砒 [31] 把被 [13] 贝背后背 辈佩 [53] 拈拔 [35] 八

pʰ　[33] 批坯潘 [11] 培陪剖

m　[11] 枚美 [35] 妹

v　[33] 卖非妃 [11] 梅媒煤微翡 [31] 买尾 [13] 废费勿 [53] 月匪

ʔd　[33] 第低 [11] 题蹄 [31] 底 [35] 啄豚

t　[33] 多 [31] 濯 [11] 齐 [13] 祭 [53] 截 [35] 节过节

tʰ　[11] 堤提 [13] 替

l　[33] 例 [11] 犁黎 [53] 笠

tsʰ　[33] 初 [13] 砌翠筑

s　[33] 梳虽 [13] 小 [53] 誓

k　[33] 街鸡蛙 [31] 改矫几几个 解 [13] 界

kʰ　[33] 溪 [13] 契啃 [35] 睡

h　[53] 蟹会

ʔ　[33] 推 [11] 鞋 [31] 矮碗衫碗 [53] 会

[iai]

j　[11] 崖涯

[au]

ʔb　[33] 包雹 [11] 袍堡 [31] 褒 [53] 暴爆曝瀑 [35] 鲍

pʰ　[11] 跑 [13] 炮泡

m　[11] 茅矛毛 [31] 牡卯 [13] 帽 [53] 冒貌藐

v　[31] 否

ʔd　[33] 豆 [11] 涛祷岛 [31] 倒斗一斗米 [13] 导逗 [53] 道

t　[33] 遭糟 [31] 枣蚤走跑 [13] 灶 [53] 造

tʰ　[33] 滔偷 [11] 逃淘头 [31] 桃萄 [13] 套透

n　[31] 脑恼 [13] 闹

l	[33] 漏陋 [11] 劳牢楼流留涝 [53] 老
tɕ	[33] 焦
ts	[33] 召招沼韶 [53] 赵兆
tsʰ	[33] 操抄钞超搜 [11] 曹剿朝潮移吵 [31] 草 [13] 躁
k	[33] 膏羔糕勾钩沟 [11] 猴 [31] 九韭狗 [13] 到够够了 [53] 厚
kʰ	[33] 敲 [31] 考烤口 [13] 靠
ŋ	[11] 酿 [31] 偶藕寓 [13] 挠抠剜 [53] 傲
h	[33] 耗 [11] 豪壕毫 [13] 浩好爱好酷 [53] 候
ʔ	[11] 喉呕 [13] 熬奥懊怄沃 [53] 后

[eu]

ʔb	[33] 嚼 [31] 补斧 [13] 布
pʰ	[13] 铺店铺
m	[33] 墓 [11] 谋摸 [31] 亩某 [13] 茂贸谬 [53] 舞
v	[11] 模
ʔd	[31] 肚 [13] 斗斗争 [35] 竹
t	[33] 租 [31] 祖
tʰ	[11] 投土 [13] 吐兔 [11] 奴
l	[33] 都路露 [11] 炉 [31] 缕屡
ts	[13] 奏昼
tsʰ	[33] 粗 [11] 储筹愁仇酬绸 [13] 醋
s	[33] 苏 [33] 姑 [11] 糊 [31] 古鼓 [13] 雇够吃饱构购
kʰ	[33] 圈箍 [31] 苦许姓 [13] 库裤扣
ŋ	[33] 误 [11] 吴 [53] 五伍午
h	[11] 葫侯 [31] 虎 [13] 戽 [53] 户雨肉
ʔ	[33] 乌欧殴

[uo]

ʔb	[33] 飞陌 [11] 赔盘搬 [31] 馃 [13] 半 [53] 裴倍跛 [35] 拨
pʰ	[11] 皮 [13] 劈破 [53] 被伴 [35] 泼
m	[33] 披 [11] 麻芝麻,麻布 瞒饭磨 [31] 满巫诬

v	[33] 外 [31] 我
ʔd	[33] 大 [13] 带 [53] 舵惰
t	[11] 蛇 [31] 纸
tʰ	[33] 拖 [13] 炭
n	[33] 赖_{耍赖}烂 [11] 揉 [53] 沫 [35] 采
l	[11] 拦 [53] 辣
tsʰ	[31] 歪 [35] 搓擦
s	[33] 莎沙山 [31] 徙 [13] 散伞线续撒
k	[33] 官棺关 [11] 寒瘸 [31] 果裹包寡赶鳏怀_{怀孕} [13] 过挂卦 [35] 刽割郭廓
kʰ	[33] 科跨夸 [11] 瘸 [13] 课快 [35] 渴阔缺宽扩
h	[33] 花欣欢 [11] 和_{和气}华_{中华}横 [31] 火伙 [13] 讹货靴化华_{华山}桦岁 [53] 祸 [35] 吼血
ʔ	[33] 话画换 [31] 倚碗依 [13] 案鞍 [53] 旱活划_{用刀划}
z	[31] 热

[iau]

ʔb	[33] 标彪 [31] 表
pʰ	[33] 飘漂 [11] 嫖
m	[11] 锚苗描渺 [53] 妙 [35] 秒猫
ʔd	[33] 刁雕 [11] 条 [13] 吊 [53] 调_{调动}
tʰ	[11] 调_{调整} [13] 跳 [53] 柱
n	[13] 皱蔫
l	[33] 廖撩料 [11] 燎疗聊辽 [31] 了
tɕ	[33] 诏樵 [31] 鸟 [13] 照 [53] 赵
ɕ	[33] 琐捎笑消宵销鞘萧箫屑 [13] 臭 [35] 雀_{麻将牌}
s	[13] 数扫绍嗽刷
k	[33] 交郊胶骄饺狡 [11] 娇 [13] 较玫_{杯玫}
kʰ	[11] 侨 [13] 窍

h	[33] 肴淆嚣□掀,撩 [11] 淫 [13] 酵孝 [53] 效校寥	
j	[11] 谣柔姚 [13] 跃耀	
ʔ	[33] 妖邀要想要	

[uai]

m	[53] 未末 [35] 疫抹
ʔd	[53] 夺
t	[53] 绝
s	[33] 衰率 [13] 帅
k	[33] 乖县 [11] 高 [13] 怪拐 [35] 刮郭廓括
h	[33] 坏 [11] 怀胸怀 [53] 罚 [35] 发发财
ʔ	[35] 挖

[iu]

v	[35] 豚
ʔd	[11] 绸 [53] 稻
n	[31] 纽
l	[11] 刘榴琉柳溜
tɕ	[33] 周州 [31] 酒 [13] 袖宙轴咒 [53] 就
ɕ	[33] 须树抽揪 [11] 羞丑 [31] 鼠手
s	[33] 收修 [11] 泅 [31] 守 [13] 秀绣 [53] 受兽寿授
k	[33] 纠 [13] 救 [53] 究 [35] 灸
kʰ	[11] 求球
h	[33] 休
j	[11] 游尤由犹 [31] 邮 [13] 贿佑 [53] 记又右
ʔ	[33] 忧优幽悠 [11] 油 [31] 友酉 [13] 幼

[ui]

ʔb	[33] 呋背后背 [11] 肥 [31] 本 [13] 痱沸 [53] 佛 [35] 勃
pʰ	[13] 配屁
m	[33] 问 [11] 危门 [31] 每
v	[11] 为讳违伟纬 [31] 苇唯维 [13] 卫谓 [53] 位胃

ʔd	[33] 堆 [31] 回回宅,回来 [13] 对核对 队兑顿 [53] 断
t	[33] 追砖缀 [31] 水 [13] 醉隧坠钻锥 [53] 秋罪 [35] 卒率效率最
tʰ	[33] 梯 [11] 锤 [31] 腿 [13] 退褪 [35] 蜕脱突
n	[31] 软嫩 [53] 蛋卵
l	[11] 雷 [31] 累积累 [53] 类 [35] 律
ts	[33] 追 [13] 最最好
tsʰ	[33] 催炊村 [11] 随垂 [13] 喙粹碎脆 [35] 出怂
s	[33] 酸 [13] 税算瑞 [35] 戌术述
k	[33] 规圭闺规归光 [11] 轨 [31] 解几个,陈述语气 诡鬼 [13] 桂贵季 [53] 跪滑猾 [35] 骨
kʰ	[33] 开魁亏 [31] 癸葵 [13] 器气空气汽 [53] 柜 [35] 穴窟屈孔卷卷起来
ŋ	[13] 魏
h	[33] 盔恢灰挥辉荤 [11] 悔毁园 [31] 回回族 [13] 沛肺惠慧穗慰 [53] 会远 [35] 忽核
ʔ	[33] 威 [11] 围黄皇王 [31] 萎委 [13] 喂畏
j	[35] 锐悦域役

[aŋ]

ʔb	[33] 般坍班斑颁帮邦崩封 [11] 房瓶冯 [31] 扳板版贩笨页 [13] 放 [53] 泥扮瓣办辨谤
pʰ	[33] 攀香蜂 [11] 帆旁傍滂 [31] 纺 [13] 庞
m	[33] 慢梦 [11] 蛮忙盲莽 [31] 蚊 [13] 漫幔蔓 [53] 芒网
v	[33] 万方芳 [11] 访忘凡烦繁肪妨防亡仿 [31] 反 [13] 范妄 [53] 犯泛乏望旺
ʔd	[33] 耽丹单当钉东冬 [11] 倘如果 溏溏 陈同铜桐筒 [31] 党挡等迎 [13] 诞旦荡 [53] 但弹重重量
t	[33] 鬈曾 [11] 棵 [31] 斩盏 [13] 粽 [53] 栈
tʰ	[33] 贪滩摊蜻舀 [11] 谭潭谈痰毯弹唐虫坦 [13] 探叹赚 [53] 动
n	[11] 南男难人脓 [31] 囊 [53] 难

l　　［11］蓝篮缆鳞郎廊朗零笼聋狱［31］揽榄兰钝狼［13］览舰弄［53］滥浪

ts　　［33］赃

tsʰ　　［33］参参加,人参餐昌葱［11］田藏常［31］铲产厂蚕惨惭残［13］灿畅创唱倡

s　　［33］锈珊删［31］瘦［13］送［53］疝

k　　［33］甘柑艰间奸涧冈岗刚纲工功［11］含［31］港橄感［13］监鉴干

kʰ　　［33］牵拉勘康空［31］砍刊慷［13］坎航岸抗炕坑杭

ŋ　　［33］戆颜［11］岩［53］雁

h　　［33］烘罕［11］函韩行［13］汉［53］撼憾限恨项焊［35］巷

ʔ　　［33］安［11］红［13］庵暗按晚［53］淡

［oŋ］

pʰ　　［11］朋彭膨棚篷蓬捧

m　　［11］盟蒙［53］孟

v　　［33］丰讽峰锋俸［11］碰缝［53］凤奉

ʔb　　［11］董［31］懂［53］洞［35］冻

t　　［33］棕宗综中忠终踪［11］蹲［31］总

tʰ　　［33］通［11］童［31］桶统

n　　［11］浓［31］农侬［13］丛

l　　［11］尨隆［35］哄

ts　　［13］仲纵

tsʰ　　［33］聪充冲［11］宠从崇重重庆

s　　［33］松［13］宋［53］诵颂讼

k　　［33］公攻宫恭［31］讲［13］贡供［53］拱共

kʰ　　［11］巩恐［13］控

h　　［33］轰［11］宏洪鸿

ʔ　　［33］翁雍拥［11］圆［31］瓮涌

［ein］

ʔb　　［33］鞭奔［31］贬扁匾［13］变［53］便辩

pʰ	[33] 编篇偏 [13] 骗遍片聘
m	[31] 免勉娩 [13] 皿 [53] 敏
v	[33] 盼芬 [11] 坟文闻 [13] 愤奋
ʔd	[33] 颠登灯澄瞪丁 [11] 甜 [31] 点顶典 [13] 店电 [53] 腚邓鼎订殿奠垫
tʰ	[11] 寻腾 [31] 艇挺
n	[33] 跟 和跟着 [11] 沿能 [31] 捻宁 [53] 验念 [35] 奶
l	[11] 廉镰帘连联莲灵铃 [13] 恋 [53] 练炼另
ts	[33] 尖针煎毡增憎僧赠惩蒸筝 古筝 贞侦征 [31] 整践展 [13] 证症政占 [53] 贱战静净郑
tsʰ	[33] 撑歼签迁称清晴 [11] 橙乘呈程逞诚蝉 [31] 喘 [13] 趁衬
s	[33] 仙宣腥升牲 [31] 癣选省 [13] 圣盛 [53] 善羡胜剩盛
k	[33] 坚捐庚羹耕 [11] 咸 [31] 碱减硷检简柬券耿卷 试卷 [13] 剑键建健腱更 [53] 俭悬件
kʰ	[33] 兼谦 [11] 钳拳权 [31] 遣垦 [13] 欠劝 [53] 歉
ŋ	[33] 研 [11] 严 [13] 梗
h	[11] 嫌弦弘恒贤 [31] 险显玄 [13] 现宪献
j/z	[33] 炎渊莺鹦樱婴缨 [11] 丸然元缘原源袁辕 [31] 染焰燃延援 [13] 艳谚堰宴 [53] 燕
ʔ	[33] 腌恩鹰阉 [11] 盐阎 [31] 淹 [13] 厌

[iaŋ]

tʰ	[11] 层
l	[11] 良梁粱龙 [13] 量 量房子 亮 明亮 谅辆掠
tɕ	[33] 姜将张章撞捅钟锺舂 [31] 掌撑种肿 [13] 栽葬蒋奖匠账障众 [53] 渐暂
ɕ	[33] 穿 [11] 详祥田婵
s	[33] 镶商伤双 [31] 想 [35] 相 相公（麻将用语） [53] 尚
k	[33] 疆缰江弓 [11] 穷 [13] 降
kʰ	[33] 腔 [11] 强

ŋ　　[31] 昂仰

h　　[33] 胸 [31] 享响饷

ʔ　　[13] 映

j　　[33] 央殃秧 [11] 阳扬疡 [13] 攒壤 [53] 让 [35] 夯

[ioŋ]

h　　[33] 凶 [11] 熊雄

j　　[11] 泳咏荣永绒融容蓉庸 [31] 勇 [53] 用

[iuŋ]

j　　[11] 匀 [53] 润闰韵运

[uŋ]

ʔb　　[33] 分 [11] 吹

pʰ　　[11] 盆 [13] 喷 [35] 洒

m　　[33] 闷

ʔd　　[33] 墩敦 [13] 盾顿

t　　[33] 尊遵 [11] 船 [31] 准 [13] 抖

tʰ　　[33] 吞

n　　[31] 忍

l　　[11] 仑沦轮 [31] 唇 [53] 论

tsʰ　　[33] 春 [11] 存 [13] 寸

s　　[33] 孙 [11] 辰旬巡殉纯 [31] 损笋榫 [13] 蒜 [53] 顺

k　　[33] 军 [11] 裙群 [31] 滚 [13] 棍混

kʰ　　[33] 昆 [31] 捆菌 [13] 困空饿

h　　[33] 分昏婚份熏勋薰浑荤 [11] 痕魂云 [31] 粉 [13] 训

ʔ　　[33] 温瘟 [31] 隐稳 [13] 蕴 [35] 姆

[uaŋ]

pʰ　　[13] 判叛

ʔd　　[33] 端 [53] 段缎锻

t　　[33] 专庄桩 [31] 转 [13] 壮 [53] 传状篆

tʰ	[11] 团
n	[31] 暖
l	[11] 弯 [53] 乱
tsʰ	[33] 川窗 [11] 全传 [31] 泉 [13] 窜闩篡串闯
s	[33] 桑 [31] 爽
k	[33] 观关光 [31] 管馆广 [13] 冠贯灌罐惯
kʰ	[33] 圈匡筐 [11] 狂 [31] 款 [13] 况矿旷 [35] 框眶
ŋ	[11] 顽
h	[33] 欢翻番慌荒风 [11] 矾簧环还皇 [13] 幻 [53] 患宦
ʔ	[33] 弯湾 [31] 豌腕枉往 [13] 怨 [53] 迸
j	[11] 员 [53] 院愿

[iə]

ʔb	[33] 兵 [31] 丙饼表 [35] 壁臂
pʰ	[11] 瓢萍 [13] 票鳔 [35] 僻
m	[33] 命 [11] 名
v	[33] 庙
ʔd	[33] 定 [11] 场庭 [13] 钓仗帐 [53] 适
tʰ	[33] 锹听厅 [13] 痛 [35] 拆析
n	[53] 弱虐疟溺
l	[11] 凉粮梁 [31] 领岭 [53] 掠
tɕ	[33] 蕉上 [11] 成 [31] 少多少 [13] 籍浆正正月 [53] 食石吃瘩酱 [35] 借迹脊只
ɕ	[33] 枪车 [11] 墙 [31] 请 [13] 笑 [53] 席象 [35] 尺赤
s	[33] 烧箱厢声射 [11] 城斜邪 [31] 写偿 [13] 舍泻麝相相片 [35] 削惜锡
k	[33] 轿姜惊嘉 [11] 桥行 [13] 稼寄镜寓 [53] 陡屐
kʰ	[11] 骑 [53] 徛 [35] 觉却
h	[33] 乡兄 [31] 霞 [13] 向 [53] 夏厦筶蚁瓦
ʔ	[33] 腰样 [11] 摇羊洋杨赢营 [53] 药 [35] 要

j　　[33] 尿 [13] 液

　　　　　　　　　　　[io]

j　　[33] 浴 [53] 若约辱褥热 [35] 粤岳育

　　　　　　　　　　　[iŋ]

ʔb　　[33] 彬宾槟殡冰浜 [31] 禀 [13] 箅拼并

pʰ　　[11] 频凭坪评屏 [31] 品

m　　[33] 面滨 [11] 眠民萌鸣明铭 [31] 缅缅怀 [13] 缅缅甸

ʔd　　[11] 藤 [13] 凳

tʰ　　[11] 填亭停廷

l　　[11] 林淋临怜邻陵凌菱 [53] 令

tɕ　　[33] 斟津珍真精晶 [11] 情 [31] 枕诊疹 [13] 浸侵进晋镇阵振震 [53] 尽

ɕ　　[33] 深亲 [11] 沉臣 [31] 秦沈 [13] 慎秤

s　　[33] 蝇心森辛新薪身申伸 [11] 神晨 [31] 审 [13] 信讯肾迅 [53] 甚

k　　[33] 今金根斤筋均君郡京鲸经跟脚跟 [31] 锦紧境景警 [13] 仅禁劲茎敬竟竞颈 [53] 近

kʰ　　[33] 钦轻 [11] 琴禽擒勤芹琼 [31] 肯浅 [13] 庆 [53] 顷

ŋ　　[11] 檎银

h　　[33] 轩兴 [11] 形型刑 [13] 膻杏 [53] 幸

ʔ　　[33] 音阴荫烟冤因姻殷英 [11] 铅寅演 [31] 引 [13] 印应

j　　[33] 认 [11] 仁 [31] 允壬 [13] 盈 [53] 任姓任

参考文献

[1] 黄谷甘, 李如龙, 1986. 海南岛的"迈话"——一种混合型方言 [J]. 广东民族学院学报（社会科学版）(01).

[2] 梁猷刚, 1984. 广东省海南岛方言的分类 [J]. 方言 (01).

[3] 刘春陶, 2013. 崖城军话的类型特点及其形成原因初探 [J]. 海南大学学报（人文社会科学版）(06).

[4] 刘春陶，2021. 海南三亚崖城军话：源流研究［M］. 天津：南开大学出版社.

[5] 刘春陶，2019，倪博洋. 海南崖城军话韵母系统的链式音变［J］. 民族语文（03）.

[6] 刘新中，2006. 海南闽语的语音研究［M］. 北京：中国社会科学出版社.

[7] 欧阳觉亚，1983，郑贻青. 黎语调查研究［M］. 北京：中国社会科学出版社.

[8] 云惟利，1987. 海南方言［M］. 澳门：澳门东亚大卑出版社.

[9] 辛世彪，2013. 海南闽语比较研究［M］. 北京：商务印书馆.

刘春陶　南开大学汉语言文化学院

藏语后缀-n 的语义句法功能*

邵明园

摘　要：书面藏语具有发达的形态系统，-n 后缀即是典型一例。它既可以派生名词和动词，还可以参与构造环缀，派生集合化名词，以及增价构形，构成致使动词。但它在书面藏语时期已经不再是能产的语法标记，而变成了"化石化"的词缀成分。

关键词：书面藏语；形态；名物化；环缀；语法意义；语法功能

藏语具有丰富的形态，是形态较为发达的语言。其中形态后缀-n 即是典型一例。实际上-n 不仅在藏语中，在整个藏缅语中也是一个非常重要的形态成分，具有丰富的语法意义和语法功能（Matisoff, 2003：443—453）。藏语作为藏缅语族（Tibeto-Burman）乃至汉藏语系（Sino-Tibetan）中具有悠久语言文字和丰富历史文献的语言，无疑在整个藏缅语-n 后缀的研究中起着举足轻重的作用。因而对藏语-n 后缀的功能做一全面描写和研究具有重要意义。

---

* 本文书面藏文转写，采用藏语学界比较通行的、基于标准书面藏文正字法而创设的威利罗马字母转写方案（Wylie'Romanization system）。至于现代方言读音，整体上绝大多数都可以和书面藏文有对应关系，是故本文同样采用上述转写方案。个别方言词的文字写法，会有地方特点，但基本不影响理解。另外，本文所有口语语料皆由笔者调查而来，书面语料来自笔者文献检索。

一、藏语-n 形态的既有研究

（一）对-n 后缀的已有认识

关于藏语中-n 形态的功能，前辈时贤已有一些研究探讨。Wolfenden（1936：401—416）从语音上讨论了汉藏两语的齿龈音交替问题，但缺乏对其功能的论述。Koerber（1935：50—51）认为-n 后缀的主要功能是"去动词化"（deverbatives）。本尼迪克特（Benedict）（1984 [1972]：102—108）认为藏缅语中-n 后缀有名物化的功能。华锐桑杰（Dpa'ris Sangrgyas）（1988：41—49）将其功能细分为五类：将动词变为名词、将动词变为形容词、将动词变为动词、将形容词变为名词、将形容词变为形容词、将名词变为名词。其后他又对此进行了补充研究，但观点基本无二（华锐桑杰，1999：203—230）。Pulleyblank（2000：26—51）也认为在原始藏缅语族中，存在一个形态后缀-n，且认为它是持续体标记。Beyer（1992：118）将-n 的功能主要也分析为名物化。金理新（1988）认为其主要功能为名词化。Matisoff（2003：443—453）将藏缅语中的-n 后缀功能概括为三个：名物化、及物化（transitivizing）和集合化（collectivizing），但认为藏语仅有名物化和集合化两项功能。LaPolla（1994：24—25）也讨论了藏缅语中的-n 后缀，同样认为-n 后缀具有名物化和集合化功能。张济川（2009：251—254）对此问题也有讨论，其看法同上述学者基本一致。

（二）对-n 后缀认识不足

综合各家对藏语-n 形态的分析，可以看到，他们在一点上达成共识，即-n 具有名物化功能。可以说，诸家对-n 后缀的根本语法功能已经有明确体认。但同时诸家在-n 的其他功能上认识并不完全一致，如是否还存在类似华锐桑杰所说将动词变为形容词、将动词变为动词等功能。因而对-n 的语义语法功能的分析还有待深入和细化，而且-n 后缀的其他功能也尚未得到充分发掘。

上述以华锐桑杰和 Matisoff 对-n 功能的分析最具代表性。华锐桑杰把藏语-n 后缀的功能从构词的角度细分为五类，其分法的突出特点是注重词类之间的转换。此分类法的优点在于分类细致缜密，不足之处在于没有充分结合句法语义特性来论证分析，因而使得这种分类注重语法功能，而忽视了语义特征，并且有些分类并不科学。Matisoff 的分类具有概括性，但却不能涵盖藏语-n 形态的所有功能，且所定-n 形态在亲属称谓词中具有集合化环缀（collective cirumfixes）的功能部分还有商榷的空间。

二、藏语-n 后缀的语义语法功能

从藏语反映的情况看，-n 后缀已经不再是能产的形态标志，而变成了藏语中的"化石化"（fossilization）现象，可以说是原始汉藏语系语言（Proto-Sino-Tibetan）后缀-n 在藏语中的残存形式。对此，上述研究藏语-n 后缀的学者很多已经体认到这点。但即使从这"化石化"的现象中我们也发现，藏语中-n 后缀的词法分布及语法功能也是较为丰富的，从中似可窥探某些原始藏语的形态功能和特征。

本文拟在已有研究基础上，尝试从语法和语义功能的角度，对藏语-n 后缀做一全面细致梳理①。经过分析，笔者认为，-n 后缀的性质是构词形态（derivational morphology），其功能为派生名词和派生动词，部分学者没能正确识别出后者。除此之外，它还有充当构词后缀，起到构成集合化名词的作用。

（一）派生名词

派生名词功能主要分为两类：一是述谓成分（动词）附加-n 后缀转变为指称成分，即一般所谓名物化；二是体词性成分（名词）后附加-n 后缀，依然是体词性成分（名词），语法功能未变，但语义发生了变化。这两类是最为典型的-n 后缀派生名词功能。不过，此前学者所举例证，基本都是围绕第一类来论述，而对第二类情况则较少论述到。

1. 词性改变

述谓成分附加-n 后缀后，语法功能和语义都发生了变化。语法功能上由

---

① 另外，书面藏语中形态后缀-n 与形态后缀-s 和-d 在某些功能上亦有异同之处，见 Matisoff（2003：439—443）和张济川（2009：251—254）。而据笔者观察，可能还和-r 有关系，如 ja. mtshan 与 ja. mtshar "稀奇古怪"为异体关系，bjon. pa "莅临"与'bjor. ba "到达"语义相关。因此，实际上和-n 后缀有关的一系列问题相当复杂。本文仅对与形态-n 相关的语义与语法功能做一阐释，其他问题，拟另立专文讨论。

述谓变成了指称，语义则发生转指或自指①。指称化是动词变成了名词。转指也分动、形两类：由及物动词派生的转指名词，转指词根动词的一个论元成分，如施事、受事、结果等，而以不及物动词（含静态动词，如通常所谓的"形容词"②）为词根构成的转指名词，通常指不及物动词的唯一论元，主要是当事和经验者，或者是由这种属性构成的事物。由及物动词派生的名词目前所见并不是特别多，且兼有转指、自指，而不及物动词派生通常都是转指，如表1所示。

表1 谓词性成分＞体词性成分③

述谓	指称	述谓	指称
zhu.（ba）融化	zhun.（ma）所融之物	phra.（ba）细小	phran 鄙人
rga.（ba）变老/老的	rgan.（pa）年长的/老人	nye.（po）附近的/亲近的	nyen.（ba）亲戚
ri.（ba）值	rin 价格	skyo.（po）低劣/不佳	skyon 问题/错误
bsha'.（ba）屠宰	bshan.（pa）屠夫	tha.（ba）枯槁/贫瘠	than.（pa）干旱
rmo.（ba）耕种	rmon.（pa）耕作		

上述左边"述谓"一栏前三者都是不及物动词，附加-n后缀后为转指，如 zhu"融化"＞zhun.ma"所融之物"，rga.（ba）"变老"＞rgan.（pa）"老人"，都是转指当事。ri"值"＞rin"价格"转指属性。最后两例为及物动词，前者 bsha'"屠宰"＞bshan.（pa）"屠夫"转指动作施事，后者 rmo"耕种"＞rmon.（pa）"耕作"为自指。表格右边四个例词都是转指，前两者转指具有这种动词属性的人，如 phran"鄙人"是指具有 phra"细小"属性的人，后两者表达由于这种属性导致的结果，如 skyon"问题/错误"通常都是由 skyo.（po）"低劣/不佳"导致的。仅举两例，如下所示。

---

① 此处关于指称、自指和转指的概念，参见朱德熙（1983：16—31）和刘丹青（2008：566—569）。书面藏语名物化发生语义转指的功能，Koerber（1935：50）已经认识到，但只是提出了转指施事者论元的功能，实际上并不全面。
② 藏语中没有独立的形容词这个词类，是故某些语言中的形容词，在藏语中通常都是"静态动词"。
③ 以下藏文转写时，我们按照藏文词典收词的一般规则，把词根后的词缀也收录进来，主要是 ba、pa、bo、po 等，但加括号予以标示。这些词缀的功能是名物化。藏语词典收词的这个特性，反映了藏语什么语言特点，目前还缺乏足够的研究，但读者务必注意，理解时当以词根的句法功能为准。

(1) nga   rgas = nas   mkhan. bu   mi-skyongs = bas/
    我：通格 年老：完成=副动 徒弟   否定-管制=副动
    我已年迈，不能收徒教育（布敦·仁钦珠，14世纪《布顿佛教史》）

(2) rigs. mtho   dang   rgan = la   phu. dud/
    高贵种姓   并列连词   老人=向格   尊敬
    尊敬高贵种姓及长辈。（布敦·仁钦珠，14世纪《布顿佛教史》）

还有一组名物化形式，有些学者视作形容词到形容词的派生，如上述华锐桑杰即如此处理。但实际上，藏语从古到今，形容词都不是一个独立的词类，而是动词的一个次类。如果据此理解为动词到动词的派生，也不妥，实际上仍然是动词到名词的派生，通过句法表现即可测试出来。这些常见的词如表2所示。

表2 谓词性成分＞体词性成分

述谓	指称	述谓	指称
che. (ba) 大	chen. (po) 大的	tsho. (ba) 肥	tshon. (bo) 肥的
sngo. (ba) 蓝、绿	sngon. (po) 蓝的、绿的	mtho. (ba) 高	mthon. (po) 高的
dro. (ba) 热	dron. (po) 热的	rno. (ba) 锐	rnon. (po) 锐的

语义上，上述静态动词都是表达属性的，与表1右边部分表状态的不同。但与表1附加-n后缀后功能相同，都是主要用于转指，往往Vn. po/bo一起作为整体附加在NP后，用于修饰或限定NP，但不可以Vn独立充当谓语，也不能再受否定词mi/ma修饰，以及不能受程度副词ha. cang "非常"修饰等。详如下示。

（Ⅰ）附加-n后缀后，不能再作谓语

(3) bstan. pa   gcig = la   ston. pa   bzhi   ngo. mtshar   che = 'o//
    教法   一=向格   导师   四   奇怪   大=终助词
    一种教法有四位导师，这是很奇怪的说法。（布敦·仁钦珠，14世纪《布顿佛教史》）

(4) sku. shu　　　ndi　　　che-gi.
　　苹果　　　　这　　　大-新异
　　这个苹果大。（青海安多藏语）

上述例句中，che 都作谓语动词，若把 che 换成 chen 则是不成立的。

（Ⅱ）不能受否定词和程度副词修饰

(5) gtsug. lag. khang　　rgya. khyon　　ha. cang　　che = bas
　　寺庙　　　　　　　　规模　　　　　非常　　　　大=副动
　　寺庙规模非常宏大，……。（阿旺·洛桑嘉措 17 世纪《西藏王臣记》）

(6) che. ma　　mi-che　　mi-btsun = na//　　'jig. rten　　chos. lugs
　　正室　　　否定-大　　否定-尊=假设　　　世间　　　　法则
　　mi-bde. rdzun//
　　否定-真假
若正室不视为大，不予尊崇，则世间法无真伪。（萨迦·索南坚赞 14 世纪《西藏王统记》）

(7) sku. shu　　ndi　　mi-che-gi,　　de　　ha. cang　　che-gi.
　　苹果　　　 这　　 否定-大-新异　 那　 非常　　　　大-新异
　　这个苹果不大，那个非常大。（青海安多藏语）

上述三例不管是古代书面语还是现代口语，che 都于所在小句充当谓语动词，且都不可以被 chen 替换。同时例（5）che 受程度副词 ha. cang "非常"修饰，换成 chen 同样不可。

（Ⅲ）Vn. po/bo 可以转指具有这种性质的物品，但 V. pa 则不能

(8) ngas　　　sha　　tsho. po　　mi-za.
　　我：施格　肉　　肥　　　　 否定-吃：未完

我不吃肥肉。（书面语）①
(9) ngas   sha   tshon. po   mi-za.
我：施格   肉   肥   否定-吃：未完：自知
我不吃肥肉。（青海安多藏语）

上述例（8）可以用于书面语，但现代安多口语则不行，它只能用例（9）。例（8）中如果把 tsho. po 换成 tsho. ba 同样不合语法。sha tsho. ba 组合中的 tsho. ba 不管在书面语还是现代安多口语中，都只有陈述功能，表达"肉肥"义，加上 ba 实际是把整个陈述结构名物化。例（9）安多口语常用，tshon. po 貌似是做 sha"肉"的修饰成分，实际是作它的同位语，字面乃"我肉肥的不吃"之义，且 sha"肉"若去掉，tshon. po 依然可以充当受事论元，而全句合乎语法。还有一点需要特别说明，即 tshon 单独不能充当论元，不具有指称意义，必须和名物化标记 po 一起才能充当论元，表达指称意义。

表 2 中的其他例词也展现了类似特征，此不赘述。

2. 词性不变

体词性成分附加-n 后缀后，依然是体词成分，功能未变，但语义发生了变化。这种情况也属于构词变化，这类词在数量上虽不如上述第一类"词性改变"的多，但依然可以发现很多用例，是不能忽视的。而这在前人的分析中，或者被遗漏，或者分析不细致，致使这一重要现象未能得到应有重视。如表 3 所示。

表 3 体词性成分 > 体词性成分

指称	指称	指称	指称
khru 肘长	khrun 高度/纵长	mgo. bo 头	mgon. po 保佑者
phyi. ma 外面/后来	phyin. tçhad 今后/以后	bya. na 蔬菜/食品	byan. pho 男厨师
rme. bu 伤疤	rmen. bu 伤愈后薄皮	nyi. ma 太阳	nyin 白天/日子
la. thod 头巾	lan. bu 发辫、辫缨	spyi. pa 公共/共同	spyin 胶

---

① 本例乃书面语可以接受的用例，笔者在 100 余万字的藏语语料库中未检索到 tsho. po 或 tsho. pa 相关用例，故请上海师范大学人文与传播学院中国少数民族语言研究方向博士研究生久西杰为笔者所拟，以方便与例（9）做对比。

类型学中，从"名词" > "名词"的这类派生，往往遵循由"具体" > "抽象"的派生方向，因为人类语言具体概念一般比抽象概念更早产生（刘丹青，2008：565）。藏语中有很多词遵循此类规律，但并不全然如此，依然有些词是从"抽象" > "具体"的派生方向。如"具体" > "抽象"：nyi. ma "太阳" > nyin "白天/日子" 和 khru "肘长" > khrun "高度/纵长"；"抽象" > "具体"：blo "思想/思考" > blon "大臣" 和 spyi. pa "公共/共同" > spyin "胶"；等等。当然，有些也不太容易区分到底是"抽象"到"具体"，还是"具体"到"抽象"，如 rme. bu "伤疤" 和 rmen. bu "伤愈后薄皮" 这个派生。

上述情况较好理解，是故笔者不多做说明，仅举一例说明，如下所示。

(10) 'chi. me   rab   'bar   'di   ni   mgon med-pa/
　　 死火　 非常　燃烧　 这　话题　怙主　无-名物化
死火极燃无依怙。（布敦·仁钦珠，14世纪《布顿佛教史》）

（二）派生动词

藏语中-n派生动词的功能在既有研究中缺乏足够重视，很多学者没有注意到这点。这类派生是由动作或变化动词派生状态动词。与此同时，相较词根动词，派生后的动词语义也会发生细微变化和转移。目前来看，这类词的数量可能不会很多，但已经查阅到的，也并不比上述几种情况少，如表4所示。

表4　动作/变化动词派生静态动词

动作/变化动词	状态动词	动作/变化动词	状态动词
khro. (ba)发怒	khron. (ma)粗恶/粗猛	mnye. (ba)揉/捏	mnyen. (pa)柔软/柔和
'jo. (ba)使满意	'jon. (pa)有能力/中用	zha. (ba)跛/瘸腿	zhan. (pa)衰弱/低劣
bzhu. (ba)熔炼/精炼	bzhun. (po)优良/美好	yo. (ba)偏袒	yon. (pa)斜/歪
g·yo. (ba)变迁/摇动	g·yon. (pa)狡诈/歪曲	sgre. (ba)脱落	sgren. (pa)裸露的

从以下所举例子中可以看到这种派生的句法语义特点，如下所示。

(11) nyingcig   mi. re = s   ……lpags. pa   mnyes   zin-pa
　　 一天　 每人＝施格　 皮子　　 鞣：完成 终结-名物化
　　 dang//
　　 并列连词

　　 一天之内，每人……鞣完皮子。（阿旺·洛桑嘉措，17世纪
《西藏王臣记》）

(12) sems   ni   mi-mnyen   shin. tu   rtsub-pa = r
　　 心　 话题　 否定-淳厚　 非常　 粗暴-名物化＝向格
　　 'gyur //
　　 变化

　　 心呢不淳厚，变得极其暴躁。（布敦·仁钦珠，14世纪《布
顿佛教史》）

三、-n 形态与环缀

环缀（collective circumfixes）是词缀的一种，克里斯特尔（Crystal，2000：12）将之定义为前缀和后缀的组合，Whaley（2009[1997]：117）认为，环缀是可以在中间插入词缀或词根的两个成分。藏语也被认为拥有环缀。

（一）集合化环缀

Beyer（1992：119）和 Matisoff（2003：447—448）都认为藏语中具有一组由前缀 s-和后缀-n 或-d 组成的集合化环缀所参与构造的"亲属集合词"（kinship collective）[1]，并且举了如下例子：

表 5　藏语的集合化环缀

词根	词根 + 环缀	词根	词根 + 环缀
ma 妈妈	ma. smad 母女	pha 爸爸	pha. spad 父子
phu 哥哥	spun 兄弟	khu 叔叔	skud. po 堂兄弟/内兄弟
tsha 孙/侄	khu. tshan 叔辈亲属	tsha 孙/侄	pha. tshan 父系亲属

---

[1] 关于名词的"集合"这一术语的定义，请参看克里斯特尔（Crystal）（2000[1997]：65）、刘丹青（2008：333—335）等的说明。

藏语中存在由"s+词根+n"和"s+词根+d"组成的环缀是不争的事实（见下面第（二）小节"非集合化环缀"的分析），但 Matisoff 所举上述诸例是不是环缀、是不是表集合化或复数意义则尚需辨别。邵明园（2015）结合古今藏语，对 s-n 和 s-d 进行了仔细研究，结论是：它们附加在表亲属称谓的词后具有表达集合化概念的的意义，因而是构词环缀。这一结论与一些词典的注释不同。格西曲吉扎巴（Dgebshes Choskyi Gragspa）（1957：626）在解释 ma. smad 和 pha. spad 时说："ma. smad：ma dang bu. mo gnyis = la 'ang"（母亲和女儿），"pha. spad：pha dang ba gnyis"（父亲和儿子）。张怡荪（1993：1654）径直将 spad 解释为"儿子"，并举例"de. ring pha. spad gnyis. ka khyim = du bsdad-'dug"（今天父子俩都在家）。笔者认为，这种将音节与语义逐字对译的方式不精确，而应该将 ma. smad 和 pha. spad 作为一个整体来翻译，译为"亲子"是最恰当的。另外，华锐桑杰（1988：135）主张 spun 的词源乃遵循如下演变路径而来：pu. bo dang nu. bo"哥哥和弟弟" > phu. nu > phun > spun"兄弟"。其中从 phun > spun 的变化，则是为了与已有的一个同形同音词 phun（意为"兴盛/完满"）区别开来，是故加了个 s-。对此分析笔者难以赞同，为区别同音词而更改字形的说法缺乏足够的证据。有关上述集合化环缀 s-n 和 s-d 的更多研究，请参考邵明园（2015），此不赘述。

另外，Matisoff 和 Beyer 认为上述表 5 第三行的 tshan 也是集合化环缀成分，此认识有待商榷。笔者认为它不是环缀成分，而只是个表集合化或复数的后缀成分。它不是附加在词根的两边，而是附加在词根后面，这种情况和环缀属性是明显不同的。tshan 本义为"族、类、组"，附加在词根后面表示集合或复数的概念，如 gnyen. tshan"亲族"，sde. tshan"部分"。笔者认为 tsha 和 tshan 没有同源关系。此种表数方式在汉语中同样存在，且分布较广（刘丹青，2008：333—334）。再如笔者母语方言山东省兰陵话中的"家"："恁舅家都来了"（此时"家"读作轻声［tɕi］），其义可以分为两种："你的几个舅舅都来了"或"你的舅舅家的亲属（包括或不包括舅舅皆可）都来了"，前者表复数义而后者表集合概念，依语境而定。

（二）非集合化环缀

另外，藏语中构词性的环缀除了集合化环缀之外，还有名物化环缀；构形性环缀，则主要是致使化环缀和时体屈折环缀等形式。如表 6 所示。

表 6 藏语的名物化环缀和致使环缀

环缀性质	环缀+词根	词根		例词
名物化环缀	g-R-n	shi	死	gshin.(po)死者
		nye	靠近	gnyen 亲戚
致使环缀	b-s-R-n	nye	靠近	bsnyen.(pa)使靠近
		lta	看	bstan.(pa)使看
	s-R-n	nu	吮吸	snun.(ba)给喂奶

shi"死"有"体式"变化，是个动词，附加环缀 g-n 后，变成名词 gshin.po"死者"。与 shi"死"有关系的还有一个词 shi.bo，意为"死者/亡人"，是个名词，它也是 shi"死"的名物化形式。nye"靠近"为静态动词，附加环缀 g-n 后，gnyen 有"亲戚"义，没有了动词用法。bs-n 和 s-n 中都有一个 s-成分，s-在藏语中的形态功用主要是使动化与名谓化。当其和-n 一起构造成环缀时，则结合起来表达一定的功能意义。像表中所列 shi"死"和 gshin.po"死者"为 g-n 结合起来表达"名物化"功能，而 bstan"使看"和 snun"给喂奶"(b)s-n 结合起来表达致使态，主要是给动词增加论元成分。g-和 s-都是致使前缀，但此时表 6 中，若单独附加 g-或 s-，而不在词末附加-n，却不能构成致使义动词。

复辅音韵尾中的第二辅音-s（出现在-VCs 音节结构中）可以构成完成体动词，但复辅音声母的第一音节 b（C）-绝少构成完成体形式，而只能和复辅音韵尾的第二辅音-s 共同构成 b-s 环缀来表达完成体形式，如 lta 的完成体形式 b-lta-s"看"，sgrig 的完成体形式 b-sgrig-s"排列"，ngu 的完成体形式 Ø-ngu-s（Ø 表示零语素）"哭"。因而传统文法中只分析 b-表完成体而没有把 b-s 作为一个整体来分析的观点笔者认为是不精确的，如噶玛司都（KarMa Situ）（2003：153—195）。

四、结语

附缀-n 在藏语书面语和口语中是个重要的形态成分，但不管书面语还是口语中，都已经不再能产和活跃，已经成为化石成分。它的主要功能是派生，主要是派生名词，但同时还可以派生动词。另外，-n 还参与构成环缀，分集合化功能环缀和非集合化功能环缀，前者主要派生集合化名词，后者既可以派生名词，还可以起到构形作用，增价以构成致使动词。因此，以往学者多注意到它的名物化功能是不全面的。

通过对-n 形态的重新分析，我们可以从某个侧面认识到，虽然针对藏语形态的研究已有诸多成果，但这些形态成分所承载的语义和语法功能至今尚未得到充分的挖掘和解释，依然有大量工作有待完成。藏语作为汉藏语系的重要语言之一，具有大量精密的拼音文字所记载的文献资料，对其形态特征的发掘，无疑对整个汉藏语系的研究有着至关重要的启示和借鉴作用，这点从 Matisoff（2003）所著 *Handbook of Proto-Tibeto-Burman*：*System and Philosophy of Sino-Tibetan Reconstruction* 一书中，大量引用藏语材料，并以之与汉语及其他语言相比较就可见一斑。因此，从某种程度上讲，以藏语为代表的古代藏语是解开汉藏语系诸多形态特征的一把钥匙。

参考文献

［1］阿旺·洛桑嘉措, 1957. 西藏王臣记（*Rgyal rabs Gsalba'i Melong*）［M］. 北京：民族出版社.

［2］本尼迪克特, 白保罗. 汉藏语概论（中译本）［M］. 乐赛月, 罗美珍, 译. 中国社会科学院民族研究所语言室（内部发行）.

［3］布敦·仁钦珠, 1988. 布顿佛教史（*Buston chos'byung*）［M］. 北京：民族出版社.

［4］噶玛司都, 2003. 司都文法大疏（第2版）［M］. 西宁：青海民族出版社.

［5］格西曲吉扎巴, 1957. 格西曲扎藏文辞典［M］, 法尊, 张克强, 等译. 北京：民族出版社.

［6］华锐桑杰, 1988. 后加字 – n 和 – d 的特殊添置法之所化奇.（Rjes. 'jug – n dang – d yi Thun. mong ma – yin. pa'i'Jug pa Ngo mtshar'Phrulgyi Me stag）［J］. 西北民族大学学报（藏文版）（01）.

［7］华锐桑杰, 1999. 藏文正字学发隐（Dag yig Rigpa'i Gab pa Mngon phyung）［M］. 西宁：青海民族出版社.

［8］金理新, 1998. 汉藏语的名词后缀 * – n, ［J］. 民族语文（01）.

［9］克里斯特尔, 戴维, 2000. 现代语言学词典［M］. 沈家煊, 译. 北京：商务印书馆.

［10］刘丹青, 2008. 语法调查研究手册［M］. 上海：上海教育出版社.

［11］萨迦·索南坚赞, 1981. 西藏王统记（藏文版）［M］. 北京：民族出版社.

[12] 邵明园, 2015. 书面藏语的集合化环缀 s-d 和 s-n [C]//中国民族语言研究与应用（第一辑）, 北京: 中国社会科学出版社.

[13] 张济川, 2009. 藏语词族研究——古代藏族如何丰富发展他们的词汇 [M]. 北京: 社会科学文献出版社.

[14] 张怡荪, 1993. 藏汉大辞典（第2版）[M]. 北京: 民族出版社.

[15] 朱德熙, 1983. 自指和转指 [J]. 方言 (01).

[16] Beyer, Stephan V. 1992. *The Classical Tibetan Language* [M]. State University of New York Press.

[17] Koerber, Hans Nordewin von. 1935. *Morphology of the Tibetan Language: A Contribution to Comparative Indosinology* [M]. Suttonhouse.

[18] Lapolla, Randy J. 1994. Variable finals in Proto-Sino-Tibetan [J]. *Bulletin of the Institute of History and Philology Academia Sinica* 65 (1).

[19] Matisoff, James A. 2003. *Handbook of Proto-Tibeto-Burman: System and Philosophy of Sino-Tibetan Reconstruction* [M]. University of California Press.

[20] Pulleyblank, Edwin G. 2000. Morphology in Old Chinese [J]. *JCL.* 28 (1).

[21] Whaley, Lindsay J. 2009 [1997]. *Introduction to Typology: The Unity and Diversity of Language.* 北京: 世界图书出版公司/Sage Publication, Inc..

[22] Wolfenden, Stuart N. 1936. On Certain Alternations between Dental Finals in Tibetan and Chinese [J]. *Journal of the Royal Asiatic Society of Great Britain and Ireland*, 3.

邵明园　中山大学中国语言文学系

海南闽语琼海话的"嗜/吽"*

杨望龙

摘 要：海南闽语琼海话的指示成分"嗜 zei^{31}/吽 ɦei^{31}"，与普通指示成分保持"z-表近指，ɦ-表远指"的系统性音义关系。它们既能单独成句，又能附于句末；只能用于话语现场指示方位或处所，具有提示和强调效应，词类归属上属于指示叹词。两者还发展出语气功能："嗜"只表达强调语气；"吽"除了表达强调语气，还能表达求同、感慨与惊疑等语气。

关键词：海南闽语；琼海话；指示词；叹词；语气词

普通话中针对事物所在方位或处所的提问，可以简单地回答"诺 no^{35}"，通常还辅以眼神或者手势表示提醒，如（1）所示。"诺 no^{35}"不指明事物的距离远近。①

(1) A：剪刀在哪里？
B［眼神/手势］：诺。

---

* 本文为浙江省哲学社会科学领军人才培育专项课题"吴、闽、徽语音像资源语料库建设与综合比较研究"（21 YJRC04ZD）的阶段性成果。本文在写作过程中承蒙黄笑山、庄初升、汪维辉、史文磊、李旭平、盛益民、陈振宇、谷雨、金龙、沈冰、林明康、马沛萱、刘星与李桂兰等师友指正，初稿曾在浙江大学汉语言研究所2018年研究生论文报告会、复旦大学中文系语法沙龙上宣读，与会专家学者都提供了很好的修改意见，在此统致谢忱，文章若有错讹，概由笔者负责。

① 本文例句尽量使用本字，本字未明或尚需证实，则使用通行的俗写字或训读字，再者使用方言中的同（近）音字，字下以~标明。例句中＿表示讨论的对象；/表示可选；［ ］表示相关的说明；译文中（）表示补充的语境信息。

"诺 no³⁵"就是所谓的指示叹词（陆镜光 2005）或指示代句词（刘丹青 2011）。针对例（1）的提问情境，在海南闽语琼海话①中相应的说法是"啫 zei³¹/吽 fiei³¹"，通常也辅以眼神或手势表示提醒，如（2）所示。不同的是，"啫"与"吽"具有距离区别义，分别表示事物所在方位或处所距离言者较近与较远。②

（2）A：铰刀伫带？（剪刀在哪？）
　　B［眼神/手势］：啫/吽。（这儿/那儿）

关于海南闽语的指示词，前人都只注意到历来研究较多的指示词"者/许"③ 及其与其他成分组合构成的指示短语，如陈鸿迈（1991；1996：009/027/084/113，海口话）、钱奠香（2002：31—36，屯昌话）、李如龙（1999：273）与符其武（2008：298—299），没有发现海南闽语还存在指示叹词。其实，指示叹词在汉语方言当中广泛存在，只是这类指示成分高度依赖自然会话的言谈现场，人们在日常生活中往往习焉不察。传统的方言语法询问式调查很容易疏漏。正如陆镜光（2005）所言，"一直以来人们对叹词的研究就比较少，就算是专门研究叹词的也不一定注意到有指示功能的叹词"。我们也正是在整理琼海话自然会话录音语料时，偶然注意到了当中的指示叹词。

刘丹青（2011）指出，叹词本质上最接近的词类是代词，两者的共同特点是替代，代词替代的是词或短语，叹词替代的是句子（包括分句或小句），因此叹词本质上是"代句词（pro - sentence）"。根据所替代的句子功能类别，

---

① 根据中国社会科学院等编《中国语言地图集·汉语方言卷》（2012，第二版）的 B1 - 16 闽语 B，琼海话属闽语琼文片（海南闽语）文昌小片。本文作者母语为琼海话。记音以琼海市县治嘉积镇的发音为准。语料多数来自自然会话录音，少数由笔者根据语感自拟。自然话语语料是在说话人不知情的情况下获取的，作者也参与了少数对话，但没有引导对话内容。整个语料库有效字数为 20 万左右。为方便阅读，我们对例句做了必要的调整，有的补上相关的语境信息，有的删去无关旨要的冗长内容，有的增添省略的内容。当然，我们尽最大可能保持了原始面貌，而且所有例句已由本地多个发音人核实。

② 琼海话的单字调：阴平 34，阳平 22，阴上 21，阳上 42，阴去 212，阳去 53，阴入 5，阳入 3。阴入舒化之后归到 53；阳入舒化之后为 31，没有独立成调。还有出现在句末的中升调 24。阴去有前字变调 212—45。

③ "者/许"不是本字，关于闽南语指示语素的语源问题可参看李如龙（1999）。

叹词内部可以分为代替感叹句、陈述句、祈使句、疑问句与称呼招呼句等五个小类。本文关注的琼海话指示叹词，属于刘文所说的代替陈述句的直陈性叹词。

琼海话中共有三对指示叹词，都由基本指示语素"者 $zi\mathfrak{z}^{212}$/许 $fi\mathfrak{z}^{212}$"通过某种音变衍生得来，如表1所示。它们都与基本指示语素保持着"z-表近指 vs. fi-表远指"的系统性音义关系。

表1　琼海话指示叹词的词形与书写形式

近指/近指	书写形式	说明
$zei^{31}/fiei^{31}$	啫/吓	"者/许"变韵变调
$zi\mathfrak{z}^{212}l\mathfrak{z}^{22}/fi\mathfrak{z}^{212}l\mathfrak{z}^{22}$	者咯/许咯	"者/许"加语气词"咯"
$zi\mathfrak{z}^{24}/fi\mathfrak{z}^{24}$	者^{24}/许^{24}	"者/许"变调

"啫/吓"是本文自造的俗写字，读舒化的阳入调31，琼海话中 ei 韵只有这两个词，"者^{24}/许^{24}"读的是单字调系统之外的24调。"啫/吓"与"者^{24}/许^{24}"可能源自基本指示语素"者/许"与某个（些）成分的合音。鉴于"啫/吓"的用法最为丰富，不仅具备"者咯/许咯"与"者^{24}/许^{24}"所有的指示词用法，而且发展出后两者没有的用法。为了避免繁复与方便理解，本文只介绍"啫/吓"的用法，其他两对指示叹词以及三者之间的异同，再另文专述。为了便于称述，下文将指示叹词之外的其他指示成分统称普通指示成分。

一、指示功能

（一）句法 – 语义表现

琼海话的"啫/吓"不能单独用于主语与宾语等论元位置。①

(3) *［眼神/手势］啫/吓是老师。（这/那是老师。）

(4) *［眼神/手势］老师是啫/吓。（老师是这/那。）

---

① 不仅海南闽语，多数闽南方言的基本指示成分也不能单独用于主语与宾语等论元位置，如泉州话的"只/许"（李如龙1999：276），汕头话的"只/许"（施其生1999：305）。

"啫/吽"也不能单独用于定语或状语等修饰语位置。

(5) *［眼神/手势］啫/吽侬是老师。(这/那人是老师。)
(6) *［眼神/手势］枚侬啫/吽悬。(那个人这么/那么高。)

"啫/吽"也不能组合普通指示成分经常组合的量名短语与数量名短语。

(7) *［眼神/手势］啫/吽穧侬老师。(这/那些人是老师。)
(8) *［眼神/手势］啫/吽两个侬是老师。(这/那两个人是老师。)

"啫/吽"只能作用于句子层面。首先，它们能独立成句，单独回答询问处所的疑问句。

(9) A：我衫裤呢？(我衣服呢？)
    B［眼神/手势］：啫/吽。(这儿/那儿。)

其次，它们与一个完整的句子共同出现，能用于该句前面，并且与该句之间必须保持语音停顿，下文称该句为"后位句"。

(10)［眼神/手势］：啫/吽 * (,) 枚头插上就着啦。(这儿/那儿, 那个插头插上去就对了。)

它们也能用于一个句子后面，并且与该句之间既可以保持语音停顿，下文称该句为"前位句"，如例 (11)；也可以不保持语音停顿，下文称该句为"前附句"，如例 (12)。[例句中的 (,) 表示语音停顿可有可无。] 前位句与前附句无须分别则统称"前句"。这个邻近小句不仅有谓词性的，如例 (11)；也有体词性的，如例 (12)。

(11)［眼神/手势］板都拆无了伫 (,) 啫/吽。(板还没有拆完呢 (, 你看) 这儿/那儿。)

（12）［眼神/手势］衬衫嗻/吽。（衬衫（，你看）这儿/那儿。）

最后，"嗻"与"吽"都各自可以用于句子前面与后面，重复出现，形成指示强化。

（13）［眼神/手势］嗻，手机伫床上嗻。（这儿，手机在床上，这儿呢。）
（14）［眼神/手势］吽，手机伫床上吽。（那儿，手机在床上，那儿呢。）

"嗻"与"吽"之间存在距离区别义。如果会话主题是单个对象，并且只有言者作为唯一的指示参照点，那么只能同向并举（近对近，远对远），不能反向对举（远对近）。任何存在距离指示冲突的句子都不能成立，主要有三点表现。一是"嗻"与"吽"不能一前一后共现，如例（15）。二是它们的后位句或前句中不能出现与之指示方向相反的指示成分，如例（16）与例（17）。三是两者都能与没有距离区别义的定指标记"枚 mɔ^{53}"共现，如例（18）。

（15）＊［眼神/手势］嗻，铰刀吽。（这儿，剪刀（在）那儿。）
（16）＊［眼神/手势］嗻，许丛是番榔树。（这儿，那棵是槟榔树。）
（17）＊［眼神/手势］吽，番榔树者咯。（那儿，槟榔树（在）这儿呢。）
（18）［眼神/手势］枚是电脑账号嗻/吽。（这个是电脑账号，这儿。）

"嗻/吽"不能充当论元，但是能单独成句，又能附于句末，还能前后重复出现，显然不属于指示词（短语）常见的句法范畴（详见1.3节）。下面考察其语用功能，进而证明"嗻/吽"属于指示叹词。

（二）语用环境

定指性成分的基本指示功能是情景直指，即定指性成分指示交际情景中的对象，言者通常还会辅以手势或眼神为听者辨明指示的对象（situational use, Himmelmann 1996）。"啫/吽"用于情景直指，与普通指示成分主要存在三点区别。

一是普通指示成分用于情景直指，指示对象可以是人、事物、方位、处所、时间、程度、方式或性状等；"啫/吽"的指示对象只能是方位或处所，表示对象与言者之间的距离关系。通过问答句可以很清楚地看到这种差别。如例（19A）是需要指辨人物的疑问句，可以使用个体指示代词来回答，如例（19B），但是不能用"啫/吽"来回答，如例（19B'）。

(19) A：带枚是汝老师？（哪个（人）是你的老师？）
　　 B：者枚。/许枚。（这个。/那个。）
　　*B'［眼神/手势］：啫/吽。（这儿/那儿。）

然而，若是需要指明方位或处所的疑问句，处所指示代词与"啫/吽"都能用来回答，分别如例（20B）与（20B'）的回答。

(20) A：汝老师伫带嘞？（你的老师在哪呀？）
　　 B：者路/许路。（这里/那里。）
　　 B'［眼神/手势］：啫/吽。（这儿/那儿。）

尽管"啫/吽"与情景直指中的处所指示代词在语义上有相通之处，但是两者并不等同。特别是"啫/吽"还能够与处所指示代词共现，共同指示处所，产生指示强化效应，如例（21）。这说明"啫/吽"在情景直指中具有特定的语用价值。当然，此处需是同向并举，不能是反向对举。

(21) a.［眼神/手势］伊伫者路啫。（他在这里，（就在）这儿。）
　　 b.［眼神/手势］伊伫许路吽。（他在那里，（就在）那儿。）

二是普通指示成分的指示对象是人、事物或处所时，不要求对象必须现场可见；而"嗜/吽"用于情景直指，要求指示对象必须现场可见。如例（22）是英语的指示词，*this* 的指示对象为言者不可见的抽象个体，如例（22a）；*there* 的指示对象为言者视域之外的某个场所，如例（22b）。

(22) 英语（转引自 Diessel 1999：94—95）
a. This is a nice feeling.
b. Hello, is Peter there? [on the telephone]

"嗜/吽"则不能适应这两类语境，分别如例（23a）与例（23b），这种语用行为与其不能作句子论元的句法行为相互照应。

(23) *a. 嗜种感觉无错。（这种感觉不错。）
　　 *b. 枚明仜吽呗？（阿明在那边吗？）

三是普通指示成分用于情景直指，不必然带有话语互动效果，"嗜/吽"用于情景直指，必然带有额外的互动效果。这种效果与其句法位置紧密关联，具体而言有两个方面。其一，"嗜/吽"单独成句，主要表达指示功能，同时兼有提示功能。它们与后位句保持语音停顿，在自然语流中自成一个韵律单元，听感上相对凸显，容易抓取听者的注意力，引导其关注某个方位或处所。如例（24）中 B 以"嗜/吽"提示 A 剪刀所在的方位或处所。

(24) A：铰刀呢？（剪刀呢？）
　　 B：[眼神/手势]：嗜/吽，铰刀仜桌上。（这儿/那儿，剪刀在桌上。）

其二，"嗜/吽"附于句末，主要表达指示功能，同时兼有强调语气功能。当前附句出现同指成分，特别是出现方位（或处所）指示成分，它们的指示义会处于冗余状态，是一种指示强化现象，反映出言者对话语内容的强调。①

    （25）a. ［眼神/手势］老师伫者路啫。(老师在这里，(在) 这儿。)
          b. ［眼神/手势］有侬钓鱼伫许边溪吀。(有人在河的那边钓鱼，(在) 那儿。)

更进一步，如果它们在邻近小句前后重复出现，附于句末的"啫/吀"近似单纯的语气词，强调语气更加显著。

    （26）a. ［眼神/手势］啫，老师伫者路啫。(这儿，老师在这里，(就在) 这儿呢。)
          b. ［眼神/手势］吀，有侬钓鱼伫许边溪吀。(那儿，有人在河的那边钓鱼，(就在) 那儿呢。)

定指性成分还有其他语用功能，包括示踪指、认同指、话语直指与关联回指（详见 Diessel 1999；Himmelmann 1996）。我们考察"啫/吀"能否具备这些功能，结果显示：相比以"指远 + 量 + 名"为代表的普通指示成分，②"啫/吀"都没有这些功能，如例（28）至例（31）。下述指示语用功能的定义与"指远 + 量 + 名"例句引自杨望龙、李旭平（2018）。

示踪指（tracking use）：定指性成分与前述话语中某个名词性成分的所指对象相同。"指远 + 量 + 名"可以适用，"啫/吀"不能适用。

    （27）a. 我昨晡日买蜀包糖囥去伊，伊无遘蜀个钟头早食许包糖囥了去唠。
         (我昨天买了一包糖给他，他不到两个钟头就把那包糖吃完了。)

---

① "者咯/许咯"带有语气词"咯"，"者[24]/许[24]"变读高调，都是指示强化的语音表现。
② 鉴于琼海话"指近 + 量 + 名"不能用于示踪指、认同指、话语直指与关联回指，为了避免误会，此处仅以"指远 + 量 + 名"作为普通指示成分的代表。"指远 + 量 + 名"能够出现的指示语用环境，足以代表普通指示成分能够出现的所有指示语用环境。

b. 我昨暮日买蜀包糖囝去伊，伊无遘两个钟头早食 * 啫/ * 吽包糖了去唠。

（我昨天买了一包糖给他，他不到两个钟头就把那包糖吃完了。）

认同指（recognitional use）：定指性成分的所指对象在话语中首次引进，听者对其识别依赖于言听双方共享的经验或知识。"指远＋量＋名"可以适用，"啫/吽"不能适用。

(28) a. 都蜀个星期去唠汝找许架车倒去呗？（都已经一个星期了，你找到那辆车了吗？）

b. 都蜀个星期去唠，汝找 * 啫/ * 吽架车倒去呗？（都已经一个星期了，你找到那辆车了吗？）

话语直指（discourse deictic use）：定指性成分可以指称话语中首次出现的某个命题或事件。"指远＋量＋名"可以适用，"啫/吽"不能适用。

(29) a. 老杨找工倒去唠？汝知许件事呗？（老杨找到工作了，你知道那件事吗？）

b. 老杨找工着去唠，汝知 * 啫/ * 吽件事呗？（老杨找到工作了，你知道那件事吗？）

关联回指（associative anaphoric use）：定指性成分的所指对象和前述语篇中某个名词性成分的所指对象具有关联关系。"指远＋量＋名"可以适用，"啫/吽"不能适用。

(30) a. 昨暮日有蜀架车趁我处门口驶过，我见许支排气管蜀溜滴油去。

（昨暮日有蜀架车趁我唇门头驶过。我见许支排气管一溜滴油去。）

b. 昨暮日有蜀架车趁我厝门头驶过。我见＊啫/＊哖支排气管一溜滴油去。

（昨暮日有蜀架车趁我厝门头驶过。我见许支排气管一溜滴油去。）

第（二）节考察总结为表2。

表2　"啫/哖"与普通指示成分的语用功能对比

		普通指示成分	啫/哖
情景直指		＋	＋
	指示对象	方位(处所)及其他	只有方位(处所)
	指示对象可视性	±	＋
	兼表提示	±	＋(独立成句)
	兼表强调	±	＋(附于句末)
示踪指		＋	－
认同指		＋	－
话语直指		＋	－
关联回指		＋	－

"啫/哖"只能用于情景直指，不能用于话语直指、示踪指、认同指与关联回指。这种语用表现与自身的句法语义特征相互照应：它们不能充当论元，所以也不能用于那些要求指示成分能用于主语或宾语等论元位置的语用环境；它们只能指示方位或处所，所以也不能用于那些要求指示成分的指示对象不限于方位或处所的语用环境。"啫/哖"在句法语义特征与语用功能方面的诸多表现与限制，再次证明了它们不能定性为指示代词，下面讨论它们的词类归属。

（三）词类归属

指示词是从语义－语用层面而非句法层面定义的词类概念。指示词内部的不同成员可能分属不同的句法类别，某个指示词也可能兼属多个句法类别。结合相关文献的分类标准（Diessel 1999：57—92；陈玉洁 2010：63—74），指示词的句法分类主要包括：一是指示代词：能够独立充当主语与宾语，如普通话的"这/那"、英语的 this/that。二是指示限定词①：不能独立充当主语与宾语，只能充当限定语，如闽南语厦门话的"即 $tsit^{32\text{-}5}$/迄

---

① 指示限定词（demonstrative determiners），也有文献称为指示形容词（demonstrative adjective）。

hit$^{32-5}$"（周长楫 1998：352/355）。三是指示副词：不能充当主语与宾语，只能充当状语，指示对象往往是时间、处所、性状或程度，如琼海话的"者向这阵子 zio$^{212-45}$ fiia?^{212}/许向$_{那阵子}$fio$^{212-45}$ fiia?^{212}"、英语的 here/there、普通话的"这么/那么"。四是指示区别词：能够在系词句与无动句中充当主语，而且在形态或语音上区别于一般动词句中作主宾语的指示词，如上古汉语的"是"、Ambulas 语的 kén（Wilson 1980：454）。五是指示叹词：常常独立成句，不与其他句法成分构成组合关系，如粤语广州话的"呢 ne$^{35/55}$、嗱 na^{21}"（陆镜光 2005）。

琼海话的"嗜/咋"能够独立成句，不能与其他句法成分组合，显然符合文献中对指示叹词的句法定义，但是它们也能附于句末，似乎又违背了叹词独立成句的句法属性（吕叔湘 1944/1982：316；郭锐 2002；刘丹青 2011），更像是句末的语气助词。本文认为，"嗜/咋"尽管能够附于句末，但是仍为指示叹词。理由在于：（ⅰ）它们始终与前句关系松散，这种黏附行为不是强制性的，能够还原为非黏附的独立状态，而且表义功能没有发生改变。（ⅱ）"嗜/咋"往往需要重读，不符合语气助词通常弱读的语音表现。（ⅲ）情景直指中附于句末的"嗜/咋"，可以分析为从叹词发展为句末语气助词的中间状态。①

下文将看到，"嗜/咋"作为指示叹词，还发展出了非指示功能：独立成句的"嗜/咋"发展出了纯粹的提示功能；附于句末的"嗜/咋"则发展出了语气功能。

二、提示功能

"嗜/咋"单独成句，用于提示听者注意某个事物或话题。其中，"嗜"的主要提示听者注意现场事物。如例（31）中 A 使用"嗜"提醒 B 接下凳子。此时不能使用"咋"，因为"咋"原来具有远指义，与语境存在语义冲突。

---

① 胡明扬（1981/2011）主张语气助词和叹词合并为语气词，但是在具体讨论时该文还是分开处理。

(31) [话题：凳子]

A：坐溜，阿婆。（坐呀，奶奶。）

B：无，我但待。（不，我只（需要）站着。）

A［向B推凳子］：啫/*吓，坐是。（给，坐嘛。）

相比之下，"吓"的主要作用在于提示听者注意后续要展开的新话题，指示功能不再显著。如例（32）中B使用"吓"提示B注意，然后转向讨论另一个人，即"宗明"。此时不能使用"啫"，因为"啫"原来具有近指义，更加依赖会话现场。

(32) [话题：癌症]

A：伊处老婆无是癌也死去啦。（他的老婆不是癌症都已经死了。）

B：*啫/吓，伊伙讲宗明都食药好去唠咯。（那啥，他们说忠明都吃药病愈了呀。）

A：宗明也是着癌嚛？（宗明也是得癌症吗？）

B：嗯。（嗯。）

"啫"与"吓"最初的指示距离义，影响了它们后续的提示用法。语料库中"啫"只限于传递语境；"吓"虽然不能用于传递语境，但是需要切换话题时都可以出现。如例（33）中C使用"吓"抢过话论，引导甲和乙关注其后续内容中"我伙枚老板"在洪涝中的事情。

(33) [话题：洪涝]

A：我伙亻山岭上浸无倒。［我们（寝室）在山上没淹到。］

B：山岭上欲浸倒，许个惨去唠。（山岭上要淹到，那可就惨了。）

C：*啫/吓，许年我伙枚老板处一楼合且浸了，第二层也无待得去啦……

（那啥，那年，我们那个老板家一楼全部淹没了，第二层也住不了了……）

三、语气功能

"嗜/咔"附于句末,不用于情景直指,用于表达语气。两者的语气词用法存在不对称性:"嗜"只能表达强调语气,"咔"不仅能表达强调语气,还能表达求同、感慨与惊疑等语气。下文将"嗜"与"咔"的强调功能放在一起讨论,以便比较,然后再专门讨论"咔"的其他语气功能。

(一)"嗜/咔"表达强调语气

"嗜/咔"表达强调语气,表示言者对话语内容的强调,可以大致对译为普通话表达强调语气的"嘛",如例(34)与(35)。"嗜"与"咔"表达强调语气时,能够相互替换而不改变句子语义,已经失去了距离区别义。这是语气功能区别于指示功能的句法表现。

(34) 阿婆死汝忆得伫无溜?早十五年去啦嗜/咔。
〔奶奶去世(那会儿)你还记得吗?(至今)已经十五年了嘛。〕
(35) 蜀过年去啊嗜/咔,就考学啊嗜/咔,但顾猛个啦。
〔一过了年嘛,就升学考试了嘛,(时间过得)非常快的呀。〕

"嗜/咔"都不能独立成句,只能附于句末。不过,"嗜"的分布范围要小于"咔"。"嗜"的前附句中的谓语形式只能是动词性短语,如例(34)与例(35),不能是形容词短语,如例(36),也不能是名词性短语,如例(37)。"咔"则没有这种限制。相应地,语料库中"嗜"的用例也很少,只有例(34)与(35)中的3例,"咔"的用例则很多。

(36) 李嘉诚伙博个钱就穪 * 嗜/咔。〔李嘉诚他们赚的钱(才算)多嘛。〕
(37) 伊是讲大雅,大夫枚大 * 嗜/咔。
(他说的是大雅,"大夫"那个"大"嘛。)〔"大雅"是地名。〕

总之,"嗜/咔"作为语气词,强调语气功能是主导的语义 – 语用功能,不是作为指示叹词时附带的语义－语用功能。

（二）"吽"的其他语气功能

鉴于"吽"表达其他语气功能发生变调，为了便于阅读，下文在"吽"的右上方标示调值，以区分不同语气功能，总结为表3。

表3 "吽"不同的语音形式、语气功能与书写形式

语音形式	书写形式	语气功能
fiei³¹（舒化的阳入）	吽³¹	强调
fiei²²（阳平）	吽²²	感慨
fiei²²（阳平） ↗ fiei⁴²（阳上） ↘ fiei³⁴（阴平）	吽²² ↗吽⁴² ↘吽³⁴	求同 ↗请求确定 ↘请求认可
fiei²⁴（中升）	吽²⁴	惊疑

其中，"吽"表达求同语气读22调，又分为"请求确定"与"请求认可"，分别可以变读42调和34调。中升调按调型命名，不属于单字调。

1. 表达感慨语气：吽²²

"吽²²"表达感慨语气，可以大致对译为普通话表示感慨的"呀"。如例（38）中言者面对现场的事物发出感慨，例（39）中言者针对非现场的人物发出感慨。

（38）今年就无椰子，雅吽²²。[今年（那棵椰子树）就没（长）椰子，奇怪呀。]

（39）醉酒茂昨昏日去去吗？也快吽²²。[醉酒茂（这个人）昨天去世了吗？也真快呀。]

"吽²²"不能独立成句，只能附于句末。前附句的谓语形式多数是形容词性短语，如例（38）与例（39），少数是动词性短语，如例（40），语料库中没有发现名词性短语的例子。

（40）枚婷无啼去啊，啼（*，）吽²²。食酒无益就着啦。[阿婷喝酒之后哭了很久。]

[阿婷不哭了。（就）哭（这事）呀，喝酒没好处就是了。]

"咔^{22}" 允许前位句后面出现其他语气词，如例（41）与例（42）中的 "生 tɛ$^{34/45}$"，整个句子表示某种认识或行为超出言者预期，带有轻微的责备意味。

(41) 枚婆也是侬戆去啊溜，雅（*,）咔^{22}。
[那个老奶奶也是人（已经）傻了呀。（你的想法真）怪呀。]
(42) 汝无夹鸡肉食叻？汝雅生（*,）咔^{22}。
[你怎么不夹鸡肉吃啊？你（真）怪呀。]

2. 表示求同语气：咔$^{22/42/34}$

"咔^{22}" 表达求同语气，表示言者期待听者对其话语内容作出肯定答复。根据前句的内容，可以分为两种情况。一是前句表达叙述、评论或推测，期待听者作出肯定答复，简称"请求确定"，可以大致对译为普通话的"对吧？"，还可以变读42调，如例（43）。二是前句表达建议、协商或请求，期待听者作出肯定答复，简称"请求认可"，可以大致对译为普通话的"好吗？"，还可以变读34调，如例（44）。

(43) 汝但是想文倩（,）咔$^{22/42}$？（你只是喜欢文倩，对吧？）
(44) 倒茶去汝食（,）咔$^{22/34}$？（倒茶给你喝，好吗？）

"咔^{22}" 表达求同语气与感慨语气都读22调，可以通过以下方式加以区别。一是看能否变调，前者可以变读42调或34调，后者只能读22调，不能变调。二是看能否独立成句，前者能够独立成句，也能附于句末；后者不能独立成句，只能附于句末。三是看是否需要回应，前者不需要听者回应，后者需要听者回应。

"咔$^{22/42}$" 表示请求确定时，前句中的谓语形式可以是动词性短语，如例（45）；也可以是名词性短语，如例（46）；还可以是形容词性短语，如例（47）。

(45) 读书读遽肚滇滇去（,）咔$^{22/42}$？（读书读到肚子满满的，对吧?)

(46) 两哥弟（,）吨$^{22/42}$?（两兄弟，对吧?）[猜测对方家里有几个兄弟]

(47) 枚孙读书都解许里（,）吨$^{22/42}$?（那个孙子读书都挺厉害的，对吧?）

相比之下，"吨$^{22/34}$"表示请求认可时，前句中的谓语形式只有动词性短语与名词性短语，如例（48）与例（49），没有形容词性短语，如例（50）。因为形容词性短语只能用于描述或评价事物，不能用来建议行为。

(48) 阿侬食糜了了去（,）吨$^{22/34}$?（宝贝你把饭吃光光的，好吗?）

(49) 五点钟（,）吨$^{22/34}$?（五点钟，好吗?）[建议对方一起出门的时间]

(50) *枚孙读书都解许里（,）吨^{34}?（*那个孙子读书都挺有本事，好吗?）

"吨$^{22/42/34}$"也允许前位句后面出现其他语气词，如例（51）中出现表示倾向是非问的语气词"嚟 mε^{53}"。例（52）中出现表示倾向是非问的"生 tε^{45}"。

(51) 哥弟都舍得拍嚟（,）吨$^{22/42}$?（兄弟都舍得打吗? 对吧?）

(52) 十二點去啊咯，食糜生（,）吨$^{22/34}$?（已经十二点钟了呀，吃饭吧，好吗?）

"吨$^{22/42/34}$"还可以单独占据一个话论。言者结束上个话论，切换话语面向的听者，可以使其单独占据一个新的话论，如例（53）与例（54）。

(53) [A是长辈，B是大孩子，C是小孩子，B不肯把玩具给C，A先责备B，然后安慰C。]

A[对B说]：交去伊是，弄伊做乜溜?（交给他嘛，逗他做什么呀？）

    A［接着对 C 说］：咘$^{22/42}$？（对吧？）

（54）［A 拒绝带 B 出门，B 对 A 的拒绝表示不屑，转而对表示其哥哥 C 会带其出门。］

    A［对 B 说］：我无力带我去啊。（我没力气带你去啊。）

    B［对 A 说］：阿哥但带我去。（哥哥再带我去。）

    B［接着对 C 说］：咘$^{22/34}$？（好吗？）

可见，"咘$^{22/42/34}$"与前句的关系相对松散。不过，当前句中谓语形式是称谓语时，无论是请求确定还是请求认可，"咘$^{22/42/34}$"都不能独立使用，只能附于句末。

（55）焗蜀个阿哥是无食得了个，阿哥（＊,）咘$^{22/42}$？

    ［焗一只（鸡）哥哥是吃不完的，哥哥对吧？］

（56）汝无惊汝就试交生，老林（＊,）咘$^{22/34}$？

（你不怕你就试一下吧，老林好吗？）

3. 表示惊疑语气：咘^{24}

"咘^{24}"表达惊疑语气，表示言者对其所见所闻感到惊讶与怀疑，同时期待听者对其质疑作出回应，可以大致对译为普通话表示惊疑的"吗"，如例（57）与例（58）。

（57）A：开空调烧滴囝，主要是宿舍无断电凑叻。（开空调暖些，主要是宿舍也不断电的呀。）

    B：汝许伙无断电个咘^{24}？（你们是不断电的，真的吗？）

    A：无断电个。（不断电的。）

（58）A：行者路。（走这边。）

    B：趁者裡去咘^{24}？（从这里走，可以吗？）

    A：嗯，者条路近。（对，这条路近。）

"咋^{24}"只能用于是非问句,如例(57)与例(58),不能用于特指问和选择问句,如例(59)与例(60)。

(59) *a. <底侬>伙无断电个咋^{24}?(*谁不断电的,真的吗?)

*b. 趁带地行去咋^{24}?(*从哪里走,可以吗?)

(60) *a. 汝伙还是伊伙无断电个咋^{24}?(*你们还是他们不断电的,真的吗?)

*b. 趁者地还是许地行去咋^{24}?(*从这里还是那里走,可以吗?)

"咋^{24}"不能独立成句,只能附在句末。前附句中的谓语形式,可以是动词性短语,如例(61);也可以是形容词性短语,如例(62);还可以是名词性短语,如例(63)。

(61) A:我食酒也是侬做酒乃食。(我喝酒也是别人办酒宴才喝。)

B:汝也喂酒(*,)咋^{24}?(你也喝酒,真的吗?)

A:我解食酒啦。(我会喝酒呀。)

(62) A:汝买许条衫我颂有滴困长。(你买的那条衣服我穿有点长。)

B:长(*,)咋^{24}?(长了,真的吗?)

A:嗯,我乃分去侬颂。(嗯,我再送给别人穿。)

(63) A:蜀溜去万泉河许路,嘉积大桥许路。(一直去万泉河那边,嘉积大桥那边。)

B:嘉积大桥许路(*,)咋^{24}?(嘉积大桥那边,真的吗?)

A:嗯。(嗯。)

"咋^{24}"还可以针对对方说话方式的合适性表示惊讶与怀疑。如例(64),B对A询问自己为何不去杭州表示惊讶与怀疑,因为B认为答案是显而易见的,根本不需要询问。只有在这种情况下前附句才会出现特指问形式。

(64) ［话题：高考选填报志愿］
　　A：做乜无去杭州呢？（为什么不去杭州呀？）
　　B：做乜无去杭州吽[24]？（你是问"为什么不去杭州"吗？）
　　A：嗯。（嗯。）
　　B：分数无遘，就无去得啊。（分数不够，去不成啊。）

4. 小结

"啫/吽"表达语气功能的语音形式与句法分布，总结为表4。

表4　"啫/吽"的语音形式、语气功能与句法分布

语音形式	语气功能	译文	句法分布			Cl 的谓语形式		
			_, Cl	Cl, _	Cl + _	NP	AP	VP
zei^{31}（舒化的阳入）	确认	嘛	−	−	+	−	−	+
fiei^{31}（舒化的阳入）	确认	嘛	−	−	+	+	+	+
fiei^{22}（阳平）	感慨	呀	−	−	+	+	+	+
fiei^{22}（阳平）↗fiei^{42}（阳上）↘fiei^{34}（阴平）	求同 ↗请求确定 ↘请求认可	对吧 好吗	− −	+ +	+ +	+ +	+ −	+ +
fiei^{24}（中升）	惊疑	吗	−	−	+	+	+	+

说明：Cl 表示小句或句子，"_"表示"啫/吽"所在的句法位置，"_, Cl"表示与后位句保持语音停顿，"Cl, _"表示与前位句保持语音停顿，"Cl + _"表示附于前附句。

如表3所示，相比表达指示功能，"啫/吽"表达语气功能时，其在句法、语义、语用与语音层面都发生了转变。一是句法层面，表达指示功能时，"啫/吽"既能独立成句，也能附于句末，与前句之间关系松散；而表达语气功能时，除了"吽"表达求同语气，"啫/吽"都不能独立成句，只能附于句末，与前句之间关系紧密。二是语义层面，表达指示功能时，"啫/吽"仍有命题意义；而表达语气功能时，"啫/吽"没有命题意义，它们删除之后，句子的命题意义不受影响。三是语用层面，表达指示功能时，"啫/吽"要求话题对象必须在现场出现；而表达语气功能时，"啫/吽"不再要求话题对象必须在现场出现。其中，表达强调与感慨语气，属于言者的一种主观评价行为；表达求同与惊疑语气，属于会话双方的话语互动行为。四是语音层面，"吽"表达不同语气功能会发生变调，表达感慨语气变读 22 调，表达求同语气变读 22/42/34 调，表达惊疑语气变读 24 调，从而区别于原来指示功能的 31 调，

是典型的功能分调现象。

（三）"吒"是语气词的证据

"吒"附于句末，表达的语气不同，声调也不同，看似句子的语调在起作用，实际上"吒"确实独立表达了语气功能。它应该定性为语气词，主要有三点依据。

第一，每个语气词都表达特定的语气意义，删除之后原本的语气意义就会消失。"吒"删除之后，整个句子原来的语气意义就会消失，此处例略。

第二，语气词被替换之后，句子的语气意义会发生变化。"吒"被表达类似语气的语气词替换之后，整个句子或者语气强度发生变化，或者语用效果发生变化，或者适用条件发生变化。下面按照语气功能举例说明。

"吒^{31}"替换为同样表达强调语气的"是 ti^{31}"，后者的语气强度增加，对比例（65a）与例（65b）的译文，或对比例（66a）与例（66b）的译文。

   （65）a. 后日落雨啦吒^{31}。（后天要下雨了嘛。）
      b. 后日落雨啦是。[后天（肯定）要下雨了嘛。]
   （66）a. 煲滴沸水冲茶起食吒^{31}。（煮点开水泡茶喝嘛。）
      b. 煲滴沸水冲茶起食是。[（应该）煮点开水泡茶喝嘛。]

"吒$^{22/42}$"替换为同样表示请求确定的"生 tɛ^{34}"。前者表示倾向是非问，期待听者作出肯定回答，如例（67a）；后者表示中性是非问，不期待听者作出肯定还是否定回答，如例（67b）。"吒$^{22/34}$"替换为同样表示请求认同的"生 tɛ^{45}"，句子的语气强度增加，后者的前附句往往是否定某个想法之后提出的取代性建议，对比例（68a）与例（68b）的译文。

   （67）a. 枚囝读书解里吒$^{22/42}$。（那个孩子读书挺厉害的，对吧？）
      b. 枚囝读书解里生^{34}？（那个孩子读书挺厉害的，是吗？）
   （68）a. 阿妈探糜去侬食吒$^{22/34}$？（妈妈盛饭给你吃，好吗？）
      b. 阿妈探糜去侬食生^{45}？（（要不）妈妈盛饭给你吃，好吗？）

"吒^{22}"替换为同样表达感叹语气的"啊 ʔa^{42}"，句子的语气强度增加，对比例（69a）与例（69b）的译文。

  （69）a. 今年就无椰子，雅吽^{22}。[今年就没（长）椰子，奇怪呀。]
     b. 今年就无椰子，雅啊。[今年就没（长）椰子，真奇怪啊！]

"吽^{24}"替换为表达怀疑的"嚒 mɛ^{24}"，句子的语气强度增加，是表达具有否定意义的反诘问，对比例（70a）与例（70b）的译文，或对比例（71a）与例（71b）译文。

  （70）a. 汝伙无断电个吽^{24}？（你们不断电的，真的吗？）
     b. 汝伙无断电个嚒^{24}？（你们不断电的，可能吗？）
  （71）a. 趁者里去吽^{24}？（从这里走，可以吗？）
     b. 趁者里去嚒^{24}？（从这里走，可能吗？）

第三，语调不固定于特定的句子成分，总是落在句末音节。"吽"删除之后，其前面的音节无法承载"吽"原本的声调，如例（72）至例（75）。

  （72）＊[确认]汝去许路坐夥久车，坐高铁^{31}吽^{31}。[你去那边坐多久车？（我指的是）坐高铁嘛。]
  （73）＊[求同]汝但是想文倩^{22}吽^{22}。（你只喜欢文倩，对吧？）
  （74）＊[感叹]邓丽君但四十二岁早死去啊^{22}吽^{22}。（邓丽君才四十二岁就已经死了呀。）
  （75）＊[惊疑]汝伙无断电个^{24}吽^{24}。（你们寝室是不断电的，真的吗？）

综上，"吽"确实是表达语气功能的语气词，而不只是语调的载体。

四、总结与余论

本文报道了海南闽语琼海话的指示叹词"啫/吽"，它们语音上与普通指示成分保持"z-表近指，fi-表远指"的系统性音义关系；句法上既能独立成句，又能附于句末；语用上只用于话语现场表示情景直指，兼有提示功能与强调功能，词类归属上属于叹词。它们发展出了非指示功能：独立成句的"啫/吀"发展出了纯粹的提示功能，附于句末的"啫/吀"发展出了语气功能。其中，"啫"只表达强调语气，"吀"不仅表达强调语气，还能表达求同、感慨与惊疑等语气。

　　本案的价值至少体现为两点：一是语言事实方面，本文弥补了既往报道的遗漏，对琼海话的指示系统（乃至整个海南闽语）有了更加全面的认识。二是方法论方面，汉语方言中不乏指示叹词，可是方言报道中很少论及。客观上讲，指示叹词的语音形式往往不太稳定，语义内容又十分抽象，的确不易掌握，研究难度较大。主观上讲，传统的询问式调查中发音人脱离自然情景，很难意识到指示叹词的存在，调查者无意之间就会疏漏。本文充分表明，基于自然会话语料库的方言语法研究能够有效弥补这些问题。

　　当然，本文仍有不少问题没有展开。比如"啫/吀"的语源问题，根据陆镜光（2005）的记录，海南闽语还有一个不分远近的指示叹词［næi］，该词不见于琼海话，其韵母接近"啫/吀"，该成分是否与基本指示语素"者/许"合音构成了琼海话的"啫/吀"？又比如"啫/吀"具体的语法化过程，"吀"不同的语气功能之间有怎样的演变关系。这些问题都有待将来进一步解答。

参考文献

［1］陈鸿迈，1991. 海口方言的指示代词和疑问代词［J］. 中国语文（01）.

［2］陈鸿迈，1996. 海口方言词典［M］. 南京：江苏教育出版社.

［3］陈玉洁，2010. 汉语指示词的类型学研究［M］. 北京：中国社会科学出版社.

［4］符其武，2008. 琼北闽语词汇研究［M］. 成都：四川大学出版社.

［5］胡明扬，1981. 北京话的语气助词和叹词［M］. 胡明扬. 胡明扬语言学论文集. 北京：商务印书馆.

［6］李如龙，1999. 闽南方言的代词［M］. 李如龙、张双庆. 代词. 广州：暨南大学出版社.

［7］刘丹青，2011. 叹词的本质——代句词［J］. 世界汉语教学（02）.

［8］陆镜光，2005. 汉语方言中的指示叹词［J］. 语言科学（06）.

[9] 马清华, 2011. 论叹词形义关系的原始性 [J]. 语言科学 (05).

[10] 吕叔湘, 1982/1944. 中国文法要略 [M]. 北京: 商务印书馆.

[11] 钱奠香, 2002. 海南屯昌闽语语法研究 [M]. 昆明: 云南大学出版社.

[12] 施其生, 1999. 汕头方言的代词 [M]. 李如龙、张双庆. 代词. 暨南大学出版社.

[13] 杨望龙、李旭平, 2018. 琼海话的定指量名及其特殊变调 [J]. 语言科学 (01).

[14] 杨望龙, 2021. 琼海话的定指范畴 [M] // 盛益民. 汉语方言定指范畴研究. 北京: 中西书局.

[15] 周长楫, 1998. 厦门方言词典 [M]. 南京: 江苏教育出版社.

[16] Diessel, Holger. 1999. Demonstrative: Form, Function and Grammaticalization, Amsterdam/Philadelphia: John Benjamins Publishing Company.

[17] Himmelmann, Nikolaus P. 1996. Demonstratives in Narrative Discourse: A Taxonomy of Universal Uses. In Barbara A. Fox, ed. *Studies in Anaphora*: 205–254. Amsterdam: John Benjamins.

[18] Wilson, P. R. 1980. *Ambulas Grammar*. Ukarumpa, Papua New Guinea: Summer Institute of Linguistics.

杨望龙　厦门大学中国语言学文学系

侗语竹坪话概况

龙润田

摘 要：文章概要介绍侗语竹坪话的基本情况。竹坪话属侗语南部方言第二土语。与该土语区其他语言点相比，竹坪话声母系统除塞音外，在鼻音和边音中也拥有十分工整的清浊对立，这在侗语方言土语中较为罕见。同时，竹坪话核心词汇与同语支水语、佯僙话较为接近。可能是侗语中发展变化最慢的方言土语。

关键词：侗语；竹坪话；语言结构；描写

竹坪村位于贵州省黔东南苗族侗族自治州黎平县中部，距黎平县城40千米，距岩洞镇9千米。东面与本县永从乡九龙村接壤，西面与双江镇乜洞村相连，南面与双江镇高孖、黄龙两地邻接，北面与岩洞镇新洞村交界。竹坪村共有14个居民点，包括大寨（ʨaːi²¹ laːu¹³）、寨母（ʨaːi²¹ mu¹³）、寨简（ʨaːi²¹ ʨim¹³）、边兰（pjaːn⁵¹ laːn³¹）、兰甲（laːn³¹ ʨa¹³）、德达（te⁵⁵ ta⁵¹）、高赏（kaːu⁵⁵ saːŋ²1）、简兰（ʨaːn²³² laːn³¹）、八练（pet⁵⁵ lin³¹）、边引（pjaːn⁵¹ jim²¹）、归干（kui⁵⁵ keːn⁵¹）、摆孖（paːi²¹ nja³¹）、摆坛（paːi²¹ taːm²³²）、岑宁（ʨeːn²¹ njiŋ⁵¹）。其中，以大寨、寨母、寨简3个居民点为主。全村现有833户，共3565人，侗族人口占99.5%以上。

侗语竹坪话属侗语南部方言第二土语。之前有不少专家学者对侗语南部方言第二土语进行过相关考察：1956—1957年，中国科学院少数民族语调查工作第一调查队组成侗语调查组对侗语各方言土语进行了集中调查，涉及14个县22个语言点，覆盖98%的侗语分布区域。其中侗语南部方言的第二土语的调查点包括：黎平水口、平途、亚罕，从江贯洞，但并未见有详细的材料公开。石林(1990)、刘锋和龙耀宏(2004)分别对岩洞侗语、九龙侗语进行了考察，但成果均未附有详尽的语言材料。只有潘永荣(1990)对该侗语第二土语从江平江话的语音进行了较详细的调查，提供了较为详尽的音系调查材料。

2017年7月至8月、2018年1月，我们先后两次赴黎平县系统地调查记录竹坪话。主要发音人为YXY（男，1951年生，初小文化）、YYM（男，1957年生，大专文化）。竹坪话最突出的特点是：其保存有非常完整的送气（清化）声母和不送气声母的对立。这种对立不仅在塞音、塞擦音上存在，在鼻音、边音中也拥有完整的清浊对立。同时，竹坪话的声调系统未出现送气次调类，保留完整的10声调系统。通过比较可以看出，竹坪话尚处于侗台语声调发展的第二阶段，即送气音与不送气音的对立没有消失，送气（清化）并没有产生新的调类。

一、语音

（一）声母及说明

竹坪话有42个声母，包括9个腭化音声母和4个唇化音声母，清化声母有8个。声母及例词如下：

p	pa:i³¹	去，	pu¹³	父	ŋ	ŋo²³²	蜘蛛，	ŋa:m⁵¹	补衣服
pʰ	pʰu:i⁵¹	逃脱，	pʰi³¹	铲草	ŋ̊	ŋ̊u⁵¹	猪，	ŋ̊ei⁵⁵	浮萍
m	ma³¹	菜，	mem¹³	虎	x	xa⁵¹	红，	xim⁵¹	凉快
m̥	ma:n⁵⁵	黄色，	ma³¹	来	ɣ	ɣa⁵¹	二，	ɣa:n²³²	房屋
f	fen⁵⁵	裙子，	fe:n⁵⁵	呕吐	q	qau¹³	稻子，	qon²¹	旋转
w	woŋ²¹	蚊帐，	wa:n²¹	换	qʰ	qʰe:t³¹	别人，	qʰe:u³¹	敲锣
t	tai³¹	死，	ta²¹	过	ʔ	ʔa:u³¹	婆，	ʔe:u⁵⁵	折
tʰ	tʰoi⁵¹	刨子，	tʰe:t³³	油漆	h	hat³³	咸，	haŋ⁵⁵	同意
n	nui²³²	虫，	na:n¹³	肉	pj	pja⁵⁵	雷，	pjen³¹	毛
n̥	n̥a⁵⁵	弓，	n̥a:k³³	睡觉	pʰj	pʰjiu³¹	篓，	pʰjit⁵⁵	批评
l	loŋ⁵⁵	簸箕	la:i³¹	好	mj	mja:n⁵⁵	擦，	mje:ŋ³¹	沟
l̥	l̥u³¹	清，	l̥am⁵⁵	插秧	tj	tjiu³¹	我们，	tje:ŋ⁵¹	项圈
s	suŋ²³²	织布机，	sen²³²	黄牛	tʰj	tʰjiŋ³¹	听，	tʰjit⁵⁵	锄头
ʈ	ʈe³¹	吃，	ʈo:k¹³	手镯	nj	nja³¹	河，	njin²³²	年
ʈʰ	ʈʰa:i⁵⁵	踩，	ʈʰa⁵¹	上山	ŋj	ŋja:n³¹	痒，	ŋjip⁵⁵	钳
ŋ	ŋa²³²	你，	ŋi²¹	二	lj	lja:i³¹	远，	ljoŋ²³²	龙
ŋ̊	ŋ̊a:n⁵⁵	草，	ŋ̊an³¹	野兽	lj	lja:i³¹	想，	lja⁵⁵	儿媳
ç	ça⁵¹	晒，	ça:n³¹	回答	kw	kwui²³²	水牛，	kwiu⁵¹	秤
j	ja:u²³²	我，	jun⁵¹	惊恐	kʰw	kʰwa⁵¹	货，	kʰwen³¹	路

| k | kui⁵⁵ | 溪， | kei⁵¹ | 蛋 | ŋw | ŋweːt¹³ | 月份， | ŋwe¹³ | 瓦 |
| kʰ | kʰaːi⁵¹ | 墙壁， | kʰəp³³ | 蜈蚣 | ŋ̥w | ŋ̥wa³¹ | 狗， | ŋ̥weːt⁵⁵ | 跳蚤 |

（1）声母送气与不送气对立十分突出，除 mj-以外，所有的塞音、塞擦音、鼻音、边音声母都分为送气（清化）与不送气两套。

（2）送气（清化）声母只出现在单数调中，调形与不送气声母存在细微差异。

（3）塞擦音声母 ts-、tsʰ-及腭化音 wj-、tj-声母，只出现在汉借词中，本文不列入音系。

（4）声母 f-在老年人中存在自由变读，由 f-变读为 h-，例如：fan⁵¹ > han⁵¹ "簸"，fen⁵⁵ > hen⁵⁵ "裙子"。

（5）零声母音节前均带有喉塞音成分 ʔ-，后文中 ʔ-均不作标注。

（二）韵母及说明

竹坪话有 59 个韵母，包括：a、e、i、o、u 5 个单元音韵母，54 个复元音韵母。韵母及例词如下：

a	na⁵⁵	脸，	ja⁵⁵	毛巾	eːt	peːt⁵⁵	八，	ŋweːt¹³	月份
ai	nai¹³	母亲，	lai⁵¹	跛子	ek	ɬek²²	值，	lek²²	力气
aːi	qaːi⁵¹	鸡，	saːi⁵⁵	肠子	eːk	pʰeːk⁵⁵	拍，	qʰeːk⁵⁵	客人
au	qau¹³	稻，	sau⁵⁵	醋	i	pʰi³¹	剥，	si⁵¹	细
aːu	qaːu⁵¹	旧，	saːu⁵⁵	暖和	iu	tjiu³¹	我们，	tiu¹³	聪明
am	qam⁵¹	盖子，	nam¹³	水	im	lim²³²	平，	jim⁵⁵	阉割
aːm	qaːm⁵⁵	敢，	laːm²¹	绳子	in	min⁵⁵	席子，	sin²³²	钱
an	pan²³²	磨刀，	tan⁵⁵	穿戴	iŋ	ɬiŋ⁵¹	是，	pjiŋ²³²	瘟疫
aːn	laːn³¹	对面，	saːn³¹	线	ip	ɬip⁵⁵	接，	ɲ.ip⁵⁵	夹
aŋ	paŋ²¹	靠，	naŋ²¹	逃	it	sit⁵⁵	鱼钩，	qit¹³	啃咬
aːŋ	saːŋ³¹	根，	taːŋ²³²	糖	ik	ɬik⁵⁵	烧烤，	tjik¹³	笛子
ap	sap³³	捉，	tap³³	肝	o	po⁵¹	肚脐，	qo²³²	脖子
aːp	laːp⁵⁵	闪电，	taːp¹³	踢	oi	soi⁵⁵	罪恶，	hoi⁵¹	快
at	tat³³	砍，	hat³³	咸	om	tom¹³	水坑，	pom³¹	泡(量)
aːt	pʰaːt⁵⁵	血，	qaːt⁵⁵	割	on	son⁵¹	泥鳅，	ton²³²	圆
ak	njak³³	剁，	ɕak³³	揩	oŋ	poŋ²¹	蚌，	qoŋ³¹	棵
aːk	saːk⁵⁵	舂米，	ɣaːk³³	芋头	op	op⁵⁵	闷热，	kwop⁵⁵	蟑螂
e	je³¹	青蛙，	qhe³¹	别人	ot	sot⁵⁵	吸，	ɬot¹³	头(量)
ei	ɬei²¹	螃蟹，	ɣei²¹	数数	ok	ɬok²³²	山谷，	mok³³	埋
eu	teu²³²	只，	keu⁵¹	双	oːk	ɬoːk¹³	手镯，	qoːk⁵⁵	戊
eːu	ɬeːu⁵⁵	爪，	ʈheːu³¹	写	u	pu⁵⁵	表扬，	ɬu⁵¹	救
em	sem³¹	心，	tem³¹	斗笠	ui	qui⁵⁵	腰，	ɬui²³²	锤子
eːm	leːm⁵¹	硌，	heːm¹³	嚷叫	um	wum³¹	瘦，	tjum³¹	积累

en	men³¹	天，	ȶen³¹	山	un	mun²¹	猴子，	qun⁵¹	先前
eːn	peːn⁵⁵	棺材，	ȶeːn⁵⁵	杯子	uŋ	pjuŋ³¹	狼，	suŋ²³²	织布机
eŋ	ɕeŋ³¹	升（量），	teŋ⁵¹	黑	up	sup³³	遇见，	mup³³	腐朽
eːŋ	peːŋ⁵¹	开枪，	qeːŋ³¹	粥	uːp	tjuːp⁵⁵	冬瓜，	puːp⁵⁵	肺
ep	tjep³³	点，	ɕep²²	十	ut	mut¹³	胡子，	ɕut⁵⁵	吻
eːp	tʰeːp⁵⁵	插，	fep⁵⁵	法术	uk	muk¹³	鼻涕，	tuk⁵⁵	包
et	ȶet³³	小腿，	tʰet³³	七					

（1）单元音韵母 a、e、i、o、u 均为长音，不区分长短，标注长音符号，与 a、e、o、u 元音相对应的短元音，读音近似于 ɐ、ə、ɔ、ʊ。

（2）a 和 e 带韵尾时区分长短。o 仅与塞音韵尾-k、u 仅与塞音韵尾-p 结合时，才存在长短音的对立，但长短音有归并的趋势，声调已趋于一致。-ok、-up 音节中常有长短两读，例如：ljoːk⁵⁵/ljok⁵⁵ "六"，muːp⁵⁵/mup³³ "腐朽"，suːp⁵⁵/sup³³ "遇见"，等等。

（3）有鼻音韵尾-m、-n、-ŋ 和塞音韵尾-p、-t、-k。鼻音韵尾和塞音韵尾保留较好，所有单元音韵母均能与鼻音韵尾、塞音韵尾结合。

（4）元音 ɿ 只与汉借词声母 ts-、tsʰ-、wj-、tj-相拼，本文不列入音系。

（5）元音 e 开口度较大，部分读音中的实际音值接近 æ，二者并不对立。

（三）声调及说明

竹坪话有 10 个声调，与侗水语支的四声八调系统对应。舒声调中的平、上、去都分为两个声调，入声调有四个声调，调值分别与舒声调中的 1、2、3、4 调相同或相近。下面是侗语竹坪话的调类、调值及声调例字。

调类	1	2	3	4	5	6	7	8	9	10
调值	31	232	55	13	51	21	33	22	55	13

声调例字：

第1调	ta³¹	眼睛	ma³¹	菜	pa³¹	大腿	laːu³¹	抠		
第2调	ta²³²	秤砣	ma²³²	舌	pa²³²	耙	laːu²³²	牢		
第3调	ta⁵⁵	山林	ma⁵⁵	云	pa⁵⁵	姑妈	laːu⁵⁵	进		
第4调	ta¹³	一堆	ma¹³	马	pa¹³	汉族	laːu¹³	大		
第5调	ta⁵¹	中间	ma⁵¹	泡米	pa⁵¹	树叶	la⁵¹	破		
第6调	ta²¹	过	ma²¹	嚼	pa²¹	糠	laːi²¹	挑		
第7调	tak³³	胸	mak³³	信物	ɣak³³	湿	lak³³	聋		
第8调	tak²²	雄性	mak²²	墨	ɣak²²	可怜	lek²²	力		
第9调	taːk⁵⁵	钉钉子	maːk⁵⁵	大	ɣaːk⁵⁵	芋头	laːp⁵⁵	闪电		
第10调	taːk¹³	量	maːk¹³	土	ɣaːk¹³	绣	laːp¹³	蜡烛		

（1）促声调长短音配对整齐，长音配9、10调，短音配7、8调。

（2）同一调类送气声母的调形与不送气声母的略有差异，其调头调值比不送气声母的略低。

（四）竹坪话的清音

竹坪话声母中，除鼻音 m、n、ȵ、ŋ 和边音 l 存在与之对应的清化音外，腭化鼻音 nj、腭化边音 lj 和唇化鼻音 ŋw 也存在着与之对应的清化音 n̥j、l̥j、ŋ̊w。一般认为，在侗水语支语言中，清鼻音只在水语、仫佬语、锦话、莫话中出现（梁敏、张均如，1996）。从现有的语料观察，水语、仫佬语、锦话、莫话中并没有发现腭化清边音声母 l̥j，其清化音的数量也没有这么丰富。

	竹坪话	侗语（南）	侗语（北）	水语	锦话	莫话	仫佬语	佯僙话	原始侗台语
黄色	maːn³	maːn³'	man³'	maːn³	ȵ̊aːn³	ȵ̊aːn³	ȵ̊aːn³	ŋaːn³	* m̥-
草	ŋ̊aŋ³	ŋ̊aːŋ³'	ŋ̊aŋ³'	kaŋ¹	ȵ̊iŋ³	ȵ̊iːŋ³	—	—	* ŋ̥-
麻雀	l̥jai³	l̥jai³'	l̥jai³'	nok⁸	le³	le³	nɔk⁸	lja³	* l̥-
弓	n̥a³	n̥a³'	n̥u³'	n̥a³	n̥a⁵	n̥a⁵	n̥a³	n̥a⁵	* n̥-
老鼠	n̥o³	n̥o³	n̥o³	n̥o³	n̥o³	n̥ɔ³	n̥ɔ³	n̥o³	* n̥-
狗	ŋ̊wa¹	ŋwa¹	kwa¹	ma¹	ma¹	ma¹	ŋ̊wa¹	ma¹	* m̥-
猪	ŋ̊u⁵	ŋu⁵	mu⁵'	mu⁵	mɤu⁵	mɤu⁵	mu⁵	mɤu⁵	* m̥-
插秧	lam¹	lam¹	lam¹'	lam¹	djam¹	ʔdam⁶	hɣam¹	ram¹	* ʔdl-

比较竹坪话和侗水语支其他语言①。在侗语内部，竹坪话的清鼻音、清边音在"侗语（南）"（侗语标准音车江话）、"侗语（北）"（侗语北部方言石洞话）中均对应次阴调类的浊鼻音和浊边音。在侗水语支其他语言也存在清鼻音清边音对应浊音的情况。整体上看，竹坪话词汇与莫话、锦话、水语等词汇更为相近或一致，一些词汇与梁敏、张均如（1996）构拟的原始侗台语一致。

	竹坪话	侗语（南）	侗语（北）	水语	锦话	莫话	仫佬语	佯僙话	原始侗台语
菜	ma¹	ma¹	ma¹	ʔma³	ma¹	ma⁶	ma¹	ʔma¹	* ʔm-
明天	mu³	mu³	mo³	ʔmu³	mo³	mu³	mɔ³	mu³	* ʔm
昨天	ȵu¹	ȵuŋ¹	ȵoŋ¹	ʔȵu¹	ȵuŋ¹	ȵuŋ⁶	ȵiu¹	ȵuŋ²	* l̥-
鼻	naŋ¹	naŋ¹	naŋ¹	ʔnaŋ¹	naŋ²	naŋ⁶	naŋ¹	ʔnaŋ¹	* ʔn
虱子	nan¹	nan¹	nən¹	nan²	nan¹	nan²	nan¹	ʔnan¹	* ml-
臭	ȵen¹	ȵən¹	ȵən¹	ȵu¹	ȵau¹	ȵəu¹	ȵin¹	ȵin¹	* ŋ̥-

---

① 本文原始侗台语以及同语支其他语言材料均来自梁敏、张均如（1996）。

再看竹坪话浊鼻音的情况。竹坪话的浊鼻音声母在同语支其他语言中读作前喉塞鼻音。仅有一例"臭"在其他语言中读为清鼻音的现象，"臭"的清音浊化应该是10调声调系统形成才产生的。竹坪话浊鼻音应该源自早期侗台语中的浊鼻音和前喉塞鼻音，而清鼻音是原始就存在的，不是后期产生的。竹坪话中的清鼻音和清边音是早期侗水语的留存。侗水语支语言在内部未分化时，其声母系统有三套鼻音系统：清鼻音、浊鼻音和前喉塞鼻音（梁敏、张均如，1996）。在侗语的演变过程中，前喉塞鼻音转变为浊鼻音留存，清鼻音则保存下来。从三套鼻音的留存情况看，侗语前喉塞鼻音消失的时间应该在长短元音对立消失，4声8调系统分化为10声调系统以前。

侗语的声调发展经历三个阶段。其中，第三阶段是Ⅲ类声母（送气塞音）和Ⅳ类声母（清鼻音、清边音）和与之对应的不送气声母对立消失，产生出送气次调类。竹坪话有10个声调，并未产生送气次调，与仫佬语、莫话、佯僙话、水语的声调系统一致。由此来看，侗语在10声调系统时期，是存在清鼻音和清边音的。随着声母"送气不送气"对立的消失与送气次调的形成，侗语内部的清鼻音和清边音逐步转变为浊鼻音和边音，送气成分消失。

二、语法

（一）构词法

1. 单纯词

竹坪话单纯词占大多数，双音节词较少。单纯词分布于各个词类中。例如：

nja:n³¹	月亮	la:p⁵⁵	闪电	nam¹³	水	pan³¹	竹子
ȵa:ŋ⁵⁵	草	set³³	尾巴	pik¹²	鱼	naŋ²³²	看
nen¹³	闻	ŋam³¹	含	ŋun³¹	扛	hat³³	咸
ta:n³¹	香	la:i³¹	好	ȶa²¹	过	ta⁵¹	中间
ȶen⁵⁵	杯子	qe²³²	叉子	thet³³	漆	sei³¹	蓑衣

双音节单纯词，如：ma⁵⁵ met¹³ "蝴蝶"，kwa:ŋ²¹ ȶiu⁵¹ "辣椒"，lo³¹ lin⁵⁵ "陀螺"，等等。

2. 合成词

竹坪话的合成词分为派生词和复合词。

1) 派生词

派生词由词素加上词缀构成，有两种不同形式。

（1）词缀 + 词根。该类词缀较多，意义并未完全虚化，有的仍然具有较强实词意义。例如：

laːk^{13}（原义"儿子"）：laːk^{13} lja^{55}"儿媳妇"，laːk^{13} pai^{13}"女儿"，laːk^{13} saːu^{13}"女婿"，laːk^{13} k^{h}wan^{31}"孙子"，laːk^{13} kje^{31}"侄子"，laːk^{13} je^{31}"蝌蚪"，laːk^{13} kui^{232}"水牛犊"，laːk^{13} qai^{51}"小鸡"。

maːŋ^{51}（原义"部分、半"）：maːŋ^{51} ȶe^{55}"左边"，maːŋ^{51} fa^{31}"右边"，maːŋ^{51} qun^{51}"前面"，maːŋ^{51} len^{232}"后面"，maːŋ^{51} lan^{31}"对面"，maːŋ^{51} laːi^{232}"背后"，maːŋ^{51} qaːu^{13}"里面"，maːŋ^{51} nuk^{55}"外面"，maːŋ^{51} kje^{31}"旁边"。

ei^{31}（原义"一"）：ei^{31} naːi^{21}"这样"，ei^{31} ta^{51}"那样"，ei^{31} n̥au^{13}"怎样"，ei^{31} n̥au^{13}"怎么"。

^{k}aːu^{55}（原义"头，人头"）：kaːu^{55} ljiŋ^{13}"山顶"，kaːu^{55} njaːn^{31}"月初"，kaːu^{55} ŋwe^{13}"房顶"，kaːu^{55} peu^{31}"山峰"，kaːu^{55} q^{h}in^{31}"胳膊"，kaːu^{55} q^{h}on^{51}"秃子"，kaːu^{55} sa^{31}"肩膀"。

（2）词根 + 词缀。竹坪话中该类派生词较少。例如：

qaːŋ^{21}（用于表示未成年的雌性动物）：n̥u^{51} qaːŋ^{21}"小母猪"，qaːi^{51} qaːŋ^{21}"小母鸡"，ŋ̊wa^{31} qaːŋ^{21}"小母狗"。

tak^{22}（用于表示雄性动物）：sen^{232} tak^{22}"公牛"，mek^{13} tak^{22}"公猫"，ŋ̊wa^{31} tak^{22}"公狗"。

n̥au^{13}（原义"何"）：kje^{31} n̥au^{13}"哪里"，ei^{31} n̥au^{13}"怎样"，ȶak^{22} n̥au^{13}"哪个"。

2）复合词

竹坪话的复合词有以下几种。

（1）偏正式

竹坪话偏正式复合词的修饰成分可以位于中心语的前面，也可以位于中心语的后面。

A. 修饰成分在前。中心成分为名词性，修饰成分为形容词性、名词性或动词性语素，例如：

laːm²¹（绳）：laːm²¹ kwaːŋ³¹ "草绳"，laːm²¹ qan³¹ "麻绳"，laːm²¹ ma¹³ "缰绳"，laːm²¹ tha⁵⁵ "链子"。

mai¹³（树木）：mai¹³ ɣei²³² "梨树"，mai¹³ tui³¹ "李树"，mai¹³ thet³³ "漆树"，mai¹³ xin⁵⁵ "青杠树"，mai¹³ xaːu³¹ "枫树"，mai¹³ qaːu⁵⁵ "桑树"。

ȵam⁵¹（夜晚）：ȵam⁵¹ naːi²¹ "今晚"，ȵam⁵¹ mu⁵⁵ "明晚"，ȵam⁵¹ ȵu³¹ "昨晚"。

qau¹³（水稻）：qau¹³ sam³¹ "早稻"，qau¹³ we³¹ "晚稻"，qau¹³ tja⁵⁵ "糯稻"，qau¹³ ap⁵⁵ "籼稻"，qau¹³ lei³¹ "糙米"。

B. 被修饰成分在后。例如：

ŋ̊u⁵¹（猪）：laːk¹² ŋ̊u⁵¹ "猪崽"，taŋ³¹ ŋ̊u⁵¹ "猪圈"，saŋ³¹ ŋ̊u⁵¹ "养猪"。

maŋ²³²（什么）：tu¹³ maŋ²³² "什么"，we¹³ maŋ²³² "为什么"，we¹³ tu¹³ maŋ²³² "干什么"。

men³¹（天）：nja³¹ men³¹ "天河"，eu³¹ men³¹ "天上"，ma⁵⁵ men³¹ "乌云"。

ʨen²³²（山）：qaːm⁵¹ ʨen²³² "山洞"，tin³¹ ʨen²³² "山脚"，tin³¹ ʨen²³² "山下"，pan⁵¹ ʨen²³² "山腰"。

ɣaːn²³²（房子）：len²³² ɣaːn²³² "屋后"，na⁵⁵ ɣaːn²³² "房前"，nuk⁵⁵ ɣaːn²³² "房屋外边"。

mai¹³（树木）：qa⁵¹ mai¹³ "树干"，saŋ³¹ mai¹³ "树根"，kwen⁵¹ mai¹³

"树墩"，pei²³² mai¹³ "树皮"，sem³¹ mai¹³ "树梢"，pa⁵¹ mai¹³ "树叶"，sem³¹ mai¹³ "树枝"。

　　puː²³² （瓜）：tɕaːu³¹ puː²³² "瓜蔓"，pei¹³ puː²³² "瓜皮"，ȵui²¹ puː²³² "瓜子"，mjai⁵¹ puː²³² "瓜瓢"，po²¹ puː²³² "葫芦"。

（2）并列式

由两个意义相近、地位对等的词根并列合成。例如：

na⁵⁵ naŋ³¹　相貌　　pu¹³ nai¹³　父母　　pui³¹ ma²³²　火苗　　laːk¹³ mja²³²　手指
脸　鼻　　　　　　　父　母　　　　　　火　舌头　　　　　　儿子　手
tjaːi¹³ noŋ¹³　兄弟　　wo¹³ me³¹　认识　　qaːŋ⁵⁵ lei¹³　说话　　we¹³ lei⁵⁵　能干
哥　弟　　　　　　　懂　印记　　　　　　说　话　　　　　　做　赚

（3）动宾式

pʰa³¹ ta³¹　瞎眼睛　　qit⁵⁵ loŋ²³²　肚子痛　　tok⁵⁵ pjen³¹　下雨　　qut⁵⁵ pui³¹　失火
瞎　眼　　　　　　　痛　肚　　　　　　　落　雨　　　　　　　　着　火

（4）主谓式

men³¹ kwaːŋ³¹　天亮　　po⁵¹ mak⁵⁵　勇敢　　nam¹³ laːu²¹　洪水　　pja⁵⁵ mak⁵⁵　霹雷
天　光　　　　　　　胆　大　　　　　　　水　大　　　　　　　雷　大

（二）词类

1. 名词

竹坪话名词可分为普通名词、专有名词、时间名词、方位处所名词。例如：

普通名词：ta³¹ man³¹ "太阳"、to³¹ "门"、men⁵¹ "井"、n̥a⁵⁵ "弓" 等。

专有名词：主要为本地地名，如 tok⁵⁵ pjiŋ²³² "竹坪村"、saːm³¹ loŋ¹³ "三龙村" 等。

时间名词：njin²³² "年"、ŋwet¹³ "月"、man³¹ "日"、man³¹ naːi²¹ "今天"、tot¹³ het³³ "上午" 等。

方位处所名词：eu³¹ ta²¹ "上面"、te⁵⁵ naːi²¹ "下面"、ta⁵⁵ qun⁵¹ "前"、maːŋ⁵¹ laːi²³² "后"、maːŋ⁵¹ qaːu¹³ "里面"、maːŋ⁵¹ nuk⁵⁵ "外面" 等。

（1）名词可以充当主语、宾语和定语。

（2）名词常以重叠形式出现，用于表量，意为"每一"。例如：

1) man³¹ man³¹ tok⁵⁵ pjen³¹
   天　　天　　下　　雨
   天天下雨。

2) ka²¹ laːu²¹ ten⁵¹ ten⁵¹ wum¹³ kʰwaːu⁵⁵
   人　老　餐　餐　喝　酒
   老人餐餐喝酒。

（3）名词单独带量词，表示单说。与数词、指示代词结合，也要加量词。例如：

3) eu³¹ mai¹³ ta⁵¹ me²³² saːm³¹ tu²³² mok²³²
   上　树　那　有　三　只　鸟
   树上有三只鸟。

4) tjiu³¹ saːŋ¹³ teu²³² qaːi⁵¹ sai⁵⁵ ya²³² teu²³² qaːi³¹ mai¹³
   我们　养　只　鸡　公　两　只　鸡　母
   我们养了一只公鸡两只母鸡。

（4）名词没有"性"范畴，部分动物名词前加 laːk¹³，可表小称。如 laːk¹³kui²³² "水牛犊"，laːk¹³qai⁵¹ "小鸡"。后加 qaːŋ²¹、tak²² 可以表示动物的公母。如 qaːi⁵¹qaːŋ²¹ "小母鸡"，sen²³²tak²² "公牛"，meːu¹³tak²² "公猫" 等。

2. 代词

（1）人称代词

人称代词具有单数和复数之分。其中，第一人称复数还分为包括式和排除式。

	单　数	复　数
第一人称	jaːu²³²	taːu³¹（包括式）／tjiu³¹（排除式）
第二人称	ɲa²³²	ɕeu³¹
第三人称	maːu²¹	qʰe³¹

例如：

5) taːu³¹　tiŋ⁵¹　ɲen²³² kui⁵⁵ tu³¹, qʰe³¹　tiŋ⁵¹　ɲen²³² kwaːŋ²³² ɕi³¹
   我们　是　人　贵州　　他们　是　人　广　西
   我们是贵州人，他们是广西人。

其他包括：qaːk⁵⁵"自己"、ɣa²³² taːu³¹"我俩"、feːn⁵¹ taːu³¹"大家"、qʰe³¹"别人"等。

（2）指示代词

指示代词分近指和中远指两种，近指 kaːi²¹/naːi²¹"这"，中远指 ʈa⁵¹"那"。例如：

6) tu²³² ȵen²³² naːi²¹ ʈiŋ⁵¹ tjaːi¹³ jeu²³², tu²³² ȵen²³² ʈa⁵¹ qai⁵⁵ tjaːŋ⁵⁵
   个 人　　这　　是　兄 我　　个 人　　那　不 是
   tjaːi¹³ jeu²³²
   兄　　我
   这个人是我哥，那个人不是我哥。

指示代词还可与其他语素构成复合指示代词。其他常用复合指示代词包括，表方位处所：kje³¹ naːi²¹"这边"、kje³¹ ljaːi²¹"这里"、maːŋ⁵¹ ʈa⁵¹"那边"、kje³¹ ʈa⁵¹"那里"；表个体集体：man³¹ naːi²¹"这些"、man³¹ ʈa⁵¹"那些"等。

（3）疑问代词

疑问代词可以按语义分为9类。如问人 ȵu²³²"谁"、问事物 tu²¹ maːŋ²³²"什么"、问处所 kje³¹ ȵau¹³"哪里"、问选择 tak²² ȵau¹³"哪个"、问方式 ei³¹ ȵau¹³"怎么"、问时间 ɕi²³² ȵeu⁵¹"什么时间"、问数量 ȵau¹³ kuŋ²³²"多少"、问程度 kuŋ²³²"多"以及问原因 we¹³ maːŋ²³²"为什么"等。例如：

7) we¹³ maːŋ²³² kwe²³² tai²³² saːn⁵¹
   怎么　　　 不　 带　 伞
   怎么不带伞？

8) paːi³¹ ɕiŋ²³² ei³¹ ȵeu³¹ ɣaːi⁵⁵
   去　 城　 有　 多　 远
   到城里有多远？

3. 数词

（1）基数词和序数词

竹坪话的一至十基本上借用自汉语，见后附词表。peːk⁵⁵"百"、tʰin³¹"千"、weːn²¹"万"也借自汉语。

基数词中"一"和"二"有多种形式，用法有别。"一"在单位数和多位数的头数中使用 ei²¹。例如：ei³¹ pe:k⁵⁵ "一百"、ei³³ tʰin³¹ "一千"。多位数的尾数使用 et³³。例如：ɕep²² et³³ "十一"。"二"在单位数和三位数及以上的头数中使用 ɣa²³²。例如：ɣa²³² tʰin³¹ sa:m³¹ "二千三"。两位数的头数和多位数的尾数均使用 n̠i²¹。例如：n̠i²¹ ɕep²² sa:m³¹ "二十三"，sa:m³¹ ɕep²² n̠i²¹ "三十二"，sei⁵¹ tʰin³¹ ei³¹ pe:k⁵⁵ n̠i²¹ "四千一百二十"。

在两位数的基数词中，"十"可以省略不读，例如：n̠i²¹ ɕep²² sa:m³¹ / n̠i²¹ sa:m³¹ "二十三"。

序数词借用汉语"第 + 基数"来表示，其中"第"为借汉音。例如：tei²¹ et³³ "第一"、tei²¹ n̠i²¹ "第二"、tei²¹ ɕep²² et³³ "第十一"。

序数词用 et³³ "一"和 n̠i²¹ "二"，不用 ei²¹ "一"和 ɣa²³² "二"。在位数词前"一"可以省略。例如：pek⁵⁵ n̠i²¹ "一百二"。同时，和量词结合时，"一"也可以省略。例如：

9) naŋ³¹ teu²³² ŋ̊wa³¹ tak²² e:ŋ⁵¹ teu²³² ŋ̊wa³¹ mai¹³
   还   只   狗   公   和   只   狗   母

   还有一只公狗和一只母狗。

(2) 约数、倍数

常用约数词有：ha:u⁵⁵ nat³³ "个把"、qoi³¹ "些"、mjiŋ²³² teu²³² "几个"、tjet²² tji¹³ "点儿"等。也可采用邻近数词表示约数，例如 sa:m³¹ sei⁵¹ njin²³² "三四年"、ŋo¹³ ljok²² teu²³² "五六只"等。

在数词和量词间插入 ta²¹ "多"，表示有余量。例如：

10) me²³² sa:m³¹ ɕi⁵¹ ta²¹ lji²¹ kʰwen³¹
    有   三   十   多   里   路

    有三十多里路。

另外，也可借用汉语 ku²¹ ʈi⁵⁵ "估计"来表示约数。例如：

11) ei³¹ njin²³² ku²¹ ʈi⁵⁵ lei⁵⁵ ɕep²² ta²¹ we:n²¹
    一   年   估 计 得   十   多   万

    一年大概能挣十多万。

倍数词为借用汉语"pen²¹ 份"。例如：

12) ɕi⁵¹ ŋo¹³ ʈiŋ⁵¹ ŋo¹³ ti³³ sa:m³¹ pen²¹
    十五   是   五   的   三   份

十五是五的三倍。

4. 量词

（1）可分为名量词和动量词两类。名量词在名词前，动量词在动词后。常与数词组合，构成数量关系词组。如 sa:ŋ³¹ tu²³² mok²³² "三只鸟"、ɣa²³² teu²³² qa:i³¹ mai¹³ "两只母鸡" 等。

常见名量词有：muŋ¹³ "个"、teu²³² "匹"、teu²³² "只"、teu²³² "床"、ṭa:ŋ³¹ "张"、teu²¹ "双/对"、nat³³ "把"、pa²¹ "面"、khwa:i²¹ "块"、qa⁵¹ "辆"、tak²²/pu²¹ "座"、tjiu²³² "条"、qoŋ³¹ "棵"、nat³³ "颗"、hu³¹ "剂"、kui⁵⁵ "行"、ha:ŋ²³² "件"、to¹³ "毛"、ka:p¹³ "阵" 等。

常见动量词有：ṭek²² "趟"、tem⁵¹ "顿"、ha⁵⁵ "下"、ta:u⁵¹ "次"、çon²¹ "遍"、ep³³ "口"、tin³¹ "脚" 等。

（2）量词可以重叠表示"全部""所有"。例如：

13）ma:u²¹ çu²¹ çon²¹ çon²¹ lei⁵⁵ kwe³¹ ṭe³¹
　　他　都　次　次　有　西瓜　吃
他每次都有西瓜吃。

14）puk²² lje⁵⁵ na:i²¹ tu²³² tu²³² tu²¹ hen²¹ pui²³²
　　群　羊　这　只　只　都　很　肥
这群羊只只都很肥。

（3）量词可以单独作主语或宾语，量词为中心的修饰词组也可以作主语或宾语。例如：

15）ɣa²³² la:k¹³ qe¹³，ei³¹ muŋ¹³ pui²³² ei³¹ muŋ¹³ wum³¹
　　两　小孩　　一　个　胖　一　个　瘦
两小孩，一个胖一个瘦。

16）ṭak²² na:i²¹ la:i³¹，ṭak²² ṭa⁵¹ qai⁵⁵ la:i³¹
　　个　这　好　　个　那　不　好
这个好，那个不好。

5. 动词

动词形态不发达，只存在部分具有语法意义的后缀。

（1）表示动作过程的"体"和"貌"，由动词加上后缀构成，后缀为实体助词，虚化程度不一。

完成体：动词后加 jaːŋ¹³（原义为"完成"）表示动作完成，一般出现在句末，例如：

17）le²³² jeu²³² qa²¹ naŋ²³² ljeu¹³ jaːŋ¹³
书 我 已经 看 完（体标记）
书我已经看完了。

18）maːu²¹ tai²³² man²³² ta⁵¹ lon³¹ ʈuk⁵⁵ njiŋ³¹ ɕu²¹ qaːk⁵⁵ ʈe³¹ jaːŋ¹³
他 拿 红薯 那 乱 洗 一些 就 自己 吃（体标记）
他把红薯随便洗洗就吃了。

曾行体：由 ta²¹ "过"虚化后附于动词之后构成，也可省略。例如：

19）jeu²³² thiŋ⁵¹ ta²¹ ɕaːu²¹ lji²¹ to⁵⁵ mjiŋ²³² ɕon²¹ qa³¹
我 听（体标记）小 李 唱 几 次 歌
我听过几次小李唱歌。

20）maːu²¹ paːi³¹ kwaːŋ²³² ɕi³¹ saːm³¹ ɕon²¹
他 去 广西 三 次
他去过广西三次。

进行体：采用 ɕi²³² naːi²¹ "现在"表示正在进行的动作状态。例如：

21）tjiu³¹ ɕi²³² naːi²¹ sak³³ quk⁵⁵ ɕen³¹
我（体标记） 洗 衣 服
我在洗衣服。

短时体：用 kep³³ "刚刚"，或动词的重叠表示动作的短暂持续。

22）tjiu³¹ kep⁵⁵ ʈe³¹ qau¹³, ju²¹ lei⁵⁵ qheːk⁵⁵ taŋ⁵¹
我（体标记）吃 饭 就 有 客人 到
我才开始吃饭，客人就来了。

23）ka⁵⁵ tjiu³¹ ha⁵⁵ ha⁵⁵, tjiu³¹ sak³³ sak³³ quk⁵⁵ ɕen³¹
等 我 下 下 我 洗 洗 衣服
等我一下，我洗洗衣服。

（2）趋向动词和部分表示动作行为的单音节动词可以重叠，表示动作的反复和动量的增减，例如：naŋ²³² naŋ²³² "看看"、nen¹³ nen¹³ "闻闻"等。也可以由具有反义的两个单音节动词构成 AABB、ABAC 等四音格结构，表示动作的反复、频繁，例如：

pjiu³¹ paːn²³² pjiu³¹ tɕen²³²   laːu⁵⁵ laːu⁵⁵ uk⁵⁵ uk⁵⁵
跳   来   跳   去   进   进   出   出
蹦蹦跳跳   进进出出

6. 形容词

（1）形容词可以叠加使用。例如：

24）tui³¹ pjiŋ³¹ naːi²¹ kʰwaːi³¹ kʰwaːi³¹ ti³¹
    果   梨   这   甜   甜   的
    这个梨子甜甜的。

（2）形容词直接修饰名词时，形容词放在名词后面。例如：

25）tjaːi¹³ mjik⁵⁵ jeu²³² me²³² ya²³² teu²¹ haːi²⁴ xa⁵⁵ m̥ai⁵¹
    姐姐   我   有   两   双   鞋   布   新
    我姐姐有两双新布鞋。

（3）形容词生动形式在竹坪侗语中较为常见。大部分的形容词都有固定的后附成分，用来描摹或表示程度加深。后附成分可以是叠加的单音节，成分叠加后表示性状、程度、色彩的加深或加强。主要结构有 AB 式、ABB 式等。例如：paːk¹³ siŋ²¹ siŋ²¹ "白生生"、taːŋ³¹ ŋ̊weːŋ³¹ ŋ̊weːŋ⁵¹ "香喷喷"。

（4）采用词汇手段表示形容词的"级"，比较级通过比较句式来体现。最高级可以用比较句式＋汉语程度副词来表达，也可以只使用程度副词表达。例如：

26）jeu²³² pji²¹ n̥a²³² pʰaːŋ³¹, maːu²¹ pji²¹ jeu²³² eŋ⁵¹ pʰaːŋ³¹
    我   比   你   高   他   比   我   更   高
    我比你高，他比我更高。

27）saːm³¹ tjiu³¹ maːu²¹ jaːŋ⁵¹ pʰaːŋ³¹
    三   我们   他   最   高
    我们三个他最高。

7. 副词

副词可以后置作补语，也可以出现在动词、形容词前，起到限定、修饰和补充作用。副词可分为以下几类：

程度副词：hen²¹ "很"、jaːŋ⁵¹ "非常、最"、eŋ⁵¹ "更"、tʰaːi⁵⁵ "太"、kuŋ²³² "极"。

范围副词：ɕit⁵⁵"都"、sei¹³ toŋ²³²"一起"、we¹³ la:u⁵⁵"一共"、hap³³"只"、pu²¹"也"、kuŋ²³²"多"、toŋ⁵⁵ ja:ŋ²¹"大概"。

时间副词：kep³³"刚、刚才"、ɕu²¹"就"、pem⁵⁵"经常"、hoi⁵¹ lji²³²"赶快"、ɕu²¹ naŋ¹³"马上"。

频率副词：naŋ²¹"还"、ju²¹"又"、eŋ⁵¹"再"。

否定副词：qai⁵⁵"不"、kwe²³²"没有"、pui¹³"别"。

语气副词：po:k⁵⁵ ʈo:k⁵⁵"忽然"、toŋ⁵⁵ ko⁵⁵"好像"、toŋ⁵⁵ ta:ŋ²¹"可能"、lon⁵⁵ lon²¹"随便"、ɕiu⁵⁵ njiŋ⁵⁵ tjiŋ¹³"差点儿"。

8. 介词

介词多借用汉语，主要由动词虚化而来。常见的有，表处所 na:u²¹"在"、tʰau⁵¹"到"；表方向 qe⁵⁵"从"、sui²³²"往"；表比较 pji²²¹"比"；表对象 qai⁵¹"跟"、toŋ²³²"和"；表施事受事 pʰje⁵¹"给、让"；表方式 tai²³²"拿"。例如：

28) ma:u²¹ hen²¹ ɕa:ŋ⁵¹ ta:i⁵¹ pu¹³ nai¹³ pa:i³¹ kui⁵⁵ ja:ŋ¹³
    他   很   想   带   父 母 去   贵   阳
    他很想带父母去贵阳。

29) sa¹³ pʰje⁵¹ ma:u²¹ pa:i³¹ ʈuk⁵⁵ pa:t⁵⁵
    奶   让   他   去   洗   碗
    奶奶让他去洗碗。

9. 连词

常见的有 khwen³¹"和"、ɕu²¹"就"、qai⁵⁵...ɕu²¹"一……就……"、jen⁵⁵ jui²¹...ʈa⁵¹ hap³³"因为……所以……"、ei³¹ we³¹...ei³¹"越……越……"等。例如：

30) ma:u²¹ pje:n⁵⁵ pa:i³¹ pje:n⁵⁵ tha:ŋ³¹
    他   边   去   边   唱
    他边走边唱。

31) nu⁵¹ eŋ⁵¹ sui²³² pjin³¹ nja³¹ tha:m⁵⁵ ɕu²¹ ja:ŋ⁵¹ qoi²³²
    看   再   沿   边   河   走   就   更   绕
    如果沿着河边走就更绕了。

10. 助词

结构助词 ti³¹"的"、lei⁵⁵"得"均借用自汉语，用法也与汉语结构助词的用法相似，"得"由动词 lei⁵⁵ "得到"兼用。例如：

32) ȶiŋ⁵¹ maːu²¹ to⁵⁵ ti³¹ ȵen²³²
　　是　他　打　的　人
　　是他打的人。

33) taŋ⁵⁵ qa²³² ȶa⁵¹ ȶe³¹ qai⁵⁵ lei⁵⁵
　　种　菌　那　吃　不　得
　　那种菌子吃不得。

常见语气助词有表陈述的 jaːŋ¹³ "了"，表疑问的 ni²³² "呢"、ɣaːŋ¹³ qai²¹ "了吗"，表祈求感叹的 la²¹ "啦"，等等。例如：

34) qa¹³ ɣaːŋ²³² kʰwaːu⁵⁵ pu²¹ kwe²³² lei⁵⁵, naːŋ¹³ pu²¹ kwe²³² lei⁵⁵ jaːŋ¹³
　　里　家　　酒　　也　没　　有，　肉　也　没　　有　了
　　家里酒没有了，肉也没有了。

35) tuːp⁵⁵ tuːp⁵⁵ taːt⁵⁵ taːt⁵⁵ toːk⁵⁵ pjen³¹ la²¹
　　滴　　滴　　答　　答　　下　　雨　啦
　　滴滴答答下雨啦！

(三) 语序

竹坪话的基本语序与侗台语其他语言相同，句子分语序为：主—谓和主—谓—宾，定语和状语有中心语前置和后置两种，视情况而定。

1. 名词、量词修饰成分位置

形容词定语常置于名词中心语之后。例如：

36) tjaːi¹³ wum³¹ nuŋ¹³ pui²³²
　　哥　　瘦　　弟　　胖
　　哥哥瘦弟弟胖。

领属定语修饰名词中心语也置于中心语之后。例如：

37) le²³² ȵa²³² ȵaːu²¹ qa²¹ naːi²¹, le²³² tʰu¹³ su²³² kon²¹ ȵaːu²¹ qa²¹ ȶa⁵¹
　　书　你　在　里　这　　书　图书馆　　在　里　那
　　你的书在这里，图书馆的书在那里。

指示代词可直接限定名词，位置在后。一般要和量词结合修饰名词，顺序为："量词+名词+指示代词"。例如：

38）tu²³² ŋ̍u⁵¹ naːi²¹ pui²³² kuŋ²³²
　　头　猪　这　肥　多
　　这头猪好肥。

数量结构出现在名词中心语前，顺序为"数量+名词+形容词"。例如：

39）jeu²³² me²³² saːm³¹ teu²³² tɕʰeːn²³²pji¹³ m̥ai⁵¹
　　我　有　三　支　　铅笔　新
　　我有三支新铅笔。

当数量结构与形容词定语同时出现时，顺序为"数量词+名词+定语"。例如：

40）ɣa²³² toŋ²³² mai¹³ laːu¹³ naːi²¹
　　两　根　木头　大　这
　　这两根大木头。

2. 双宾语句的语序

当直接宾语和间接宾语同时出现时，一般直接宾语在前，间接宾语在后。例如：

41）n̥u²³² pe³¹ tɕoŋ⁵⁵ waːŋ²³² ti³¹ to⁵⁵ n̥a²³²
　　谁　卖　种　　玉米　　给　你
　　谁卖玉米种子给你？

42）jeu²³² pʰje⁵¹ sin²³² sai³¹ maːu²¹
　　我　给　钱　给　他
　　我给他钱。

3. 比较句的语序

比较句可以采用在比较者之间加形容词的方式，也可以采用在比较者之间加入汉借词 pji²¹ "比"的方式。例如：

43）pik¹³ n̥a³¹ pji²¹ pik¹³ tam³¹ laːi³¹ tɕe³¹
　　鱼　河　比　鱼　塘　好　吃
　　河里的鱼比塘里的鱼好吃。

44）tjaːi¹³ laːu¹³ nuŋ¹³ ɣa²³² njin²³²
　　哥哥　大　弟弟　两　年
　　哥哥大弟弟两岁。

4. 正反问句的语序

正反问句常用 kwe²³² "不"，来表示正反问和反复问。主要采用肯定加否定的格式来表达。例如：

45) jeu²³² naŋ²³² naŋ²³² le²³² ŋa²³² laːi³¹ kwe²³²
　　我　看　看　书　你　好　不
　　我看看你的书好不好？

46) man³¹ mu⁵⁵ kaːn²¹ kji²¹ paːi³¹ kwe²³² paːi³¹
　　天　明　赶　集　去　不　去
　　明天赶集去不去？

（四）句类

根据语气，竹坪话可分为陈述句、疑问句、祈使句和感叹句。例如：

(1) 陈述句

47) qau¹³ tja⁵⁵ naːi²¹ taːŋ³¹ taŋ²³² taːi²¹
　　米糯　这　香　全　寨
　　糯米饭香了整个村子。

(2) 疑问句

48) ŋa²³² çoːk⁵⁵ tɛ³¹ tui³¹ ei³¹ ti²¹ çoːk⁵⁵ tui³¹ paːn³¹ ni²³²
　　你　喜欢　吃果　李　还是　喜欢　果　梨　呢
　　你喜欢吃李子还是桃子呢？

(3) 祈使句

49) man³¹ naːi²¹ paːi³¹ kaːn²¹ taːŋ²¹ pa²¹
　　天　今　去　赶　场　吧
　　今天去赶集吧！

(4) 感叹句

50) ji²³², pik²³² naːi²¹ tau²¹ meːu¹³ au³¹ paːi³¹ la²¹
　　哎呀　鱼　这　被　猫　拿　去　啦
　　哎呀，鱼被猫叼走啦！

四、侗语竹坪话基本词表[①]

太阳	ta³¹ man³¹	**头发**	pjam³¹ ti⁵¹	**躺**	nun²³²		
月亮	njaːn³¹	**辫子**	pja³¹	**挖**	te⁵¹		
星	ȶet³³	**额头**	ta⁵¹ pjaːk⁵⁵	**洗**	ȶuk³³		
云	ma¹³	**相貌**	na⁵⁵ naŋ³¹	**醒**	ljʰo³¹		
风	lem²³²	**脸**	na⁵⁵	**笑**	ko³¹		
闪电	laːp⁵⁵	**眼**	ta³¹	**转**	ȶon²¹, mjet³³		
雷	pja⁵⁵	**耳**	kha³¹	**想**	ljaŋ²³¹		
雨	pjen³¹	**鼻**	naŋ³¹	**忘记**	laːm²³² ljeu¹³		
雪	nui³¹	**嘴**	ep³³	**怕**	xaːu⁵⁵		
冰	qeu⁵¹	**口水**	ŋwe²³²	**相信**	sen⁵¹		
霜	me³¹	**舌头**	ma²³²	**高兴**	laːi³¹ saːi⁵⁵		
雾	mun²³²	**牙齿**	pjan³¹	**生气**	tʰi³¹ loŋ²³²		
晴	khaːŋ³¹	**脖子**	qo²³²	**是**	ȶiŋ⁵¹		
阴	wum⁵¹	**手**	mja²³²	**在**	ɳaːu²¹		
旱	liŋ¹³	**腿**	pa³¹	**知道**	wo¹³		
涝	laːu²¹	**脚**	tin³¹	**行**	ȶun²¹		
天	men³¹	**膝盖**	qem²¹ kwaːu⁵¹	**肯**	haːŋ⁵⁵		
结冰	qeu³¹ qu⁵¹	**背**	laːi²³²	**可以**	we²¹ lei⁵⁵		
田	ɣa⁵¹	**肚子**	teu²¹	**说**	qaːŋ⁵⁵		
路	khwen³¹	**乳房**	ɳo¹³	**话**	lei¹³		
山	ȶen²³²	**阴茎**	tjiu⁵⁵	**估计**	qu²¹ ta⁵¹		
河	nja³¹	**女阴**	pat³³	**要**	jiu⁵¹		
溪	kui⁵⁵	**心**	sem³¹	**允许**	saːi³¹		
湖	fu¹³	**肺**	puːp⁵⁵	**答应**	haːŋ⁵⁵ ljen²¹		
洪水	nam¹³ laːu²¹	**肝**	teːp⁵⁵	**大**	laːu¹³		
地	tei²¹	**胆**	po⁵¹	**小**	njiŋ⁵⁵		
海	hai⁵⁵	**肠**	saːi⁵⁵	**粗**	tʰo³¹		
石头	tin³¹ pja³¹	**骨**	laːk⁵⁵	**短**	tʰen⁵⁵		
土	maːk¹³	**筋**	ɳen³¹	**长**	ɣaːi⁵⁵		
泥	maːk¹³ weːŋ⁵¹	**血**	pʰaːt⁵⁵	**宽**	khwaːŋ⁵⁵		
沙子	ɕe³¹	**毛**	pjen³¹	**窄**	tʰoːk⁵⁵		
砖	ȶon³¹	**肤**	pei²³²	**高**	pʰaːŋ³¹		
瓦	ŋwe¹³	**肿**	pu⁵¹	**矮**	tʰam⁵¹		
灰尘	pʰuŋ⁵¹	**死**	tai³¹	**远**	ɣaːi⁵⁵		

[①] 核心词用黑体表示。

火	pui³¹	药	ŋem⁵⁵	近	ȶam³¹
烟	kwan²³²	活	xaŋ⁵⁵	深	jam³¹
水	nam¹³	人	ȵen²³²	浅	lim⁵¹
时候	ɕi²³²	男	paːn³¹	圆	ton²³²
何时	ɕi²³² neu⁵¹	女	mjik³³	扁	pje⁵⁵
现在	ɕi²³² naːi²¹	小孩	qe¹³ ȵaːu¹³	方	ljem²¹
一辈子	ei³¹ sam²¹	父母	pu¹³ nai¹³	尖	ɣaːi²¹
白天	pen²¹ man³¹	父	pu¹³	平	lim²³²
夜晚	ȵam⁵¹	母	nai¹³	肥	pui²³²
阴历	ljik¹³ kam³¹	儿子	laːk¹³	瘦	naːu³¹
阳历	ljik¹³ ka¹³	女儿	laːk¹³ pai¹³	黑	nam³¹
上	eu³¹	夫妻	saːu¹³ maːi¹³	白	paːk¹³
下	te⁵⁵	丈夫	saːu¹³	红黄	xa⁵¹
左	ȶe⁵⁵	妻子	maːi¹³	黄	m̥aːn⁵⁵
右	fa³¹	名字	kwaːn³¹ ȵen²³²	蓝	qam⁵¹
前	qun⁵¹	弟兄	tjaːi¹³ noŋ¹³	绿	seu³¹
后	len²³²	哥	tjaːi¹³	多	kuŋ²³²
里	qaːu¹³	弟	noŋ¹³	少	jun⁵⁵
外	nuk³³	干活	we¹³ qoŋ¹³	重	tʰan³¹
来	ma³¹, teːŋ³¹	钉子	tjin³¹	轻	tʰa⁵⁵
去	paːi³¹	绳子	laːm²¹	直	saːŋ²³²
正	laːi³¹	棍子	mai¹³ toːk²²	陡	tiŋ³¹
背	lji¹³	锤子	ȶui²³²	弯	ȶoŋ⁵¹
树	mei¹³	称	kwiu⁵⁵	歪	pʰjit³³
竹子	pan³¹	赶集	kaːn²¹ tʰaːŋ²¹	厚	na³¹
笋	naːŋ²³²	庄稼	sai¹³ mai¹³	薄	maːŋ³¹
叶子	pa⁵¹ mai¹³	种子	ȶoŋ⁵⁵	暖	saːu⁵⁵
花	nuk³³ mai¹³	秧	ka⁵⁵	凉	xim⁵¹
草	ȵaːŋ⁵⁵	唱	to⁵⁵	冷	ljak³³
藤	ȶaːu³¹	玩	we¹³ pjaːn⁵⁵	热	tun³¹
刺	sun³¹	看	naŋ²³²	干	so⁵⁵
水果	tui³¹ tem²¹	听	tʰjiŋ⁵¹	湿	ȵen²¹
稻	mai¹³ qau¹³	闻	nen¹³	脏	wa⁵¹
树干	qa⁵¹ mai¹³	吸	sot³³	干净	siŋ¹³ siŋ²¹
树根	saːŋ³¹ mai¹³	张	qʰa³¹	新	m̥ai⁵¹
树皮	pei²³² mai¹³	闭	ŋap²²	旧	qaːu⁵¹
树枝	qa⁵¹ mai¹³	咬	qit¹³	老	laːu¹³
树林	ta⁵⁵ loŋ³¹	吮吸	sot³³	年轻	ji¹³
核	ȵui²¹	吐	tʰju³¹	软	ma⁵⁵
米	qau¹³	呕	feːn⁵⁵	硬	kwa⁵⁵

瓜	pu²³²	拿	tɕai²³²	破	tʰeu⁵¹
蛇	sui²³²	给	pʰje⁵¹	富	me²³²
老鼠	n̥o⁵⁵	挠	tʰut³³	穷	heu⁵⁵
蝙蝠	qo²³²	掐	tjui⁵¹	好	laːi³¹
鸟儿	moːk¹³	站	tɕen²³²	坏	ja¹³
翅膀	pa⁵¹	蹲	jem³¹	差	tɕʰa³¹
爪子	tɕeu⁵⁵ tin³¹	坐	sui⁵¹	对	ho¹³
尾巴	set³³	跳	pjiu³¹	咸	hat³³
窝	kuŋ³¹ moːk¹³	走	tɕʰaːm⁵⁵	淡	ɲaːm²¹
虫	nui²³²	跑	hui⁵¹	酸	sem⁵⁵
虱子	nan³¹	推	tɕe²¹	甜	khwaːn³¹
鱼	pik¹³	摔	peːk¹³	苦	qam²³²
牛	sen²³²	躲	tɕam²³²	辣	ljaːn²¹
狗	n̂wa³¹	藏	tɕiŋ¹³	满	teːk⁵⁵
鸡	qaːi⁵¹	放	soŋ⁵¹	真	tɕiŋ⁵¹
杀	sa⁵⁵, la⁵¹	插	tɕʰeːp⁵⁵	假	lau¹³
羽毛	pjun³¹ moːk¹³	埋	mok³³	输	tɕʰje¹³
角	kwaːu³¹	砍	taːt⁵⁵	暗	teŋ⁵¹
水牛犊	laːk¹³ kui²³²	剁	njak³³	一	ei³¹
屋	ɣaːn²³²	削	pʰji³¹	二	ɣa²³²
灶	lu¹³ saːu⁵¹	裂	ŋe⁵¹	三	saːm³¹
锅	taːu³¹	腐烂	lui²³²	四	sei⁵¹
柱子	tuŋ²¹	擦	mjaːt⁵⁵	五	ŋo¹³
门	to³¹	倒	pʰoːk⁵⁵	六	ljok²²
井	men⁵¹	扔	ɕan⁵¹, tap²²	七	tʰet³³
走廊	tseu²¹ laːŋ¹³	丢	tau⁵¹	八	peːt⁵⁵
楼梯	kwe⁵⁵	找	sem²¹	九	tɕu⁵⁵
堡坎	paŋ⁵¹ tjip¹³	捡	tɕep³³	十	ɕep²²
桥	tɕiu²³²	提	jen³¹	二十	ɲi²¹ ɕep²²
床	tɕaːŋ²³²	洗	sak³³	百	peːk⁵⁵
枕头	pun³¹	烧	koŋ³¹	千	tʰin³¹
桌子	ɕoŋ²³²	拆	lit¹³	万	weːn²¹
柜子	kui⁵⁵	转	ton²¹	单	taːn⁵¹
凳子	tun⁵¹	捶	tɕoːk⁵⁵	双	keu⁵¹
灯	ten³³	打	to⁵⁵	半	paːn²¹
瓢	mjaːi⁵¹	打架	saːn³¹ tjak³²³	个	muŋ¹³
缸	qaːŋ⁵¹	睡	nak³³	头	teu²³²
锁	pak³³ sa⁵⁵	学	to⁵⁵	条	tjiu²³²
钥匙	ɕi²³² sa⁵⁵	游泳	ŋaːp⁵⁵	棵	qoŋ³¹
刀	mit¹³	浮	muŋ³¹	年	njin²³²

布	mjin^{232}	穿	ȶ^{h}on^{51}	些	qoi^{31}
丝	sei^{31}	吹	ȶ^{h}ui^{51}	趟	ȶek^{22}
线	saːn^{51}	等	ka^{55}	我	jaːu^{232}
衣服	quk^{33} ɕen^{31}	飞	peːn^{55}	你	ȵa^{232}
系	suk^{22}	割	qaːt^{55}	他	maːu^{21}
米饭	qau^{13} ȶoːk^{13}	缝	tjip^{33}	我们	tjiu^{31}
盐	ko^{31}	跪	ȶoːk^{13}	你们	ɕeu^{31}
醋	sau^{55}	滚	kun^{21}	他们	q^{h}e^{31}
茶叶	ȶe^{232}	挤	qan^{13}	这里	kje^{31} ljaːi^{21}
煮	tuŋ^{31}	看见	lei^{55} nu^{51}	那里	kje^{31} ȶa^{51}
煎	ȶ^{h}eu^{55}	烤	p^{h}ja^{31}	哪里	kje^{31} n̥au^{13}
炸	ʦa^{13}	靠	paŋ^{21}	这	naːi^{21}
蒸	m̥ai^{31}	磕	ȶoːk^{13}	这边	kje^{31} naːi^{21}
吃	ȶe^{31}	拉	kaːi^{232} , kaːŋ^{21}	那	ȶa^{51}
喝	wum^{13}	来	taŋ^{51}	什么	tu^{21} maːŋ^{232}
抽	sot^{33}	拦	sak^{33}	不	qai^{55}
饿	ɣaːk^{55}	流	l̥et^{33}	和	khwen^{31}
肉	naːn^{232}	落	toːk^{55}	同	toŋ^{232}
蛋	kei^{51}	买	tjei^{55}	如果	nu^{51} eːŋ^{51}
酒	khwaːu^{55}	摸	mo^{31}	全	ɕit^{33}
头	kaːu^{55}	磨	pan^{232}	你们	ɕeu^{31}

参考文献

[1] 梁敏，张均如，1996. 侗台语族概论［M］. 北京：中国社会科学出版社.

[2] 刘锋，龙耀宏，2004. 中国民族村寨调查丛书 · 侗族 · 贵州黎平县九龙村调查［M］. 昆明：云南大学出版社.

[3] 潘永荣，1990. 平江侗语语音初探——兼与标准音点比较［J］. 贵州民族研究（01）.

[4] 石林，1990. 侗语方言土语的划分应作适当调整［J］. 民族语文（06）.

龙润田　首都师范大学文学院

彝语他留话名量词研究

段秋红

摘　要：他留话的量词分为名量词和动量词，其中的名量词数量多，结构类型复杂，有其独特的语法特点和功能。本文从名量词的角度，对其类别、来源、语法功能三个方面展开分析和探讨。

关键词：他留话；名量词；类别；来源；语法功能

他留话属于汉藏语系藏缅语族彝语支语言，量词比较丰富，在他留话词类系统中担任重要角色。他留话的量词分为名量词和动量词，其中名量词是用来表示人或事物单位的量词，因其来源主要是名词，所以也叫物量词。名量词诸多的语法特点和功能，本文以云南永胜县彝族支他留话的名量词作为主要研究对象，在描写的基础上，从类别、来源、语法功能三个方面进行分析、探讨。

一、他留话名量词的类别

量词是对人或事物的动作、形状、性质等进行计算的单位。在他留话中，量词的丰富性是其突出的语言特色。名量词是人和事物的计量单位，通过量词在语义表现和使用上的差别，将他留话的名量词分为个体量词、集体量词、度量词、时间量词、不定量词和兼用量词。

（一）个体量词

个体量词计量事物时与事物的类别紧密相关，性质和形状不同的事物需要用不同的量词与之相组合。在他留话中，这类量词数量最多，它是他留人对自然社会感知、分类的结果。

1. 表示事物形状的量词，根据事物形状的不同，细分为以下几个小类。例如：

(1) bʋ³³ "棵" "株" "杆" 等，例如：

ɔ⁵⁵ nɔ⁵⁵ ʂu³¹ tshɿ³¹ bʋ³³ 一棵玉米　　　khu³¹ sy⁵⁵ tshɿ³¹ bʋ³³ 一棵葱
玉米　　一　棵　　　　　　　　　葱　　一　棵

tiɛn⁵⁵ ɕaŋ⁵⁵ kan³³ tshɿ³¹ bʋ³³ 一杆电线杆　　zɿ³¹ tshɿ³¹ bʋ³³ 一株秧苗
电 线 杆 一 杆　　　　　　　　　秧苗　一　株

(2) tʂo³³ "根" "条"，例如：

dzo³¹ ʂu⁵⁵ tshɿ³¹ tʂo³³ 一条腰带　　　tʂu³³ pɔ³³ tshɿ³¹ tʂo³³ 一根绳子
腰带　一　条　　　　　　　　　　绳子　一　根

dzɿ³¹ tshɿ³¹ tʂo³³ 一根麻（线）　　　mɔ⁵⁵ tshɿ³¹ tʂo³³ 一条布（条形）
麻　一　根　　　　　　　　　　　布　一　条

(3) dzo³¹ "片" "张" "块" 表示平面，例如：

thɔ³¹ zɿ³¹ tshɿ³¹ dzo³¹ 一张纸　　　pu³³ nie³³ tshɿ³¹ dzo³¹ 一片尿布
纸　一　张　　　　　　　　　　　尿布　一　片

ti⁵⁵ thu³¹ tshɿ³¹ dzo³¹ 一张地图　　ɕe³¹ tiɛn⁵⁵ tshɿ³¹ dzo³¹ 一块鞋垫
地图　一　张　　　　　　　　　　鞋垫　一　块

而对于那些质地比较坚硬的平面，则用 phjɔ⁵⁵ "片" "面" "块"，如：

xɯ⁵⁵ bja³¹ tshɿ³¹ phjɔ⁵⁵ 一面铜锣　　ŋuɔ³¹ tshɿ³¹ phjɔ⁵⁵ 一片瓦
铜锣　一　面　　　　　　　　　　瓦　一　片

po³³ li³¹ tshɿ³¹ phjɔ⁵⁵ 一块玻璃　　xɯ⁵⁵ tshɿ³¹ phjɔ⁵⁵ 一片铁（片）
玻璃　一　块　　　　　　　　　　铁　一　片

(4) pɔ³¹ "把"，大部分指工具类物体，例如：

my³¹ tsho³³ tshɿ³¹ pɔ³¹ 一把镰刀　　ɔ³¹ gɯ⁵⁵ tshɿ³¹ pɔ³¹ 一把锄头
镰刀　一　把　　　　　　　　　　锄头　一　把

ɔ⁵⁵ thu³¹ tshɿ³¹ pɔ³¹ 一把刀　　　dzɿ³¹ tɔ⁵⁵ tshɿ³¹ pɔ³¹ 一把剪刀
刀　一　把　　　　　　　　　　　剪刀　一　把

my⁵⁵ suə³³ tshɿ³¹ pɔ³¹ 一把扫帚　　tsɿ³¹ tha³³ tshɿ³¹ pɔ³¹ 一把吉他
扫帚　一　把　　　　　　　　　　吉他　一　把

(5) tsʅə³¹ "段""截""节"等，例如：

du³¹ dʐu⁵⁵ tshʅ³¹ tsʅə³¹ 一段路　　　　　sʅə³³ du⁵⁵ tshʅ³¹ tsʅə³¹ 一截木头
路　　一　　段　　　　　　　　木头　　一　　截

mu⁵⁵ du⁵⁵ tshʅ³¹ tsʅə³¹ 一节竹子　　　　xu³¹ to³³ tshʅ³¹ tsʅə³¹ 一节骨头
竹子　　一　　节　　　　　　　骨头　　一　　节

(6) tɕho³³ "件""床""条"，主要用于衣物。例如：

phjɔ⁵⁵ tshʅ³¹ tshʅ³¹ tɕho³³ 一件衣服　　　lu³¹ tshʅ³¹ tshʅ³¹ tɕho³³ 一条裤子
衣服　　一　　件　　　　　　　裤子　　一　　条

lu³¹ bi³¹ tshʅ³¹ tɕho³³ 一床被子　　　　fv³¹ tsho³³ tshʅ³¹ tɕho³³ 一床毯子
被子　　一　　床　　　　　　　毯子　　一　　床

(7) tshʅ⁵⁵ "颗""根""炷""支"，主要表示长条状的物体。例如：

sy³¹ tshʅ³¹ tshʅ⁵⁵ 一颗牙　　　　　　ɔ⁵⁵ dʐu³³ tshʅ³¹ tshʅ⁵⁵ 一根筷子
牙齿　一　颗　　　　　　　　　筷子　　一　　根

la³¹ ĩ⁵⁵ tshʅ³¹ tshʅ⁵⁵ 一根手指　　　　dɔ³¹ dʐʅ³¹ tshʅ³¹ tshʅ⁵⁵ 一根拐杖
手指　一　根　　　　　　　　　拐杖　　一　　根

ɕu⁵⁵ zʅə³³ tshʅ³¹ tshʅ⁵⁵ 一炷香　　　　tɕha³³ phʅ³¹ tshʅ³¹ tshʅ⁵⁵ 一支箭
香（条）一　　炷　　　　　　　箭　　一　　支

此外，tɕo³³ "条""道"，表示长条形且有一定容量的物体。例如：

lɔ⁵⁵ tʂhɔ³¹ tshʅ³¹ tɕo³³ 一条沟　　　　zʅ⁵⁵ bu³¹ tshʅ³¹ tɕo³³ 一道河
沟　　一　　条　　　　　　　　河　　一　　道

lɔ⁵⁵ tɕu³¹ tshʅ³¹ tɕo³³ 一道山谷　　　du³¹ dʐu⁵⁵ tshʅ³¹ tɕo³³ 一条路
山谷　一　　道　　　　　　　　路　　一　　条

(8) tʂɔ³¹ "围""圈""团""筒"，表示圆形、环状的物体。例如：

mi⁵⁵ na³¹ tshʅ³¹ tʂɔ³¹ 一围地（圆形的）　tiɛn⁵⁵ ɕaŋ⁵⁵ tshʅ³¹ tʂɔ³¹ 一圈电线
地　　一　　围　　　　　　　　电线　　一　　圈

mau³¹ ɕaŋ⁵⁵ tshʅ³¹ tʂɔ³¹ 一团毛线　　　tho³¹ zʅ³¹ tshʅ³¹ tʂɔ³¹ 一筒纸
毛线　　一　　团　　　　　　　书　　一　　筒

但是像"轮""丸""孔""盘"只能用通用量词 mu⁵⁵ "个"代替，例如：

xũ³³ bu³³ tshʅ³¹ mu⁵⁵ 一轮月亮　　　　no³³ tshʅ³¹ tshʅ³¹ mu⁵⁵ 一粒药丸
月亮　一　　个　　　　　　　　药　　一　　个

ɣua³¹ ʐau³¹ tshŋ³¹ mu⁵⁵—孔瓦窑　　　　lo³³ tʂɔ⁵⁵ tshŋ³¹ mu⁵⁵—盘石磨
瓦窑　　一　　个　　　　　　　　　　石磨　　一　　个

（9）表示点状的常用量词有 tso³³ "滴""点"，mu⁵⁵ "粒""颗" 例如：

a⁵⁵ dʑa³³ tshŋ³¹ tso³³—滴水　　　　　tshu⁵⁵ tshŋ³¹ tso³³—滴油
水　　一　　滴　　　　　　　　　　　油　　一　　滴

mə³¹ tshŋ³¹ tso³³—点墨　　　　　　　ʐou³¹ tshŋ³¹ tshŋ³¹ tso³³—滴油漆
墨　　一　　点　　　　　　　　　　　油漆　　　一　　滴

tʂhu⁵⁵ phʋ⁵⁵ tshŋ³¹ mu⁵⁵—粒米　　　no³³ phʋ⁵⁵ tshŋ³¹ mu⁵⁵—粒黄豆
米　　一　　粒　　　　　　　　　　　黄豆　　一　　粒

bjø³¹ tshŋ³¹ mu⁵⁵—颗糖　　　　　　　taŋ⁵⁵ tsŋ³¹ tshŋ³¹ mu⁵⁵—颗弹珠
糖　　一　　颗　　　　　　　　　　　弹珠　　一　　颗

2. 通用型量词

（1）mu⁵⁵ 是他留话中表示通用的量词，概括性大，虚化程度较高，相当于汉语的量词"个、只、头、条、张、支、辆、粒、座、顶、口、封"等，例如：

tshɔ⁵⁵ tshŋ³¹ mu⁵⁵—个人　　　　　　ʐa³³ tshŋ³¹ mu⁵⁵—只鸡
人　　一　　个　　　　　　　　　　　鸡　　一　　只

ã⁵⁵ ŋua³¹ tshŋ³¹ mu⁵⁵—头牛　　　　paŋ³¹ tən⁵⁵ tshŋ³¹ mu⁵⁵—条板凳
牛　　一　　头　　　　　　　　　　　板凳　　一　　条

tʂo³¹ tsŋ³³ tshŋ³¹ mu⁵⁵—张桌子　　　pŋ³¹ tshŋ³¹ mu⁵⁵—支笔
桌子　　一　　张　　　　　　　　　　笔　　一　　支

tʂɔ⁵⁵ lʋ³³ tshŋ³¹ mu⁵⁵—辆车　　　　ɔ⁵⁵ nɔ⁵⁵ ʂu⁵⁵ tshŋ³¹ mu⁵⁵—粒苞谷
车　　一　　辆　　　　　　　　　　　苞谷　　一　　粒

by⁵⁵ tu⁵⁵ tshŋ³¹ mu⁵⁵—座山　　　　du³¹ tsŋ⁵⁵ tshŋ³¹ mu⁵⁵—顶帽子
山　　一　　座　　　　　　　　　　　帽子　　一　　顶

xɯ⁵⁵ tʂhuɔ⁵⁵ tshŋ³¹ mu⁵⁵—口铁锅　　ɕin⁵⁵ tshŋ³¹ mu⁵⁵—封信
铁锅　　　一　　口　　　　　　　　　信　　一　　封

（2）dʑi³¹ 一般表示种类，具有很强的抽象性，相当于"样""种""件""句"等。例如：

dʐɔ⁵⁵ kʋ⁵⁵ tshŋ³¹ dʑi³¹—样东西　　　dʐŋ⁵⁵ dzɔ⁵⁵ tshŋ³¹ dʑi³¹—件事情

东西　　一　　样　　　　　　　　事情　　一　　件
ʂʅ³¹ bɯ³³ tshʅ³¹ dʐi³¹ 一种种子（品种）　　ʂu³¹ tshʅ³¹ dʐi³¹ 一种话（语种）
种子　　一　　种　　　　　　　　话　　一　　种

3. 反响型量词

他留话中有直接用被限定的名词或动词作为量词，这种结构的量词叫反响型量词，即全部或部分拷贝中心名词。单音节反响型量词属于全部拷贝，而多音节反响型量词有拷贝第一个音节的，也有拷贝最后一个音节的，其中拷贝最后一个音节的占多数。从数量上看，多音节的反响型量词比较多。如：

（1）整体拷贝反响型量词，单音节名词取其全部音节作为量词。例如：

ȵi⁵⁵ tshʅ³¹ ȵi⁵⁵ 一个房子　　　　　　tsɿə³¹ tshʅ³¹ tsɿə³¹ 一节关节
家　　一　　家　　　　　　　　关节　　一　　关节
tʂʅ⁵⁵ tshʅ³¹ tʂʅ⁵⁵ 一个窝　　　　　　dʋ³³ tshʅ³¹ dʋ³³ 一个印记
窝　　一　　窝　　　　　　　　印　　一　　印

（2）部分拷贝反响型量词，多音节量词取其部分音节作为量词，反响名词最后一个音节的居多，反响名词第一个音节的很少。例如：

by⁵⁵ tu⁵⁵ tshʅ³¹ tu⁵⁵ 一座山　　　　　zʅ⁵⁵ tɕo³³ tshʅ³¹ tɕo³³ 一条沟（水沟）
山　　一　　座　　　　　　　　沟　　一　　条
zʅ⁵⁵ thi³¹ tshʅ³¹ thi³¹ 一个水塘　　　la³¹ v³¹ tshʅ³¹ v³¹ 一只手
水塘　　一　　个　　　　　　　手　　一　　只
sɿə³³ bʋ³³ tshʅ³¹ bʋ³³ 一棵树　　　　nu³¹ dʐʋ³³ tshʅ³¹ dʐʋ³³ 一个耳环
树　　一　　棵　　　　　　　　耳环　　一　　个
mi⁵⁵ na³³ tshʅ³¹ mi⁵⁵ 一块田　　　　xɯ⁵⁵ tʂhuɔ⁵⁵ tshʅ³¹ xɯ⁵⁵ 一口铁锅
田　　一　　块　　　　　　　　铁锅　　一　　铁

从使用频率来看，个体量词是他留话使用频率较高的一类。表示形状和属性的量词多，而反响型和通用型的量词较少。反响型量词是他留话个体量词中最古老的一类，在不需要凸显事物特征时，它更加符合语言使用的经济原则。从认知角度看，它增强了事物的个体性，强化了事物的可数性。但是，反响型量词使用范围有限，它需要与特定的名词搭配。

（二）集体量词

这类量词不多，主要用于表示由两个或两个以上的个体构成的事物的量词，分为定量集体量词和不定量集体量词。定量集体量词只有 tsy³³ "双（鞋子专用）"、dzy³³ "双（筷子专用）"、dzy⁵⁵ "对（主要指小孩）"、ʑo³³ "十三个（糯米粑粑个数专用，类似于汉语的'盒'，一盒糯米粑粑共有十三个）"、sei⁵⁵ "十六个（粑粑个数专用，圆锥矮墩形，类似于汉语的'摞'）"，至于fʋ⁵⁵ "幅（副）"借自汉语，例如：

双数　　　　　　　　　　　　　　单数

tʂʅ⁵⁵ ny̠³³ tʂʅ³¹ tsy³³ 一双鞋　　　tʂʅ⁵⁵ ny̠³³ tʂʅ³¹ bu³¹ 一只鞋
鞋　　　一　双　　　　　　　　　鞋　　　一　只

ɔ⁵⁵ dʐʋ³³ tʂʅ³¹ dzy³³ 一双筷子　　ɔ⁵⁵ dʐʋ³³ tʂʅ³¹ tʂʅ⁵⁵ 一根筷子
筷子　一　双　　　　　　　　　　筷子　一　根

ɔ⁵⁵ di³³ tʂʅ³¹ dzy⁵⁵ 两个小孩　　　ɔ⁵⁵ di³³ tʂʅ³¹ mu⁵⁵ 一个小孩
小孩　一　对　　　　　　　　　　小孩　一　个

dʐa⁵⁵ ʑo³³　tʂʅ³¹ ʑo³³ 一盒糯米粑粑
糯米粑粑　一　盒

ɔ⁵⁵ pjɔ³³ tʂʅ³¹ sei⁵⁵ 一摞粑粑（十六个粑粑算一摞）
粑粑　一　摞

tui⁵⁵ liɔ³¹ ʑi³¹ fʋ⁵⁵ 一副对联
对联　一　副

跟人的身体有关的（如耳朵、眼睛、手、脚）都是成双成对的，但是他留话中没有这一类专用的集体量词，这一类名词"单数""双数"的表达是通过改变数词来实现，量词都用 bu³¹ "只"，例如：

双数　　　　　　　　　　　　　　单数

nu³¹ pʅ⁵⁵ ȵi³¹ bu³¹ 一双耳朵　　　nu³¹ pʅ⁵⁵ tʂʅ³¹ bu³¹ 一只耳朵
耳朵　两　只　　　　　　　　　　耳朵　一　只

mja³³ dʋ³¹ ȵi³¹ bu³¹ 一双眼睛　　　mja³³ dʋ³¹ tʂʅ³¹ bu³¹ 一只眼睛
眼睛　两　只　　　　　　　　　　眼睛　一　只

la³¹ phɛ³³ ȵi³¹ bu³¹ 一双手　　　　la³¹ phɛ³³ tʂʅ³¹ bu³¹ 一只手
手　　两　只　　　　　　　　　　手　　一　只

tʂʅ⁵⁵ v³¹ ȵi³¹ bu³¹ 一双脚　　　　tʂʅ⁵⁵ v³¹ tʂʅ³¹ bu³¹ 一只脚
脚　　两　只　　　　　　　　　　脚　　一　只

他留话在称谓方面也有一套定量集体量词，量词因指称对象的不同而不同，例如：

mu³³lu³¹（用于指称母女或母子的量词）

pu³¹lu³¹（用于指称父子或父女的量词）

pʅ³¹li³¹（用于指称爷爷或者奶奶跟孙子或孙女的量词）

me³¹lɔ³¹（用于指称夫妻的量词）

ȵuɔ⁵⁵（用于指称兄弟、姐妹、兄妹、姐弟的量词）

2. 表示不定量的集体量词，用 dzʊ⁵⁵ "群"、tʂʅ⁵⁵ "窝（指鸟类、鼠类）"、ny³³ "窝（主要指家禽和猪）"、me̠⁵⁵ "撮"、kʊ³¹ "串"、tʂʅə³¹ "捆"、la³¹go³¹ "捧"、pu³³ "包"、ɣɯ⁵⁵ "背"、tʊ³³ "丛"、py⁵⁵ "堆"、tɕa³³ "把（用一只手能抓住颗粒物体的数量）"。

tsʰɔ⁵⁵ tsʰʅ³¹ dzʊ⁵⁵ 一群人　　　　　　bjø³¹ tsʰʅ³¹ tʂʅ⁵⁵ 一窝蜂
人　　一　　群　　　　　　　　　　　　蜂　　一　　窝

u³¹tʂʰy⁵⁵ tsʰʅ³¹ me̠⁵⁵ 一撮头发　　　　 pʰʊ³¹thau³³ tsʰʅ³¹ kʊ³¹ 一串葡萄
头发　　一　　撮　　　　　　　　　　　葡萄　　一　　串

ʂʅ³¹ tsʰʅ³¹ tʂʅə³¹ 一捆草　　　　　　　du⁵⁵ɣu³¹ tsʰʅ³¹ la³¹go³¹ 一捧蕨菜
草　一　捆　　　　　　　　　　　　　　蕨菜　　一　　捧

no³¹ tsʰʅ³¹ pu³³ 一包豆子　　　　　　　sʅə³³tɕɔ³¹ tsʰʅ³¹ ɣɯ⁵⁵ 一背柴
豆子 一 包　　　　　　　　　　　　　　柴　　一　　背

ʐa³³ tsʰʅ³¹ ny³³ 一窝鸡　　　　　　　　mu⁵⁵du⁵⁵ tsʰʅ³¹ tʊ³³ 一丛竹子
鸡　一　窝　　　　　　　　　　　　　　竹子　　一　　丛

sʅə³³tɕɔ³¹ tsʰʅ³¹ py⁵⁵ 一堆柴　　　　　dzʊ⁵⁵ tsʰʅ³¹ tɕa³³ 一把米
柴　　一　　堆　　　　　　　　　　　　米　　一　　把

表示不定量的事物集体事物的量，还可以用容器来表示。例如：

a⁵⁵dʐa³³ tsʰʅ³¹bjɔ⁵⁵ 一瓶水　　　　　dzʊ⁵⁵ tsʰʅ³¹ sʅ³¹ 一碗饭
水　　一　瓶　　　　　　　　　　　　 饭　　一　　碗

tʂhu⁵⁵suɔ³¹ tsʰʅ³¹ tɔ⁵⁵li⁵⁵ 一袋稻谷　　ʂʅ³¹ tsʰʅ³¹ kha³³ dʊ³³ 一篮草
稻谷　　一　　袋子　　　　　　　　　　草　一　篮子

no³³ tsʰʅ³¹ la³¹tʂhuɔ³¹ 一桶豆子　　　　nie³¹suɔ³¹ tsʰʅ³¹ ũmu³³ 一簸箕土豆
豆子 一 桶　　　　　　　　　　　　　　土豆　　一　　簸箕

(三) 度量词

度量词包括重量单位、长度单位、货币单位等。有本民族固有的，也有借自汉语的。根据表达度量的精准与否，又分为标准度量词和非标准度量词。他留话没有复合量词，如汉语中的"架次""人次"等。例如：

1. 标准度量词

重量单位：

tsʅ³¹ tsʅ⁵⁵ 一斤　　　　　　　tsʅ³¹ lu³¹ 一两
一　　斤　　　　　　　　　　一　　两

ʐi⁵⁵ koŋ³³ tɕe³³ 一千克　　　　ʐi⁵⁵ tən³³ 一吨
一　　千克　　　　　　　　　一　　吨

长度单位：

mŋ³³ 米　　tʂʅ³¹ 尺　　tshən⁵⁵ 寸　　tʂaŋ⁵⁵ 丈　　koŋ³³ li³³ 千米

货币单位：

dʐo³¹ 元　　tʋ⁵⁵ 角　　li³¹ 分

2. 他留人本民族使用的非标准度量词。例如：

tsʅ³¹ bo³³ 一庹（成人两臂左右伸直的长度）

tsʅ³¹ thy⁵⁵ 一拃［张开大拇指和中指（或小指）两端的距离］

tsʅ³¹ tɕa³³ 一把（单只手掌能抓住颗粒的量）

tsʅ³¹ tho³¹ 一步（单脚向前一步的距离）

tsʅ³¹ tshʋ³³ 一撮（拇指肚、食指肚和中指肚捏拢能抓起的粉末状物体的量）

tsʅ³¹ dzʋ³³ 一集（十根线左右为一集）

(四) 时间量词

时间量词是计算时间的单位，固有词居多，借词较少。例如：

tsʅ³¹ dzuɔ⁵⁵ 一生　　　　ʐi³¹ tɛ⁵⁵ 一代　　　　tsʅ³¹ ȵi³³ 一天
一　　生　　　　　　　一　　代　　　　　　一　　天

tsʅ³¹ ȵa³¹ 一夜　　　　　tsʅ³¹ xũ³³ 一月　　　　tsʅ³¹ kho³¹ 一年
一　　晚　　　　　　　一　　月　　　　　　一　　年

tsʅ³¹ ʂu⁵⁵ 一季　　　　　ʐi³¹ pei⁵⁵ 一辈　　　　tsʅ³¹ dzu⁵⁵ 一轮（十
　　　　　　　　　　　　　　　　　　　　　　　　二个月）
一　　季　　　　　　　一　　辈　　　　　　一　　轮

此外，具体的时间点（小时、分、秒）、星期都用汉语借词，形式完全跟汉语一样。例如：

ʑi⁵⁵ɕiau³³ ʂʅ³¹一小时　　　　　ʑi⁵⁵fən³³tʂoŋ³³一分钟

ʑi⁵⁵miau³³一秒　　　　　　　ʑi⁵⁵ɕiŋ³³tshʅ³³一星期

（五）不定量词

不定量词主要表示数量的不确定性。例如：

ɔ⁵⁵tsʅ⁵⁵一些　　　mja³³tshʅ³¹li⁵⁵zu³¹一小点　　ɔ⁵⁵tsʅ⁵⁵zu³¹一点儿

（六）兼用量词

兼用量词是指除了充当量词还兼其他词类的量词，兼用量词尚未完全虚化。能作兼用量词的词可以是名词，也可以是动词、形容词。例如：

1. kha³³dʊ³³"篮子"、tɕi⁵⁵la³¹"筐"。例如：

ʂʅ³¹ tshʅ³¹ kha³³dʊ³³一篮草　　　zɔ³¹tʂhʅ⁵⁵ tshʅ³¹ tɕi⁵⁵la³¹一筐萝卜
草　一　篮子　　　　　　　　萝卜　一　筐

2. bjɔ⁵⁵"瓶"、ũ⁵⁵ty³³"坛"、kua⁵⁵tsʅɜ³¹"罐"、sʅ³¹"碗"。例如：

dʑɻ̍⁵⁵phɔ³¹ tshʅ³¹ bjɔ⁵⁵一瓶酒　　zɔ³¹tʂu⁵⁵ tshʅ³¹ ũ⁵⁵ty³³ 一坛酸菜
酒　一　瓶　　　　　　　　酸菜　一　坛

lu³¹ tshʅ³¹ kua⁵⁵tsʅɜ³¹一罐茶　　a⁵⁵dʑa³³ tshʅ³¹ sʅ³¹一碗水
茶　一　罐　　　　　　　　水　一　碗

3. tɔ⁵⁵li⁵⁵"袋子"、la³¹tʂhuɔ³¹"桶"。例如：

ɕuɻ̍⁵⁵ tshʅ³¹ tɔ⁵⁵li⁵⁵一袋梨　　a⁵⁵dʑa³³ tshʅ³¹ la³¹tʂhuɔ³¹一桶水
梨　一　袋　　　　　　　　水　一　桶

4. xa³¹"掰"、tso³³"滴"、tɔ³¹"拦"、tʂhɜ³¹"捆"。例如：

lo³³dʑ⁵⁵ tshʅ³¹ xa³¹ 一块石头　　tshuɔ⁵⁵ tshʅ³¹ tso³³一滴油
石头　一　掰　　　　　　　油　一　滴

du³¹dʑu⁵⁵ tshʅ³¹ tɔ³¹一段路　　ʂʅ³¹ tshʅ³¹ tʂhɜ³¹一捆草
路　一　拦　　　　　　　草　一　捆

5. phʊ⁵⁵"白"、kha³³"硬"、bʅ³³"满"、bʊ⁵⁵"懒"等。例如：

no³³mi⁵⁵ tshʅ³¹ phʊ⁵⁵一块豆地　　a⁵⁵na³³mu³¹ tshʅ³¹ kha³³一匹马
豆地　一　白　　　　　　　　马　一　硬

zɿ³¹ tshɿ³¹ bɿ³³ 一泡尿　　　　　　kə³¹ tshɿ⁵⁵ tshɿ³¹ bʊ⁵⁵ 一根线
尿　一　满　　　　　　　　　　线　　一　　　根

二、他留话名量词的来源

他留人有语言，无文字。语言、文学等都是祖祖辈辈口耳相传的，没有任何文献记载。这里我们仅仅根据横向比较看到的现象，梳理他留话名量词来源的线索。主要有以下几个途径。

（一）来源于名词

在他留话中，来源于名词的量词最多，分三种情况。如：

1. 取单音节名词作量词。例如：

ȵi⁵⁵ tshɿ³¹ ȵi⁵⁵ 一个房子　　　　　ka³¹ tshɿ³¹ ka³¹ 一根枝条
房子　一　房子　　　　　　　　　枝　一　枝

tʂhɿ⁵⁵ tshɿ³¹ tʂhɿ⁵⁵ 一个窝　　　　phjø³¹ tshɿ³¹ phjø³¹ 一片叶
窝　一　窝　　　　　　　　　　　叶　一　叶

2. 取双音节单纯词的前或者后一个音节作为量词，主要以取后一个音节为主，取前一个音节作为量词的极为少见。例如：

sɿə³³ bʊ³³ tshɿ³¹ bʊ³³ 一棵树　　　　go³³ sɿ³¹ tshɿ³¹ sɿ³¹ 一个碗
树　　一　棵　　　　　　　　　　碗　　一　个（碗）

mi⁵⁵ na³³ tshɿ³¹ mi⁵⁵ 一块地　　　　xɯ⁵⁵ tʂhuɔ⁵⁵ tshɿ³¹ xɯ⁵⁵ 一口锅
地　一　块　　　　　　　　　　　铁锅　　一　口

mu⁵⁵ ʂuɔ³¹ tshɿ³¹ mu⁵⁵ 一个老茧　　tshɿ⁵⁵ nu³¹ tshɿ³¹ tshɿ⁵⁵ 一眼针线
老茧　一　个　　　　　　　　　　针线　一　眼（个）

3. 取复合词的后一个词素作为量词。例如：

la³¹ dʐʊ⁵⁵ tshɿ³¹ dʐʊ⁵⁵ 一个手镯　　ã³³ tʂhɿ⁵⁵ tshɿ³¹ tʂhɿ⁵⁵ 一窝鸟
手环　一　环　　　　　　　　　　鸟窝　一　窝

tʂhu⁵⁵ mi⁵⁵ tshɿ³¹ mi⁵⁵ 一丘田　　　ʐuɛ³¹ by⁵⁵ tshɿ³¹ by⁵⁵ 一个猪圈
稻田　一　田　　　　　　　　　　猪圈　一　圈

(二) 来源于动词

来源于动词的量词比较少见，例如：

a^{55} dʐa^{33} tshʅ^{31} tso^{33} 一滴水　　　　　no^{33} tshʅ^{31} tshʅ^{31} pu^{33} 一包药

水　一　滴　　　　　　　　　药　一　包

la^{31} pjø^{31} tshʅ^{31} pjø^{31} 一个扁担　　　xu^{31} tshʅ^{31} pʋə^{33} 一坨肉

扁担　一　抬　　　　　　　　肉　一　捏

(三) 来源于表性状的事物，然后逐步类推，获得普遍性的特征。例如：

根据容器的相关性：

go^{33} sʅ^{31} tshʅ^{31} sʅ^{31} 一个碗

碗　一　碗

dzu^{55} tshʅ^{31} sʅ^{31} 一碗饭

饭　一　碗

tʂhu^{55} phʋ^{55} ȵi^{31} sʅ^{31} 两种米（种类，已经抽象化了）

米　　　两　种

根据形状的相似性：

tʂhu^{55} tshʅ^{31} me̱^{55} 一束稻谷

稻谷　一　束

ʂʅ^{31} tshʅ^{31} me̱^{55} 一株草

草　一　株

u̱^{31} tshy^{55} tshʅ^{31} me̱^{55} 一撮头发

头发　　一　撮

(四) 来源于借词

主要来源于汉语借词。常用的有"千米""分""丈""尺""升""亩""箱""盒"等，主要是借用度量词，而且部分名量词在结构组合上可以完全跟汉语一样。例如：

du^{31} dzu^{55} zi^{55} koŋ^{33} li^{33} 一千米路　　　xɯ^{55} pjɔ^{33} zi^{55} fən^{33} 一分钱

路　一　千米　　　　　　　　钱　　一　分

ȵi^{55} zi^{31} tʂaŋ^{55} 一丈房（径深）　　mi^{55} na^{33} zi^{55} mʋ^{31} 一亩地

房　一　丈　　　　　　　　　地　一　亩

phʅ^{31} tɕiu^{31} zi^{55} ɕiaŋ^{33} 一箱啤酒　　no^{33} tshʅ^{31} zi^{55} xo^{31} 一盒药

啤酒 一 箱   药 一 盒
ẓi⁵⁵ tʂʅ³¹ mɔ̃⁵⁵一尺布   ẓi⁵⁵ ʂən³³ tshuɔ⁵⁵一升油
一 尺 布   一 升 油

三、他留话名量词的语法功能

他留话的名量词不能单独作句法成分，一般要跟数词组合构成数量短语才能作句法成分，下面从结构组合特点和句法功能两个方面考察名量词的语法功能。

（一）名量词一般不能单独使用，也不会随着数词的变化而改变，通常与数词构成数量短语，在句子中作主语、谓语、宾语、定语。例如：

tshʅ³¹ kho²⁴ tshʅ⁵⁵ ȵi³¹ xũ³³ dẓɔ⁵⁵. 一年有十二个月。（主语）
一 年 十 二 月 有

ŋu⁵⁵ ȵi³¹ tshʅ⁵⁵ kho³¹. 我二十岁。（谓语）
我 二十 岁

tɕhi⁵⁵ tshʅ³¹ sʅ³¹ dzu³¹. 他吃一碗。（宾语）
他 一 碗 吃

ɔ⁵⁵ pu⁵⁵ ʐu³¹ mɔ³¹ ȵi³¹ mu⁵⁵ dẓɔ⁵⁵. 爷爷有两个女儿。（定语）
爷爷 女儿 二 个 有

数词和名量词组合构成数量短语修饰名词时，其语序为：名 + 数 + 量，整体充当主语、宾语。例如：

nu⁵⁵ȵi³³ tshʅ³¹ mu⁵⁵一只猫   dẓɔ³¹ ʂu⁵⁵ tshʅ³¹ tʂo³³一条腰带
猫 一 只   腰带 一 条

tshɔ⁵⁵ tshʅ³¹ ɣu³¹ dɔ³¹ dzu⁵⁵ dzu³¹ zɔ³³. 一个人都要吃饭。（主语）
人 一 个 都 饭 吃 要

ŋu⁵⁵ thɔ³¹ zʅ³¹ tshʅ³¹ py³¹ ĩ⁵⁵. 我看一本书。（宾语）
我 书 一 本 看

名词不能直接与数词结合，当称量名词的时候，必须使用名量词。但是当数词使用"tshoŋ⁵⁵"（一），名词可以直接跟数词组合，形成：名 + tshoŋ⁵⁵（一），它等于"名 + 数 + 量"，仅限于数词为"tshoŋ⁵⁵"（一）的时候。

tshɔ⁵⁵ tshoŋ⁵⁵ 一个人　　　du³¹ dʑu⁵⁵ tshoŋ⁵⁵ 一条路
人　一　　　　　　　　路

（二）名量词与指示代词结合修饰名词，最常用的语序是：名＋指示代词＋数＋量，整体在句中作主语、宾语。从内部来看，"指示代词＋数＋量"作名词的主语，或者作宾语的同位语。如果用来计数的数词是 tshɻ³¹ "一"，通常可以省略，但是名量词只能用通用量词 "mu⁵⁵"（个）。例如：

dzu⁵⁵ ɔ³³ tshɻ³¹ sɻ²⁴ tɕhi³³ bɔ³¹ ŋɔ⁵⁵. 这一碗饭是他的。（整体作主语）
饭　这　一　碗　他　的　是

zɔ⁵⁵ zɔ⁵⁵ ɔ⁵⁵ nu³¹ gu³³ tshɻ³¹ mu⁵⁵ ɣuɔ⁵⁵. 叔叔买那一只狗。（整体作宾语）
叔叔　　狗　那　一　只　买

du³¹ dʑu⁵⁵ ɔ³³ tshɻ³¹ tɕo³³ 这一条路　　pjɔ⁵⁵ tshɻ³¹ gu³³ tshɻ³¹ tɕho³³ 那一件衣服
路　这　一　条　　　　　　衣服　那　一　件

du³¹ dʑu⁵⁵ ɔ³³ mu⁵⁵ 这条路　　　　pjɔ⁵⁵ tshɻ³¹ gu³³ mu⁵⁵ 那件衣服
路　这　个　　　　　　　　衣服　那　个

此外，还有另外一种不常用的语序是"指示代词＋数＋量＋名"，主要用来强调数量。如：

ɔ³³ tshɻ³¹ mu⁵⁵ tshɔ⁵⁵ ŋ³¹ ȵa³³. 这一个人没良心（强调这一个体数目）。
这　一　个　人　不　好

ŋu⁵⁵ gu³³ tshɻ³¹ pɔ³¹ tʂhʊ⁵⁵ ȵi⁵⁵. 我要那一把枪（强调那一把）。
我　那　一　把　枪　要

（三）名量词的重叠

1. 他留话中，名量词通常不能直接重叠，但数词和名量词组合成数量短语可以重叠，形成 "tshɻ³¹＋名量＋tshɻ³¹＋名量＋li⁵⁵（状语助词，下称状助）"式，表示"按次序进行"，在句中作状语。例如：

ɔ⁵⁵ tʂhɻə²⁴ tshɻ³¹ mu⁵⁵ tshɻ³¹ mu⁵⁵ li⁵⁵ do³³ lu⁵⁵. 羊一个一个地出来。
羊　一　个　一　个（状助）出　来

zu³¹ mɔ²⁴ tshɻ³¹ ȵi³³ tshɻ³¹ ȵi³³ li⁵⁵ ɣuɔ³¹ lu⁵⁵. 女儿一天一天地长大（一天接着一天）。
女儿　一　天　一　天（状助）大　来

tshɻ⁵⁵ ny³³ ȵi⁵⁵ tshɻ³¹ tsy³³ tshɻ³¹ tsy³³ li⁵⁵ pjø²⁴ za³¹ zi⁵⁵. 你把鞋子一双一双地抬

下去。

| 鞋 | 你 | 一 | 双 | 一 | 双(状助) | 抬 | 下 | 去 |

2. 名量词与 ɔ⁵⁵sy³¹ "谁"、ɔ⁵⁵mi⁵⁵ "什么"、ɔ⁵⁵thu³¹ "时候" 组合时，表达 "每一"，其结构形式为：ɔ⁵⁵sy³¹/ ɔ⁵⁵mi⁵⁵/ ɔ⁵⁵thu³¹ + tshɿ³¹（一）+ 名量。例如：

ɔ⁵⁵sy³¹ tshɿ³¹ ɣu³¹ dɔ³¹ lu⁵⁵. 每个人（人人）都来。

| 谁 | 一 | 个 | 都 | 来 |

ɔ⁵⁵mi⁵⁵ tshɿ³¹ dʑi³¹ dɔ³¹ dzua³³. 每一样（样样）都好。

| 什么 | 一 | 样 | 都 | 好 |

ɔ⁵⁵mi⁵⁵ tshɿ³¹ sɿ³¹ dɔ³¹ lo³¹. 每一种（种种）都够（什么都不缺）。

| 什么 | 一 | 种 | 都 | 够 |

ɔ⁵⁵thu³¹ tshɿ³¹ kho³¹ dɔ³¹ ɣu³¹di³³. 每一年（年年）都累。

| 时候 | 一 | 年 | 都 | 累 |

ɔ⁵⁵thu³¹ tshɿ³¹ n̠i³³ dɔ³¹ phjø⁵⁵. 每一天（天天）都高兴。

| 时候 | 一 | 天 | 都 | 高兴 |

3. 而量词能直接重叠的极少，借自汉语，只有 ko⁵⁵ko⁵⁵ "个个"，一般作主语，其前要出现它所修饰的对象。例如：

tɕhi⁵⁵ ɔ⁵⁵di³³ sɔ⁵⁵ ɣu³¹ dʑɔ⁵⁵, ko⁵⁵ko⁵⁵ dɔ³¹ kə³³. 他有三个孩子，个个都厉害。

| 他 | 孩子 | 三 | 个 | 有 | ， | 个 个 | 都 | 厉害 |

sɿ³¹phu³¹ʑi³³ be³³, ko⁵⁵ko⁵⁵ dɔ³¹ xɯ⁵⁵pjɔ³³ dʑɔ⁵⁵. 领导们富裕，个个都有钱。

| 领导们 | 富裕 | 个 个 | 都 | 钱 | 有 |

通过调查发现，他留话有些名词的量可以用两个及以上的量词来表示。如 n̠i⁵⁵ "家" 可以用 n̠i⁵⁵、tɕɔ⁵⁵、mu⁵⁵、lɔ⁵⁵ 来表示它的量；sɿə³³tɕɔ³¹ "柴" 可以用 la³¹go³¹、la³¹dzʮ⁵⁵、tsʮ⁵⁵ 来表示它的量。当一个名物的量能用多个量词表示的时候，说明人们的概括能力在提高，逐渐往后发展，必然会产生一个使用频率较高的量词，直至发展成一个专用量词。

此外，在由动词转化而来的名量词中，其原始意义开始逐渐虚化，最终向专用量词的方向发展。如 puə³³ 本义是 "捏"，作量词的时候，本义已经完全虚化。xu³¹ tshɿ³¹ puə³³ "一坨肉"、nie̠³¹ tshɿ³¹ tshɿ³¹ puə³³ "一块泥土"。总之，他留话名量词的发展从最原始的反响型量词到通用个体量词，经历了从表量模糊（非标准度量词）到准确（标准度量词）、从兼用到专用、从具体到抽象的过程。他留话由于受到语言接触的影响，从汉语中也借入了部分量词，从而丰富自身量词的表达系统。

参考文献

［1］胡素华，沙志军，2005. 凉山彝语类别量词的特点［J］. 中央民族大学学报（哲学社会科学版）（04）.
［2］曲木铁西，1994. 试论彝语名量词的起源层次［J］. 民族语文（02）.
［3］戴庆厦，蒋颖，2005. 论藏缅语的反响型名量词［J］. 中央民族大学学报（哲学社会科学版）（02）.
［4］李批然，1992. 哈尼语量词研究［J］. 民族语文（05）.
［5］张雨江，2010. 拉祜语量词研究［J］. 云南民族大学学报（哲学社会科学学报）（03）.
［6］刘丹青，1988. 汉语量词的宏观分析［J］. 汉语学习（04）.
［7］金福芬，陈国华，2002. 汉语量词的语法化［J］. 清华大学学报（哲学社会科学版）（A1）.
［8］李宇明，2000. 拷贝型量词及其在汉藏语系量词发展中的地位［J］. 中国语文（01）.
［9］李宇明，2000. 汉语量范畴研究［M］. 武汉：华中师范大学出版社.

段秋红　云南财经大学国际语言文化学院

基于《爨文丛刻》的彝语"木"义词研究

吴 娟

摘 要：木（tree）是语言中重要的植物类词，在斯瓦迪士百词表中占第23位。《爨文丛刻》中"木"语义场的词相对复杂，按照语音形式可以分为塞擦音系列：se^{33}、$sɿ^{33}$、$sʅ^{21}$、$dʑe^{21}$、$ʂɿ^{33}$、tse^{11}、$tɕʰi^{33}$、$zɤ^{33}$；塞音系列：$khuɪ^{33}$、$tʰo^{21}$、di^{21}；边擦音系列：lu^{33}、$ɬie^{55}$。此外，《爨文丛刻》中"木"语义场中还有来自"绿色"的 $ȵi^{21}$。

关键词：《爨文丛刻》；彝语；木；音义

彝语属汉藏语系藏缅语族彝语支，是藏羌彝走廊上一支非常重要的语言。彝语和汉语历史亲缘关系密切，学术界历来重视彝语的研究，也十分关注彝汉两种语言的比较研究。彝语历史悠久，又有古老而丰富的文献，对于缺少历史文献的亲属语言来说，彝语是非常重要的语言。亲属语言的早期历史及其分化，亲属语言之间的比较，彝语均有重要的学术价值。学者普遍认为，无论是历史比较或类型学比较上，彝语都有重要价值（陈士林，1986：258）。

木（tree）是语言中重要的植物类词，在斯瓦迪士百词表中占第23位。《爨文丛刻》（下称《丛刻》）中"木"语义场的词相对复杂，按照语音形式可以分为塞擦音系列：se^{33}、$sɿ^{33}$、$sʅ^{21}$、$dʑe^{21}$、$ʂɿ^{33}$、tse^{11}、$tɕʰi^{33}$、$zɤ^{33}$；塞音系列：$kʰuɪ^{33}$、$tʰo^{21}$、di^{21}；边擦音系列：lu^{33}、$ɬie^{55}$。此外，《丛刻》中"木"语义场中还有来自"绿色"的 $ȵi^{21}$。我们分别讨论。

黄树先曾讨论汉语"析、斯、薪"三个词（黄树先，2015）。他认为汉语"析、斯、薪"早期是树木，跟汉藏语 *siŋ "树木"对应，其后转指草、薪柴。我们来看看汉语这三个词的情况。

"薪"*siŋ,《说文》:"薪,荛也。"动词是析薪,字作"新"*siŋ,《说文》:"新,取木也。"汉语"薪"对应藏文的siŋ"树木",缅文是sas<*sik。

"析"*seeg,《说文》:"析,破木也。一曰折也。""析"见甲骨文,表示用斤剖木。跟"析"形近的"折"字本象用斤断木(裘锡圭,1988:127)。郑张先生拿藏文gsjags"劈裂"对应汉语"析"(郑张尚芳,2003:101)。

"斯"*sjig,《说文》:"斯,析也。"藏文gse(-ba)"劈开",对应汉语"斯"(郑张尚芳,2003:100;施向东,2000:122)。原始南岛语pisik"劈开",上古汉语"析"(沙加尔,1995)。

树木以及草,可以派生出动词拔、砍伐,再发展出杀。比如英语 limb"大树枝",动词,当"(从倒下的树上)砍去枝丫";log"原木,木材,干柴。动词,伐木";lumber"木材。动词,伐木"①。

根据以上材料,我们可以初步判断,彝语 se^{33}、$sɿ^{33}$、$sʅ^{21}$、dze^{21}、$ʂʐ^{33}$、tse^{11}、$tɕʰi^{33}$、$zɤ^{33}$这一组词,来自彝语支*sak,布莱德雷构拟的原始彝语支*sik^H/$dzin^1$,缅文"树"sac。跟汉语"析、斯、薪"可以对应。彝语没有韵尾,跟汉语"斯"更近。

树木、植物,可以发展出栽种义。汉语"植"字,名词,作植物讲,《周礼·大司徒》:"其植宜早物。"注:"郑司农云:植,根生之属。""秧",《广韵·阳韵》:"秧,莳秧。""秧"的名词义是"秧穰",於两切,见《养韵》,读上声。《类篇》:"秧,一曰莳谓之秧;又於郎切,栽也。"黄陂话把豆类、花生等种子埋进地里叫"秧"。印尼语tanam"种,栽",tanaman"农作物;埋下的东西"。黄树先(2012:267)《比较词义探索》"种子、植物与栽种"条列举了不少语言的实际用例,可以参考。《丛刻》中塞音系列的$pʰu^{21}$、$pʰɤ^{55}$、$pɤ^{33}$、$tɤ^{33}$、$tʰu^{33}$、$tʰo^{21}$、du^{33}、di^{21}、$khuɪ^{33}$、khi^{33}、$gɤ^{33}$、gu^{33}、$ŋgu^{33}$皆与树木、草、秧苗以及种植培育有关。双唇塞音系列的$pʰu^{21}$、$pʰɤ^{33}$、$pɤ^{55}$有名词"禾苗,秧苗"义,也有动词"插秧,种植"义;舌尖塞音系列的$tɤ^{33}$、$tʰu^{33}$、$tʰo^{33}$、du^{33}、di^{21}有名词"树木,树林",动词"培植,扶植"义;舌根塞音系列的$gɤ^{33}$、gu^{33}、$ŋgu^{33}$有名词"树枝,(祭祀用)神枝"和动词

---

① 参见黄树先(2012)"树木与砍伐"条。

"覆盖"义。

树木的覆盖义，应该是跟树木或草的生长、茂盛有关。汉语的"林"是树林，树林遮蔽义发展出"森"。汉语"林"*g·rɯm∥*g-rŭm，《说文》："林，平土有丛木曰林。从二木。"林木可以有众多一类的意思，《史记·律书》："六月也，律中林钟。林钟者，言万物就死，气林林然。"正义曰："《白虎通》云：林者，众也。言万物成熟，种类多也。"跟"林"字同根的词，在文献中不少字都是形容词，在构词上，塞音*g-换成了*s-前缀。看白保罗的材料：原始汉藏语*(s-) grim，加罗语-grim"加在有树意义的名词后面的后缀"，bol-grim"树林"（bol"树"）< 原始汉藏语*（s-）grim"林"（白保罗，1984：470）。"森"*srɯm∥*sqrŭm，《说文》："森，木多貌。从林，从木。读若曾参之参。"

一、se³³、sɿ³³、sʅ²¹、dʑe²¹、ʂʐ³³、tse¹¹、tɕʰi³³、zɣ³³

彝语中表示泛指性的"树"为舌尖擦音声母，如南华话 çi³³dzʅ³³、撒尼话 sz̃⁴⁴、巍山话 sʅ³³dzʅ⁵⁵、武定话 si²¹、喜德话 sʅ²¹bo³³，和彝语相近的哈尼语墨江话 ɔ⁵⁵tsʅ⁵⁵、基诺语曼斗话 sɯ⁴⁴tsɯ⁵⁵、卡卓语兴蒙话 sʅ³⁵tsɣ³⁵、傈僳语里吾底话 si⁵⁴；纳西语大研镇话 dzəɹ²¹、怒苏语棉谷话 si⁵³、撒都语 çi⁵⁵dzi⁵⁵、桑孔语 si³³tsɯŋ⁵⁵、波拉语孔家寨话 sak⁵⁵、浪速语允欠寨话 sak⁵⁵、勒期语中山乡话 sə̱k⁵⁵都是擦音声母。《丛刻》中舌尖前擦音系列的词均与"树，树木"有所指关系。彝语中由"树"派生出的"树干"义词也多为擦音声母，如南华话 çi³³də²¹lə²¹mo³³、撒尼话 sz̃⁴⁴ɣɯ¹¹tɒ³³、巍山话 sʅ³³dzʅ⁵⁵pa²¹li̱²¹、武定话 si̱²dzʅ¹¹、喜德话 sʅ²¹dɑ³³；和彝语相近的哈尼语中塞音和擦音两套，如绿春话 a⁵⁵bo⁵⁵bo⁵⁵mo⁵⁵、墨江话 ɔ⁵⁵tsʅ⁵⁵；基诺语 a³³tsɯ⁴⁴、卡卓语 sʅ³⁵ka³⁵、拉祜语 si⁵⁴、纳西语 sʅ⁵⁵dzʅ⁵⁵、波拉语 sak⁵⁵kɛ̃⁵⁵、浪速语 sa̱k³³kɛ³¹、勒期语 sə̱k⁵⁵kam³¹为舌尖擦音。与"树"有关的"树枝"也多为塞擦音或以"树"作为定语。

通过以上比较，我们认为，《丛刻》擦音系列的"木；树"形式相同或相近，意义相同或相关，应为同一词族。

《丛刻》中，se³³，木，可与汉语"薪"比较。薪 siŋ∥sĭŋ，《说文》："薪，荛也。"黄树先先生认为，汉语中当树木讲的"木"来自汉藏语的

"草"。彝语 sɿ³³，草义。se³³ 与 sɿ³³ 同源。如：

(1) ꊿ ꋓ ꋌ ꋍ ꉐ ꋌ ꋍ ꊿ ꌦ ꂻ
kho¹³ se³³ tsʰɤ²¹ ȵi⁵⁵ dze³³ tsʰɤ²¹ ȵi⁵⁵ kho¹³ ɣɿ³³ di¹³
年　树　十二　　株　十二　年　影　有

年树十二株，表示十二年。（解冤经，353）

(2) ꉬ ꀊ ꈌ ꂷ ꐚ ꋓ ꊪ ꄕ ꄮ ꄚ
gɤ³³ ʔhũ²¹ khu³³ m²¹ tɕi³³ se³³ dzo³³ tʰu³³ tu³³ du²¹
林　山　位　高　重　树　生　叶　片　落

越重叠高山，穿落叶林树。（训书，53）

se³³ 表示树，也表示"干支"中"木"：

(3) ꄔ ꄔ ꋌ ꋍ ꋓ ꐚ
du³³ du³³ ȵi⁵⁵ ȵi²¹ se³³ dzu³³
壬　癸　二　日　木　克

壬癸二日克木。（玄通大书，1572）

se³³，木材。如：

(4) ꋓ ꋊ ꂶ ꋞ ꋠ
se³³ tsɿ¹³ gɤ²¹ m²¹ tsʰo¹³
树　备　坛　做　设

备树以设坛。（解冤经，456）

(5) ꐚ ꉼ ꉴ ꋓ ꉐ ꒰ ꐚ ꑌ ꈌ ꄞ
dzu²¹ʔhu⁵⁵ ʔha³³ se³³ pʰu⁵⁵ ɣə³³ dzu²¹ ȵu³³ fie³³ khu³³ ɖie²¹
谷　秧　茂　木　价　贵　粮　丰　官　司　盛

禾苗茂盛，木材价高，粮食丰足，有官司缠身。（玄通大书，1673）

《丛刻》中，sɤ³³ 树丛，草丛。se³³ 为树，名词重叠表示数目多，受重叠影响，e 元音前化，变为 sɤ³³。《丛刻》中：

(6) ꋧ ꀠ ꆿ ꊭ ꀧ ꋓ ꈏ ꃴ ꇂ ꒰
tsʅ²¹ bɤ²¹ lɤ²¹ ɣɤ³³ ʔu³³ se³³ sɤ³³ nu¹³ li²¹ tu³³
直　博　辽　之　岭　树　丛　雾　来　糊

直博的山巅，丛林雾罩掩。（献酒经·给神献酒，219）

彝语清浊交替有区别自动、使动的功能，也有区别名词、动词的功能。se^{33}为名词"树木"，$zɤ^{33}$动词"砍伐树木"。在自然语言里，树木跟砍伐是一个词，很常见（黄树先，2012：120）。彝语 $zɤ^{33}$ 在《丛刻》中的用例：

（7）ꍿ ꁨ ꇐ ꀨ ꄛ ꄂ ꇢ ꒉ ꀗ
$tɕʰo^{13}\ xɤ^{21}\ pʰu^{21}\ nɿ^{33}\ vi^{33}\ ŋu^{33}\ se^{33}\ ɣa^{33}\ lo^{21}\ zɤ^{33}$

六 铁 斧 乃 用 阴 木 啊 也 伐

使用六铁斧，砍伐了阴木。（指路经，516）

布莱德雷（1992：370）构拟原始彝语支"树" $sik^H/dʑin^1$。《丛刻》中，"树"有清浊两套声母。《丛刻》中浊声母有动词义，如例（7）。同时，浊声母系列中 dʑ-也是名词"树木"。汉语中"薪""蒸"都有"草木"义，薪指大木，蒸指小木。就《丛刻》中的表现看，彝语中 $sɤ^{33}$、$sə^{33}$ 指大木、木材；$dʑe^{21}$ 可指小木。《丛刻》中：

（8）ꃀ ꇐ ꅑ ꇙ ꌒ ꊂ ꇙ ꀻ ꆖ ꋬ ꃪ ꋌ ꏇ
$vɿ^{33}\ lu^{21}\ dʑe^{21}\ ɣɤ^{33}\ tʰi^{13}\ fu^{33}\ tɕi^{33}\ ɣɤ^{33}\ ba^{13}\ tɕʰo^{21}\ tʰɤ^{21}\ li^{21}\ ve^{21}\ mə^{33}\ tɕu^{33}$

花朵 树 以 缔 婚 规 与 嫁 仪 讲 来 客 贵 听

花朵树上开，婚礼与嫁仪，说与贵客听。（训书，35）

例（8）用树木开花比喻婚姻，$dʑe^{21}$ 就文中的表现看，指花树、小树。

又如：

（9）ꇓ ꒊ ~ ꆈ ꊨ ꑿ ꅱ ꑟ ꉌ ꊖ ꄡ ꅍ
$lu^{55}\ yu^{21}\ fe^{33}\ lu^{33}\ ndzu^{55}\ dʑe^{21}\ ɣɿ^{33}\ fa^{13}\ ndzu^{55}\ tʰa^{21}\ ndza^{21}$

增 其 权 与 美 树 荫 岩 彩 一 堵

增加其权禄，根底厚如一堵彩岩。（金石彝文选，173）

例（9）中，$dʑe^{21}\ ɣi^{33}\ fa^{13}$ 实指花树地下的土，其中 $dʑe^{21}$ 指花树。又如：

（10）ꈌ ꀱ ꇙ ꂷ ꑌ ꄂ ꋠ ꃘ ꐧ ꌧ
$kʰu^{33}\ ʔhũ^{33}\ dʑe^{21}\ ma^{21}\ ȵie^{21}\ tʰa^{21}\ tsʰɿ^{13}\ fu^{33}\ tɕi^{33}\ tsʰɿ^{55}$

威 荣 树 不 低 一 代 亲 规 迁

有崇高的威荣，另开一门亲。（金石彝文选，174）

例（10）中，$kʰu^{33}\ ʔhũ^{33}\ dʑe^{21}$ 从花树引申而得。

彝语中 u～e 交替，$dʑe^{21}$ 表示树，$dʑu^{21}$ 表示矮小草木的茎秆。《丛刻》中：

（11）ꁁ ꉚ ꒉ ꁴ ꀀ ꉘ ꊈ ꅍ ꀵ ꎳ ꀨ ꁹ ꁶ ꒉ

ɑ³³ ho³³ mo³³ dʋ²¹ di²¹ mɑ³³ pʰi⁵⁵ xo⁵⁵ m³³ si²¹ zi²¹ dʑu²¹ hi³³ m³³ si²¹
少年 竹 节 争 竹 片 弓 作 带 草 杆 箭 作 带
少年争竹节，竹片作弓草作箭。（呗耄献祖经，2000）

汉语中"薪"从树木演变为树枝或草，这在语言中是比较普遍的。比如塞尔维亚-克罗地亚语 hàluga "茂密的大森林；杂草"。黄树先《比较词义探索》"木与草"条有比较详细的讨论。彝语中 sɤ³³ 指树、树木，sɿ³³ 在《丛刻》中表示"草"：

(12) mɑ²¹ sə⁵⁵ sɿ³³ khu²¹ dʑu³³ sɿ³³ ʔu³³ tʰi⁵⁵ khu³³ dʑu³³
不 知 草 何 吃 草 头 它 所 吃
不知吃何草，它吃嫩草尖。（祭龙经，301）

《丛刻》中 sɿ³³ 指"树枝"。如：

(13) tʰo²¹ ndzu⁵⁵ tʰɿ¹³ no³³ ʔhu⁵⁵ sɿ³³ dzo³³ tsʰu⁵⁵ lo¹³ lɤ⁵⁵
陀 珠 变 成 苗 树 生 伴 成 了
陀珠变成秧，树枝叶上居。（古史通鉴·笃慕源流，70）

《丛刻》中 sɿ³³ 指"树枝"。如：

(14) sɿ³³ tɕi³³ lo³³ tʰu²¹ dɤ³³ kɤ³³ sɿ³³ ɤə³³ dɑ³³ fɑ¹³ ɤə³³ zɑ¹³ mɑ²¹ dɿ¹³
木 伐 石 下 处 灾 树 大 攀 岩 大 下 不 可
伐木放石处有灾，不可攀大树，不可下悬岩。（玄通大书，1096）

《丛刻》中，tɕu⁵⁵ 为"禾，果实"义，可与汉语"蔬"比较。蔬，*sgra // *sqrǎ，《国语·鲁语》："昔烈山氏之有天下也，其子曰柱，能殖百谷百蔬。"注："草实曰蔬。""蔬"指草，也指草本植物的果实。tɕu⁵⁵，禾苗、庄稼，也指果实。

(15) tʰu⁵⁵ ndzu⁵⁵ tʰɿ¹³ no³³ m²¹ tɕu⁵⁵ dzo³³ tsʰu⁵⁵ lo¹³ lɤ⁵⁵
通 武 变 成 蝗 禾 生 伴 成 了
通珠变成蝗，禾稼里居住。（古史通鉴，72）

(16) [彝文] [彝文] [彝文] [彝文] [彝文] [彝文] [彝文] [彝文] [彝文]
tɕu⁵⁵ ɣɤ³³ sɤ²¹ su³³ khɤ²¹ ku²¹ du²¹ la¹³ ɲi³³ mbu²¹
禾 以 舍 署 到 火 炉 饭 甑 叫
舍署到禾田，火炉饭甑叫。（解冤经下卷，460）

例（15）中，tɕu⁵⁵为禾苗，庄稼。通武变成蝗虫，在禾苗、庄稼中生存。从 ku²¹du²¹la¹³ɲi³³mbu²¹ 看，前一句中 tɕu⁵⁵ 应该是指果实，庄稼。

彝语中 i～u 交替。就《丛刻》中的表现看，tɕu⁵⁵为名词，草木、果实；tɕi³³为动词，割草、伐木义。彝语中 tɕi³³ 可与汉语"斯"＊se∥＊sle 比较。

(17) [彝文] [彝文] [彝文] [彝文] [彝文] [彝文] [彝文] [彝文] [彝文] [彝文] [彝文] [彝文] [彝文]
sɿ³³ tɕi³³ lo³³ tʰu²¹ dʐ³³ kɤ³³ sɿ³³ ɣə³³ da³³ fa¹³ yə³³ za¹³ ma²¹ dɿ¹³
木 伐 石 下 处 灾 树 大 攀 岩 大 下 不 可
伐木放石处有灾，不可攀大树，不可下悬岩。（玄通大书，1096）

《丛刻》中，ẓi²¹只用于《呗耄献祖经》中，或是由于语流影响，《武定罗婺夷占吉凶书》中有 ẓɿ²¹ 形式。《丛刻》中：

(18) [彝文] [彝文] [彝文] [彝文] [彝文] [彝文] [彝文] [彝文] [彝文] [彝文] [彝文] [彝文] [彝文]
a³³ ho³³ mo³³ dʐ³³ di³³ ma³³ pʰi⁵⁵ xo⁵⁵ m̩³³ sɿ²¹ ẓi²¹ dʑu²¹ hi³³ m̩³³ sɿ²¹
少年 竹 节 争 竹 片 弓 作 带 草 杆 箭 作 带
少年争竹节，竹片作弓草作箭。（呗耄献祖经，2000）

(19) [彝文] [彝文] [彝文] [彝文] [彝文] [彝文] [彝文] [彝文] [彝文]
ntʰɤ³³ nu³³ za⁵⁵ tʰu⁵⁵ ʂɿ³³ so³³ tʰv³³ tʰe¹¹ ya¹¹ va⁵⁵ mu³³ ɲɛ³³
解 污 则 下 屋 秧 草 神 座 供 米 猪 个 是
备礼请神座被污，用一只猪祭祀。（武定罗婺夷占吉凶书，1952）

《丛刻》中 tse¹¹为祭祀时用的草把：

(20) [彝文] [彝文] [彝文] [彝文] [彝文] [彝文] [彝文] [彝文]
tse¹¹ tʰi¹¹ mu³³ ma¹¹ xɒ¹¹ ji¹¹ tʰa¹¹ mu³³ mu³³ xɒ¹¹
草把 一个 不 净 水 一 个 的 净
秧草把不净，水一个的净。（武定罗婺夷占吉凶书，1951）

彝语中 tse¹¹ 或可与汉语中"荐"ʔseens∥＊tsens 比较。

二、p^hu^{21}、$p^hɤ^{55}$、$pɤ^{33}$、$tɤ^{33}$、t^hu^{33}、t^ho^{21}、du^{33}、di^{21}、$khuɿ^{33}$、khi^{33}、$gɤ^{33}$、gu^{33}、$ŋgu^{33}$

《丛刻》中塞音系列的 p^hu^{21}、$p^hɤ^{55}$、$pɤ^{33}$、$tɤ^{33}$、t^hu^{33}、t^ho^{21}、du^{33}、di^{21}、$khuɿ^{33}$、khi^{33}、$gɤ^{33}$、gu^{33}、$ŋgu^{33}$ 皆与树木、草、秧苗以及种植培育有关。双唇塞音系列的 p^hu^{21}、$p^hɤ^{33}$、$pɤ^{55}$ 有名词"禾苗，秧苗"义，也有动词"插秧，种植"义；舌尖塞音系列的 $tɤ^{33}$、t^hu^{33}、t^ho^{33}、du^{33}、di^{21} 有名词"树木，树林"，动词"培植，扶植"义；舌根塞音系列的 $gɤ^{33}$、gu^{33}、$ŋgu^{33}$ 有名词"树枝、(祭祀用)神枝"和动词"覆盖"义。

（一） p^hu^{21}、$p^hɤ^{55}$、$pɤ^{33}$

彝语 p^hu^{21}、$p^hɤ^{55}$、$pɤ^{33}$ 三个词可以归为一组。这组词，可与汉语"本"比较。"本" *$puɯn$? // *$puɯn$，《说文》："本，木下为本。"白保罗讨论了汉藏语的"本"这个词，他说，汉语 pwən/ puən "本"（根，树干），藏缅语 *bul ~ pul：克钦语 phun "树，灌木，草本植物的主茎，木"，莫尚语 pu·l "树"（元音变长可能是后来产生的），加罗语 bol "树"，卢舍依语 bul "起因，开头，根，树桩，树的底部，拐杖或杆等的尾部"，铁丁语 bul "底部，基部，地基"（但这个词根在阿拉尔语和其他库基语中作复合词时意是"树"）（白保罗，1984）。

《丛刻》中 p^hu^{21} 为茅草义。可与汉语"本"比较。本 *$puɯn$? // *$puɯn$，《说文》："本，木下为本。"汉语中，"木"指树干，彝语中和"木"相对应的是 p^hu^{21}，《丛刻》中指"草；茅草"。树木跟草的语义转用，请参阅我们上文的讨论。

(21) ꖯ ꀋ ꀾ ꅓ ꅽ ꀨ ꒉ ꀻ ꈙ

$p^hu^{21} t^hu^{33} vɿ^{13} no^{33} fə^{21} ȵi^{21} ɤ^{33} sɤ^{21} su^{33} khɤ^{21}$

茅　白　花　是　干　畜　以　舍　署　到

花谢草枯后，舍署到畜群。（解冤经下卷·论及解穷冤，460）

《丛刻》中 $p^hɤ^{55}$ 指禾苗，秧苗。与 p^hu^{21} 应该有同源关系。《丛刻》中 p^hu^{21} 为茅草，$p^hɤ^{55}$ 为禾苗，秧苗义：

(22) ꒐ꋬꉙꆂꅔꄸꀕꃀꅔ

pʰɤ⁵⁵ lu³³ lɯ⁵⁵ je³³ ne̱⁵⁵ bɒ¹¹ lu³³ ji¹¹ ntɒ¹¹ ne̱⁵⁵

秧　草　蛇　污　　水　邪　污

秧草蛇死污，青蛙水污邪。（武定罗婺夷占吉凶书，1951）

《丛刻》中送气与不送气有区别意义的特征。送气音 pʰɤ⁵⁵ 为名词，秧草、庄稼义；不送气的 pɤ³³ 为动词，表示种植，栽种。《丛刻》中，pɤ³³ 有种植义。就《丛刻》中的表现看，pɤ³³ 表示"培植树木"。树木、植物，可以发展出栽种义。汉语"植"字，名词，作植物讲，《周礼·大司徒》："其植宜早物。"注："郑司农云：植，根生之属。""秧"，《广韵·阳韵》："秧，莳秧。""秧"的名词义是"秧穰"，於两切，见《养韵》，读上声。《类篇》："秧，一曰莳谓之秧；又於郎切，栽也。"黄陂话把豆类、花生等种子埋进地里叫"秧"。印尼语 tanam "种，栽"，tanaman "农作物；埋下的东西"。黄树先《比较词义探索》"种子、植物与栽种"条列举了不少语言的实际用例，可以参考。

彝语 pʰɤ⁵⁵ 在《丛刻》中的用例：

(23) ꇊꋪꊨꌧꀴꋬꃀ

lo¹³ tʰɤ³³ tsu¹³ se³³ pɤ³³ tɤ³³ mə³³

石桥　　砌　树 植 种 利

砌石桥、移栽树木吉。（玄通大书·二十八星宿名称，1401）

（二）tɤ³³、tʰu³³、du³³、di²¹、tʰo²¹

《丛刻》中舌尖前塞音系列的 tɤ³³、tʰu³³、du³³、di²¹、tʰo²¹ 可看作一组，五者意义相同或相近，都有名词"树木；草"、动词"培植；扶植"义。

《丛刻》中，tɤ³³ 为"种植，培植"义，可与汉语"树"比较。"树"*djos // *djě，中古之前为动词，义为"树立"，中古时期发展为名词。《说文》："树，生植之总名。" tɤ³³ 为"种植，培植"义与藏缅语诸语言具有同一来源。试比较：绿春江话 ɕa³³；墨江话 khɔ³³；基诺语曼斗话 tsho⁴²；拉祜语糯福话 ti³³；傈僳语里吾底话 tɯ³³；纳西语大研镇话 tv²¹；怒苏语棉谷话 tui³³；彝语南华话 tə³³、撒尼话 tæ⁴⁴、巍山话 tE⁵⁵、喜德话 tsɿ³³；缅文 sok⁴。《丛刻》中：

(24) 田 邢 阝 彡 屯 夕 又

lo¹³ tʰɤ³³ tsu¹³ se³³ pɤ³³ tɤ³³ mə³³

石桥　砌　树　植　种　利

砌石桥、移栽树木吉。（玄通大书·二十八星宿名称，1401）

(25) [彝文符号]

bɤ²¹ khɤ³³ bɤ²¹ dzŋ²¹ ȵi²¹ su³³ tʰi²¹ dʐo²¹ bo²¹ se³³ ʔɤ̃⁵⁵ tɤ³³ lu³³ ndzu²¹ tie³³ nu³³ mə³³

山　隐　山　脉　居者　其　在　方　树　萌　植　仓　库　安　则　吉

居于直伸之隐山，在住宅左方植风景树，置仓库，吉。（玄通大书·占看屋基凹垭，1544）

例（24）中 pɤ³³ tɤ³³ 都表示种植，二者都是清塞音声母，前者为舌尖前清塞音，后者为舌尖中清塞音。二者分工应该有所差别。例（24）中 pɤ³³ 表示栽植树木，例（25）中 tɤ³³ 表示栽种树苗、秧苗。

《丛刻》中 tsu⁵⁵ 为"培土，动土"义，如例（26），和 tʰu³³ 组合，表示"动土种植"。《丛刻》中 tʰu³³ 与 tɤ³³ 同源。《丛刻》中：

(26) [彝文符号]

ȵi¹³ tɕy³³ ma²¹ ȵi²¹ tsu⁵⁵ tʰu³³ kho¹³ ŋɤ²¹ lu¹³ tɕʰi²¹ tʰu¹³ tʰe³³ tsʰɿ³³ ndzŋ³³ ɕi³³

灵　首　不　安　培　植　年　是　煞　气　除　冤　愆　　解　宜

祖灵不安该培植，宜除煞气解冤愆。（玄通大书·男女八卦冲位于此占，839）

du³³ 与 tɤ³³ 清浊对立。清塞音 tɤ³³ 表示种植树木，浊音 du³³ 表示扶植。《丛刻》中：

(27) [彝文符号]

mə³³ m̥²¹ ʐo³³ mie³³ du³³ su³³ tʰa²¹ cɤ³³ du³³ du²¹ ko³³ gue¹³ tsa¹³ sa¹³ tsa¹³

善　为　己　功名　人　一　些　扶　植　命　尽　接　气　接

为善有功名，扶植了黎民，济之获生。（金石彝文选·水西大渡河建石桥记，189）

汉藏语 i~u 交替是常见现象。彝语中 du³³ 为扶植、栽植；di²¹ 意为"砍倒"。《丛刻》中：

(28) ᐭ ᛏ ᕀ ᕥ ᙊ ᔿ ᠫ ᛒ ᕥ ᙟ

$t^hu^{33} x\gamma^{21} ts^ho^{21} nɪ^{33} zu^{21} sə^{33} sɪ^{33} na^{33} nɪ^{33} di^{21}$

银 斧头 乃 执 金 树 大 乃 砍

手执银斧头,砍下那棵大树。(训书·杉台记,60)

《丛刻》中,t^ho^{21}为"砍伐"义:

(29) ᠫ ᓑ ᚘ ᗐᎱ ᘁ ᕚ ᕕ ᚷ ᛒ

$se^{33} dʑe^{33} dzo^{33} x\gamma^{21} t^ho^{21} t^ha^{21} l\gamma^{33} ɲi^{21} su^{33} vi^{33}$

树 木 生 刀 砍 一 个 坐 者 犯

犯树下一刀砍死者。(玄通大书·男女八卦冲位于此占,829)

(三) $khuɪ^{33}$、khi^{33}、$g\gamma^{33}$、gu^{33}、$ŋgu^{33}$

《丛刻》中,舌根塞音系列 $khuɪ^{33}$、khi^{33}、$g\gamma^{33}$、gu^{33}、$ŋgu^{33}$ 多为名词"树林"或动词"砍伐"义。$khuɪ^{33}$义为砍伐,可与汉语"科"比较。科 *khool//*khol,《广雅·释诂三》:"科,本也。"《广雅·释言》:"科,蘖也。""科"作动词,有砍去枝丫的意思。薛能《寄终南隐者》:"扫坛花入彗,科竹露沾衣。"曾仲珊(1983)先生认为,"科竹"为"砍去竹子"。黄树先先生认为此说不确。崔山佳、李有全(1984)先生认为,"科"时砍去繁枝冗叶,是修整的动作。彝语中 $khuɪ^{33}$为砍伐义,指砍下木材。《丛刻》中:

(30) ᘒ ᐭ ᘨ ᙏ ᚷ ᚶ ᙇ ᠫ ᚘ ᕕ ᛗ ᚷ ᚶ ᙇ

$tɕ^hɪ^{55} lu^{33} zu^{33} ȵa^{33} vi^{33} ga^{13} sɪ^{33} ɕi^{33} sɪ^{33} khuɪ^{33} lo^{33} ndzɪ^{33} su^{33} vi^{33} ndʐ^{33} ɕi^{33}$

媳 龙子 幺 犯 乖 拴 宜 木 伐 石 锤 者 犯 除 宜

犯内房幺子,宜闯拜,犯伐木锤石者,宜清扫。(玄通大书·铜宫铁宫于此占,764)

《丛刻》中,khi^{33}为砍伐义:

(31) ᑐ ᗟ ᐢ ᗪ ᔇ ᐢ ᕒ ᚶ ᛁ ᚵ

$li^{33} m^{33} si^{33} di^{21} dʑv^{33} sɿ^{33} khi^{33} ŋgu^{33} m^{33} tsʰu^{33}$

黎木 树 就 长 树 砍 神枝 作 插

黎木长成大树,砍下树枝作神枝。(呗耄献祖经,1998)

《丛刻》中 $g\gamma^{33}$ 义为树、树木、树林。彝语中 $g\gamma^{33}$ 可与汉语"枝"比较。枝 *kje//*kje,《说文》:"枝,木别生条也。"潘悟云(2000:211)先生以汉语"支"对应藏文 figje"分支"。包拟古（1995：212）：汉语"支枝肢"*kye, kje/tsjĕ。《简明彝汉字典》(贵州本) (p. 122)：dʐy³³ // gɯ³³，林；封闭严实（多指房屋）。《丛刻》中 gɤ³³ 记作 ꃅ，有"树、林，身"义。《丛刻》中：

(32) ꃅ ꀞ- ꃁ ꀮ ꀞ= ꃅ ꃄ ꌃ ꀼ ꀞ=
gɤ³³ sɿ³³ fɿ³³ tsʰu³³ tsʰu³³ gɤ³³ sɿ³³ dʐɿ³³ mɤ²¹ mɤ²¹
林 木 冻 习 习 林 草 碎 漪 漪
林木僵麻麻，林草枯萎萎。(训书·地生经，12)

(33) ꀕ ꀭ ꀞ ꀽ ꃴ ꀻ ꀜ ꃅ ꀞ ꀀ
ȵi²¹ ndzo³³ ve³³ lu³³ bu²¹ mu²¹ tsʰɤ²¹ gɤ³³ tso³³ za¹³
清 锁 花 卉 开 粒 垂 林 蒂 降
含苞花开放，谷粒似果垂。(献酒经·给神献酒，218)

彝语中"树枝"义词多为舌根塞音，如彝语大姚话 si⁴⁴ kh⁵⁵ le²¹、峨山话 çi̠³³ ka̠²¹、圭山话 si³³ qe⁵⁵、赫章话 sɿ³³ kA¹³、禄劝话 si³² ka⁵⁵；si̠³² la⁵⁵、南华话 çi̠³³ ka⁵⁵ le²¹、撒尼话 sz⁴⁴ qe⁵⁵、武定话 si²¹ ka⁵⁵。彝语中舌根塞音与舌面塞擦音相对应，如彝语弥勒话 si̠³³ tɕe⁵⁵。可比较藏缅语族语言毕苏话 aŋ³³ khjaŋ³¹、基诺语曼斗话 a³³ tɕo⁵⁵、拉祜语糯福话 si⁵⁴ qa³⁵、傈僳语里吾底话 si³³ le̠³¹ ka⁵⁵、纳西语大研镇话 dzəɹ²¹ kə⁵⁵ dzəɹ²¹ la²¹、纳西语水田话 sɿ⁵⁵ ka⁵⁵ la⁵⁵、怒苏语棉谷话 si⁵³ ka⁵³、柔若语果力话 sɛ⁵³ kã³³、撒都话 çhi⁵⁵ ka²¹ la²¹、桑孔语 aŋ³³ la³¹、波拉语孔家寨话 sak⁵⁵ kaʔ⁵⁵、浪速语允欠寨话 sak⁵⁵ kɔʔ⁵⁵、勒期语中山乡话 sək⁵⁵ kɔʔ⁵⁵、缅文 aˡkoŋ³ aˡkhak⁴。

《丛刻》中 gɤ³³ 有"身体"义。如：

(34) ꃅ ꀁ ꎃ ꀞ= ꃆ
gɤ²¹ ko³³ ɣɤ³³ ɣɿ³³ʔhu³³
身体 与 灵魂
身体附灵魂。(训书·人生论，17)

(35) ꑭ ꃅ ꃄ ꃅ ꀁ
ɣu⁵⁵ gɤ²¹ tsʰo²¹ gɤ²¹ ɬo³³
鸡身 人身替
鸡身替人身。(解冤经·论及换命啊，489)

树木附着于土地之上,草木犹如覆盖土地之上。彝语中 gu^{33} 有名词"被子""衣着"义。树木的覆盖义,应该是跟树木或草的生长、茂盛有关。汉语的"林"是树林,树林遮蔽义发展出"森"。汉语"林"$^*g\cdot rɯm /\!/ {}^*g\text{-}rɯm$,《说文》:"林,平土有丛木曰林。从二木。"林木可以有众多一类的意思,《史记·律书》:"六月也,律中林钟。林钟者,言万物就死,气林林然。"正义曰:"《白虎通》云:林者,众也。言万物成熟,种类多也。"跟"林"字同根的词,在文献中不少字都是形容词,在构词上,塞音 $^*g$-换成了 $^*s$-前缀。看白保罗的材料:原始汉藏语 $^*(s\text{-})\,grim$,加罗语-grim"加在有树意义的名词后面的后缀",bol-grim"树林"(bol"树")<原始汉藏语$^*(s\text{-})\,grim$"林"(白保罗,1984:470)。"森"$^*srɯm /\!/ {}^*sqrɯ̈m$,《说文》:"森,木多貌。从林,从木。读若曾参之参。"(参见黄树先,2012)。

(36) ꀂ ꒰ ꒉ ꂚ ꒋ ꒬ ꒰ ꒺)= ꒻

$ȵdʑi^{33}\,mə^{33}\,vɪ^{13}\,gu^{33}\,dzɪ^{13}\,m^{55}\,mə^{33}\,gu^{55}\,mə^{33}\,tɕʰi^{13}$

君　贤　穿着　宰臣贤　被尾　咬

咬贤君穿着,咬贤臣被褥。(解冤经下卷·要解鼠冤啊,456)

上例中 $vɪ^{13}gu^{33}$ 为穿着,穿的衣服;$gu^{33}mə^{33}$ 为被尾。其中 gu^{33} 由"草木"义引申而来。又如:

(37) ꀄ ꀅ ꒱ ꒿ ꒳ ꒴ ꒵ ꒺ ꒻

$kɤ^{21}\,mu^{21}\,lu^{33}\,ʑi^{13}\,tɕʰy^{33}\,dʐɤ^{33}\,xe^{33}\,lu^{33}\,gu^{55}\,xɤ^{33}$

锦　名龙　卧窝　毛　絮龙　披毡

名锦是龙的床帏,毛絮作龙的披毡。(祭龙经,325)

gu^{33} 有动词"穿,披"义:

(38) ꊱ ꊹ ꇅ ꎯ 田 ꒰ ꍟ ꍩ ꍟ ꒺ ꒰

$nu^{21}\,no^{33}\,ɕi^{33}\,tɕʰa^{33}\,ma^{21}\,mə^{33}\,sə^{33}\,vɪ^{33}\,sə^{33}\,gu^{55}\,mə^{33}$

若病　死　柱　不吉　黄穿黄　披吉

若遇到病死不吉利,穿黄衣服、披黄衣服,吉。(玄通大书·铜宫铁宫于此占,761)

《丛刻》中,gu^{33} 有"棺木"义:

(39) [彝文] [彝文] [彝文] [彝文] [彝文] [彝文] [彝文] [彝文] [彝文] [彝文] [彝文] [彝文]
m̩^{33} dʑie^{33} ʑi^{13} khu^{21} ma^{55} tsʰ ŋ̍^{21} m̩^{33} dʑie^{33} ma^{21} ŋɤ^{21} tsʰ ŋ̍^{21} no^{33} gu^{33} tʰu^{33} da^{33}

马 骑 夜 所 梦 　 此 马 骑 不 是 　 此 　 是 棺 白 上

夜梦骑肥马，可不是骑肥马，而是进棺木。（解冤经·梦祸与梦灾收解远避它，360）

《丛刻》中，gu^{33} 有种植义：

(40) [彝文] [彝文] [彝文] [彝文] [彝文]
pʰu^{55} ɣɤ^{33} ma^{21} gu^{33} ʔhu^{21}

祖 之 不 种 山

祖不种之山。（解冤经·再是清水要涮啊，405）

《丛刻》中 ŋgu^{33} 为祭祀用的树枝——神枝。就《丛刻》中的表现看，彝语中 ŋ-前缀有尊称的作用。gu^{33} 为"树枝，树木"，ŋgu^{33} 为神枝：

(41) [彝文] [彝文] [彝文] [彝文] [彝文] [彝文] [彝文] [彝文]
li^{33} m̩^{33} si^{33} di^{21} dzv^{33} sŋ̍^{33} khi^{33} ŋgu^{33} m̩^{33} tsʰu^{33}

黎木 树 就 　 长 树 　 砍 神枝 　 作 插

黎木长成大树，砍下树枝作神枝。（呗耄献祖经，1998）

三、n̪i^{21}、ɬie^{55}

《丛刻》中，n̪i^{21} 由"绿色"转指"青草"：

(42) [彝文] [彝文] [彝文] [彝文] [彝文] [彝文] [彝文] [彝文] [彝文]
n̪i^{21} ve^{13} n̪i^{21} gu^{55} kho^{13} ŋɤ^{21} n̪i^{21} tɕi^{33} bdo^{21} mə^{33}

青 穿 青 披 年 是 草 药 饮 吉

是穿青衣之年，敷青药吉。（玄通大书·男女八卦冲位于此占，835）

《丛刻》中 ɬie^{55} 表示"树林"或为汉语"林"借词。如：

(43) [彝文] [彝文] [彝文] [彝文] [彝文] [彝文] [彝文] [彝文] [彝文]
tʰi^{21} ɣa^{33} ɬie^{55} ɣu^{21} se^{33} khue^{33} mə^{33} bu^{21} pʰu^{55}

其 为 林 入 木 伐 吉 庆 遇

用之入林伐木，遇吉庆。（玄通大书·占一年十二月动土日，1585）

结 语

"木"是彝语中重要的植物类基本词,由其派生出"树干""树枝""植被"等名词,同时也派生出"种植""砍伐""培植""扶植""覆盖"等意义的动词。首先,《丛刻》中"树木"语义场的词有 4 类 26 个,其中擦音系列是彝语中泛指树木的词,在《丛刻》中有 se^{33}、$s\gamma^{33}$、$s\gamma^{21}$、dze^{21}、$ʂ^{33}$、tse^{11}、$tɕ^hi^{33}$、$z\gamma^{33}$ 8 个。从彝语支语言的比较结果看,这 8 个词应为同源词。通过对《丛刻》中这 8 个词的语义描写发现,彝语中"树木"和"草"、"秧苗"、"树枝"可以同形。或许是由于翻译的影响,或者彝语早期确实存在以单音词为主的形式,由"树"派生的"树枝""树干"等词在《丛刻》中皆表现为单音节形式,且与"树"同形或元音发生变化,这与彝语方言中"树枝""树干"等词为双音节和多因为复合词的形式不尽相同。

其次,《丛刻》中塞音系列的 p^hu^{21}、$p^h\gamma^{55}$、$p\gamma^{33}$、$t\gamma^{33}$、t^hu^{33}、t^ho^{21}、du^{33}、di^{21}、$khur^{33}$、khi^{33}、$g\gamma^{33}$、gu^{33}、$ŋgu^{33}$ 等 13 个词也跟"树"有关。舌尖前塞音系列的 3 个词基本意义为名词"草木;秧苗"也可引申出动词"插秧,种植"义;舌尖中塞音系列的 5 个词有清浊对立,多为动词,砍伐义,其中清塞音系列为使动词,浊塞音系列的为自动词;舌根塞音系列的 5 个词有名词"树木;树林"义,也有动词"培植,培育;覆盖"义。

最后,《丛刻》中还有来自"绿色"意义引申的 $ȵi^{21}$ 也有青草义。边擦音的 $ɬie^{55}$ 意为树林,或许是汉语"林"的借词,应进一步论证。

参考文献

[1] D. 布莱德雷, 1992. 彝语支源流 [M]. 乐赛月, 陈康, 鲁丁, 译. 成都:四川民族出版社.

[2] 《藏缅语语音和词汇》编写组, 1991. 藏缅语语音和词汇 [M]. 北京:中国社会科学出版社.

[3] 白保罗, 1984. 汉藏语言概论 [M]. 乐赛月, 罗美珍, 译. 中国社会科学院民族研究所语言室(内部发行).

[4] 包拟古, 1995. 原始汉语和汉藏语 [M]. 潘悟云, 冯蒸, 译. 北京:中华书局.

[5] 陈士林，1986. 彝语简志［M］. 北京：民族出版社.

[6] 丁邦新，2001，孙宏开. 汉藏语同源词研究［M］. 南宁：广西民族出版社.

[7] 龚煌城，2004. 汉藏语研究论文集［M］. 北京：北京大学出版社.

[8] 黄建明，2003. 彝文文字学［M］. 北京：民族出版社.

[9] 黄树先，1994. 古代汉语文献中的藏缅语词拾零［J］. 民族语文（05）.

[10] 黄树先，1997. 古文献中的汉藏语前缀*a-［J］. 民族语文（06）.

[11] 黄树先，2003. 汉缅语比较研究［M］. 武汉：华中科技大学出版社.

[12] 黄树先，2010. 汉语核心词探索［M］. 武汉：华中师范大学出版社.

[13] 黄树先，2011. 比较词义探索十例［J］. 语言研究（02）.

[14] 黄树先，2012. 比较词义探索［M］. 成都：巴蜀书社.

[15] 黄树先，2015. "杀"音义研究［M］//华中国学：第三卷. 武汉：华中科技大学出版社.

[16] 李永燧，1988. 藏缅语名词的数量形式［J］. 民族语文（05）.

[17] 马学良，1991. 汉藏语概论［M］. 北京：北京大学出版社.

[18] 潘悟云，2000. 汉语历史音韵学［M］. 上海：上海教育出版社.

[19] 裘锡圭，1990. 文字学概要［M］. 北京：商务印书馆.

[20] 沙加尔，1995. 论汉语、南岛语的音属关系［C］//石峰. 汉语研究在海外. 北京：北京语言学院出版社.

[21] 施向东，2000. 汉语和藏语同源体系的比较研究［M］. 北京：华语教学出版社.

[22] 西田龍雄，1980. 倮儸譯語の研究：口口語の構造と系統［M］//華夷譯語研究叢書：4. 京都：松香堂.

[23] 郑张尚芳，2003. 上古音系［M］. 上海：上海教育出版社.

吴娟　青岛大学国际教育学院

卢舍依语代词研究

邹学娥

摘　要：卢舍依语，是印度米佐拉姆邦山区的一种土著语言，属于汉藏语系的库基-钦语支，其名称在语言历史上存续了一个世纪左右，随着1987年米佐拉姆邦的成立，卢舍依语的称谓也退出了历史舞台，该语言现在被称为米佐语。卢舍依语词类丰富，其中代词尤为复杂，主要有人称代词、反身代词、关系代词、疑问代词、物主代词、指示代词、不定代词7类。本文以1898年出版的《卢舍依语语法词典》为语料来源，对卢舍依语的代词进行描述和分析。

关键词：卢舍依语；汉藏语系；代词研究

米佐人有文字记载的历史始于英国殖民统治时期，关于这一民族更为久远的情况只能靠部落中世代口授的传说维系。在米佐人的古老传说中，他们的先祖最早居住在中国境内，后来在不同的历史时期逐渐经缅甸迁徙到印度。米佐人经中国西藏、缅甸进行了长期的跋涉，大约在18世纪，米佐人的主要分支卢舍依人（Lusei）和哈马人（Hmar）占领了今日的米佐山脉并建立了卢舍依政权，在此定居下来，这些山脉也因此被称为卢舍依山区（Lusei/Lushai Hills）。19世纪90年代，卢舍依山区并入了英印殖民体系[2]。此后这一地区的名称发生了多次变更，直至1987年米佐拉姆（Mizoram，意为"米佐人的土地"）邦成立。

卢舍依（Lushai/Lushei/Lusei），实际上是一个殖民术语，卢舍依人是英国人在其殖民扩张过程中首先遇到的米佐人。米佐人是印度东北部、缅甸西部和孟加拉国东部的土著民族；米佐这个词涵盖了几个说不同语言的少数民族。米佐的众多宗族都有各自的方言,其中以卢舍依方言最为常见,后来由于基督教传教士广泛而独特的使用,使其成为库基民族的通用语,由此而产生了卢舍依语,它属于汉藏语系的库基-钦语支,其名称在语言历史上存续了一个世纪左右,随着米佐拉姆邦的成立,它也被米佐语代替。

《卢舍依语语法词典》是传教士洛林(Lorrain)和萨维奇(Savidge)1898年的著作,该书最早对卢舍依语语法进行了全面而准确的描述。后来所有其他对卢舍依语的研究都大量借鉴了洛林和萨维奇的研究内容和方法[5]。中国境内,对卢舍依语的介绍与研究了解非常少,卢舍依仅作为一个低频词偶尔出现在专业著作中。本文以《卢舍依语语法词典》为语料,对卢舍依语的代词进行详细的描述和分析,以期能够为语言学研究者及相关人员提供参考作用。

一、卢舍依语中的代词

卢舍依语代词主要有人称代词、反身代词、关系代词、疑问代词、物主代词、指示代词、不定代词7类。

(一)人称代词

卢舍依语人称代词分第一(kei)、第二(nang)、第三(a)3个人称。人称代词有"数"和"格"的语法范畴,"数"有单复数之别;"格"有主格、宾格和所有格之分,并且所有格还有两种形式,一种是形容词性所有格,一种是名词性所有格。举例如表1—表3所示。

表1 第一人称代词

	单数(我)	复数(我们)
主格	keima, kei(ka)	keimani, keini(kan)
所有格	keima, kei-a, ka(形) keimata, keima-a-ta, kei-a-ta, kata(名)	keimani, keini, kan(形) keimani-ta, keini-ta, kanta(名)
宾格	keima min, kei min, min	keimani min, keini min, min

表2 第二人称代词

	单数(你)	复数(你们)
主格	nangma, nang(i)	nangmani, nangni(in)
所有格	nangma, nang-a, i(形) nangma-ta, nangma-a-ta, ita(名)	nangmani, nangni, in(形) nangmani-ta, nangni-ta, in-ta(名)
宾格	nangma, nang	nangmani, nangni

表3 第三人称代词

	单数(他/她/它)	复数(他/她/它们)
主格	ama, ani(a)	anmani. anni(an)
所有格	ama, ani, a(形) ama-ta, ani-ta, a-ta(名)	anmani, anni, an(形) anmani-ta, anni-ta, an-ta(名)
宾格	ama, ani	anmani, anni

从以上三个表格中可以看出，人称代词核心词比较简单（kei/nang/a），上述表格内容看似复杂，实则穷尽了人称代词在句法结构中的所有变形形式。从表格中能够看出基本变形规律。

1. 复数是在单数的基础上添加复数后缀 ni。
2. 人称代词后的 ma 和大多数藏缅语的特征一致，是名词标记。
3. 格的变化主要是通过添加词缀来实现，主格、宾格、形容词性的所有格形式基本一致（第一、二人称单数形容词性所有格在语境中稍有差别），名词性的所有格形式添加后缀 ta。
4. 第一人称宾格稍显特殊，需加后缀 min，经常缩写成 mi。
5. 表中括号内的代词（ka）、（kan）、（i）、（in）、（a）、（an）与动词连用时，其功能是代词性小品词。

人称代词作宾格时，通常省略或保留代词，并将 che、a-che 或 chi-a 附加到单数形式上，而把 che-u 或 a-che-u 附加到复数形式上。这里的 che、a-che/chi-a、che-u/a-che-u，相当于介词（to/for/from）+ 代词，用来指示该动词的及物性。例如：

ka vêl ang   che.
我 打 [将来时态]   [to you]
译文：我要打你。

Nangni ka hmu a-che-u.
你们 我 看见 ［to you］
译文：我看见你们了。

另外，当人称代词是主动语态及物动词的主语时，它通常以 in 或它的缩写形式'n 结尾，以区别于宾语，该规则见下文例句。

（二）反身代词

卢舍依语与大部分语言一样，第一、第二、第三人称都有反身代词，且与相对应的人称代词同形，即 keima（我自己）、nangma（你自己）、ama（他自己）。但在使用反身代词时，必须在动词前面加小品词 in，例如：

Keima ka in-vêl[①]
自己 我 打
译文：我打了我自己。

有时候，反身代词可以省略，如：

ka in-vêl
我 打
译文：我打了我自己。

在复数形式中，theoh"每个"或 ve ve"每两个"，被插入人称代词和它的主格结尾之间，或者放在动词后面，以避免与相互关系前缀 in 混淆。如：

keimani theoh-in kan in shât.
我们 每个 ［格尾］ ［关系前缀］ 切
译文：我们切了我们自己。

Nangmani-in in in-kâp hlum ve ve ang.
你们自己 ［区分主宾］ 射击 ［词缀］ ［将来时态］
译文：你们将各自开枪自尽。

（三）关系代词

卢舍依语的关系代词可以分为指人关系代词和指物关系代词，而且还有定指和不定指之分。

---

① ê 此字母表示元音 e 的长元音形式。其他元音形式一样。

表4 关系代词

kha, chu	who, which, that（指人/物）
apiang, apiang kha, apiang chu	whoever, whatever, whichever（指人/物）

卢舍依语的关系代词具体使用规则如下：

1. kha 一般用于先行词为说话人所知或已见，不管听话人是否知道或看到。

2. 当先行词只被说话人听说过，但被听话人知道或看到时，一般用 chu。

3. 关系代词跟在关系句的动词后面。

4. 当关系代词用于主格时，关系句中的动词省略了代词性小品词。例如：

nimina mi lo-kal kha khoiange om?
昨天 人 来 ［关系代词］ 哪里 在

译文：昨天来的人在哪里？

Puan naktûka ka lei tûr chu ka pe ang che.
布 明天 我 买［后缀］［关系代词］ 我 给［将来时态］

译文：我明天买的布给你。

5. 当先行词是复数时，使用词缀 te 或 ho-te 时，直接放在关系代词 kha 和 chu 之前，而不是放在名词后面。其他复数词缀以常规方式跟在名词后面。例如：

shial ka hmu te kha tutange?
印度牛 我 看见 ［关系代词］ 谁的

译文：我看到的印度牛是谁的？

Âr zong zong i lei apiang a ṭha lo.
家禽 ［复数标记］ 你 买 任何 好 ［否定］

译文：你买的任何家禽都是不好的。

6. 关系代词经常被省略，然后动词变成分词或形容词来修饰名词，例如：

ka lekha ziak a ṭha e.
我 信 写 好 ［句子标记］

译文：我写的信很好。

7. 所有格"谁的（whose），哪个（of which），无论谁（who ever）"是通

过使用上述的主格和代词性小品词加前缀来表示的，其中代词性小品词是指事物的先行词，如：

Nimina, naopanga puna ka lâk kha, a lo-kal ang.
昨天　　　男孩　衣服［小品词］拿［关系代词］来　　［将来时态］
译文：我昨天拿走他衣服的那个男孩会来。

8. 有时 a 放在动词和关系代词之间，当先行词是阴性时，用 i 代替，如：

Hmeichhia, a chi ka ruk i kha a tap.
女人　　　　　盐　我　偷　［关系代词］　　哭
译文：被我偷了盐的那个女人在哭。

（四）疑问代词

疑问代词也是代词中的重要小类，是在特指疑问句中代替疑问对象的词语。卢舍依语疑问代词有指人的疑问代词：Tu-nge, tu /tu-maw "谁"; Tu-ta-nge, tu-ta/tu-ta-maw "谁的"; 指物的疑问代词：Eng-nge, Zeng-neg, eng/eng-maw "什么"; 其他疑问代词：Khoi-i-nge "哪个"; 等等。

1. 指人疑问代词：Tu-nge、tu/tu-maw "谁"

（1）当 tunge 是动词的主语时，这个动词不带常见的代词小品词，例如：

Tunge lo-kal
谁　　　来？
译文：谁来了？

（2）当 tunge 是主动语态及物动词的主语时，它变成 tu-in-nge，如：

Tu-in-nge vêl che?
谁　　　打　［to you］
译文：谁打你？

（3）Tunge 可以用动词来拆分，如：

Tu vêl che nge ni?
谁　打　［to you］　　　［不定式标记］
译文：谁打你？

（4）Tu 和 tumaw 仅在回应话轮中使用：

A lo-kal lo. Tumaw?

他 来　　　[否定词]　　谁

译文：他没来。谁？

由以上例句可以得出结论，卢舍依语的疑问代词在句法结构中标记明显，当有疑而问并且不确指的时候用 Tu-nge；而 tu 和 tumaw 是回应话轮中的确指疑问代词，其中的 maw 是疑问小品词。

2. Tu-ta-nge、tu-ta/tu-ta-maw　"谁的"（当体词用）

体词是指名词类的词，也指功能类似于名词的语项。代名词通常也归入体词类。卢舍依语疑问代词在做体词时带有明显的词形变化，即在普通疑问代词中间插入 ta 标记。例如：

Hei hi tu-ta-nge?

这个　谁的

译文：这个是谁的？

Tu-ta 和 tu-ta-maw 仅在回应话轮中使用，且这个疑问代词确指，例如：

A　　　lekha-bu i　　hmu　　em?　　　　　Tu-ta/ Tu-ta-maw?

他的　书　　　你　看见 [疑问标记]？　　　　谁的？

译文：你看过他的书吗？谁的？

3. Tu...nge、tu/ tu...maw "谁的"（当形容词使用）

（1）疑问代词 tu...nge 当形容词使用时，它所限定的名词位于构成疑问代词的两个音节之间，例如：

Tu　　ár　nge　i　lei?

谁的　鸡　　你 买

译文：你买的是谁的鸡？

Tu　　in　a　　nge　i　om?

谁的　房子 [标记词]　　你 停 留

译文：你住在谁的房子里？

（2）疑问代词 tu...nge 修饰主动语态及物动词主语时，该动词不带常见的代词前缀，例如：

Tu　　ui-in nge　　sheh　che?

谁的　狗　　　　咬　[to you]

译文：谁的狗咬了你？

（3）Tu 和 tu...maw 仅以下列方式使用：

Apuan a bo ta. Tu puan/Tu-puan-maw?
他的 衣服[标记词] 丢。 谁的 衣服？

译文：他的衣服丢了。谁的衣服？

4. Tu-neg、tu/ tu-maw "谁"（做宾语）

疑问代词做宾语的时候，使用如下：

（1）Tunge i hmu?
　　　谁　你　看见

译文：你看见谁了？

（2）Tu-nge 可以被一个后置词分开，例如：

Tu tân nge i shiam?
谁[后置词 for] 你 做

译文：你是为谁做的？

（3）当 a 加在任何疑问代词的前面时，它具有冠词的作用，例如：

Atu-nge i ko?
谁　你　叫？

译文：你叫谁？

（4）当指示形容词和疑问代词一起使用时，它们的位置如下：

Atu khi nge i tîr?
谁　上面　你　派

译文：你派谁上去的？

（5）Tih 可以和疑问代词连用，使其具有关系代词的作用，例如：

Tu-nge-ni tih i hria em?
谁 [宾格标记]　你 知道 吗？

译文：你知道他是谁吗？

（6）Tu 和 tu...maw 仅在回应话轮中使用，且这个疑问代词确指，例如：

Suaka'n mi a tîr. Tu/Tumaw?
　[主语标记]　人 派。 谁？

译文：Suaka 派人去了。谁？

5. 指物疑问代词：Eng-nge、Zeng-neg、eng、eng-maw "什么"

指物的疑问代词使用情况比较简单，但也有泛指和确指之分，例如：

(1) Eng-nge i duh?

　　Zeng-nge i duh?

　　什么　　你　要

　　你要什么？

(2) 当 eng -nge 或 zegn -nge 用作形容词时，它被它所修饰的名词分开，如：

Eng　　tui nge　ka choi　　ang?

什么　　水　　我 打　　[将来时态]

译文：我要打什么水呢？

(3) Eng 和 engmaw 仅以下列方式使用：

Ihum　　em?　　Eng/Eng-maw?

你看见　吗？　　什么？

译文：你看见了吗？　什么？

(4) Eng-a 只在应答或者当使用它的人不明白对方在说什么时使用。

(5) 当指示形容词和疑问代词一起使用时，它们的位置如下：

In　zeng khu nge　　i　sha?

房子　　下面　　　你　建好

译文：你在下面建好了什么房子？

Khûng in　　khu a　zengnge　i　　sha?

那里　房子　下面　　　哪些　你　建好

译文：你在下面那里建好了哪些房子？

(6) Tih 可以和疑问代词连用，使其具有关系代词的作用，如：

Eng-nge- ni　　　　　tih　ka　hre　　lo?

什么　　[宾格标记]　　　　我　知道　　[否定]

译文：我不知道是什么？

6. 其他疑问代词：Khoi-i-nge? "哪个"

其他疑问代词用法比较简单，所指代的事物在句中的位置可以放在句子开头，也可以放在疑问代词之间，例如：

Khoi-i lekha -bu nge i duh?

Lekha-bu khoi-i-nge id duh?

书　　　哪一本　你　要

译文：你想要哪本书？

（五）物主代词

物主代词包括形容词性的物主代词和名词性的物主代词，在下文括号中简写为（形）和（名）。由于这些词在前面例句中呈现过，所以不再另举例。单数物主代词如表 5 所示。

表 5　单数物主代词

物主代词	词义
Keima, keia, ka	我的 my（形）
Keima-ta , keima-ata, kei-ata, ka-ta	我的 mine（名）
Nang, nangma-a, nang-a, i	你的 your（形）
Nangma-ta, nangma-ata, nang-ata, i-ta	你的 your（名）
Ama, ani, a	他的、她的、它的 his, her, its（形）
Ama-ta, ama-ata, ani-ta, a-ta	他的、她的、它的 his, hers, its（名）

复数物主代词如表 6 所示。

表 6　复数物主代词

物主代词	词义
Keimani, keini, kan	我们的 our（形）
Keimani-ta, keini-ta, kanta	我们的 ours（名）
Nangmani, nangni, in	你们的 your（形）
Nangmani-ta, nangni-ta, in-ta	你们的 your（名）
Anmani, anni, an	他们的 their　（形）
Anmani-ta, anni-ta, an-ta	他们的 theirs（名）

（六）指示代词

卢舍依语指示代词有单复数之分，复数形式是把单数形式的第一个音节的元音延长并加上鼻音形式；指示代词还可按照所指事物方位的不同和距离的远近分类，如表 7 所示。

表7 指示代词

单数		复数	
hei hi	这个	hêng hi	这些
chu chu	那个	chûng chu	那些
sawsaw	那个(远指)	sawng saw	那些(远指)
kha kha	那个(近指)	khâng kha	那些(近指)
khu khu	下面那个	khûng khu	下面那些
khi khi	上面那个	khîng khi	上面那些

例如：

Chu　　ri　　　chu　　i　　　hria　em?
那个　声音　　　　　你　　听　　吗？

译文：你听到那声音了吗？

Hêng　in hi　a　　　　　　tê　　êm.
这些 房子　［标记词］　　　　小　非常。

译文：这些房子很小。

（七）不定代词

卢舍依语的不定代词由两个或两个以上的语素组成，但它与汉语不定代词明显不同，汉语不定代词其中一个表达不定，一个表达"人""物""时间"等本体名词，如"有人""某人""某些"等，而卢舍依语的不定代词是基于疑问代词（eng/tu）构成的，有时候还与否定词 lo 连用，如表8所示。

表8 不定代词

不定代词	汉语意义	
Engma	没有什么	指物
Engma...lo		
Engpawh/ Eng-pôh	任何事情,任何,任何人	
Eng-kim	一切,所有的事情	
Eng-lo	一些事情,任何事情	
Eng-emaw	一些事情,某些事情	

续表

不定代词	汉语意义	
Tu-ma/ Tu-ma...lo	没有人	指人
Tu-pawh/ Tu-pôh	任何人	
Tu-emaw	有些人,某些人	
A-ṭhen...a ṭhen	一些,其他的	
A-dang	另一个,其他的	
An-zain	所有人	
A-zain	所有事情	

由以上表格,可以看出卢舍依语的不定代词在指人和指物方面区分明显,而且所指有任指和虚指之别。特殊用法举例如下:

1. Engma 和 tuma 只用于回答问题,然后句子的其余部分就可以理解了,如。

Engnge I ti? Engma.
什么 你 看见? 什么也没有
译文:你看见了什么?什么也没有。

Tunge om? Tuma.
谁 在? 没有人
译文:谁在?没有人。

2. 在其他情况下,它后面总是跟着 lo,表示否定。当使用 tuma...lo 时,动词的代词前缀总是复数形式。如:

Engma ka hmu thei lo.
没有什么 我 看见 能 [否定]
译文:我什么也看不见。

In a tuma an* om lo.
家 没有人 在 [否定]
译文:家里没有人。

二、结论与分析

以上是在《卢舍依语语法词典》的语料基础上,对卢舍依语的代词进行了简单的分类,并做了详细的举例说明。卢舍依语代词主要有人称代词、反身代词、关系代词、疑问代词、物主代词、指示代词、不定代词 7 类。

人称代词、疑问代词、指示代词是我们所熟知的,和汉语的相应代词很相似,但卢舍依语的指示代词还可以当指示形容词使用,相当于英语定冠词"the"。物主代词也颇具特色,分为形容词性的物主代词和名词性的物主两大类,形容词性的物主代词起修饰限定作用,名词性的物主代词可做主语、宾语等成分;不定代词是基于疑问代词构成的,与汉语、英语不同。

卢舍依语词的句法结构是通过词形变化来完成的,主要通过添加词缀来完成,词类具有明显标记,其语法比较复杂。卢舍依语作为库基-钦语支的重要语言,值得我们进行更深入的研究。

参考文献

[1] Chandra Bhushan, *Terrorism and Separation in North -East India* Delhi:Kalpaz Publications, 2004.

[2] T. Raatan, *History, Religion and Culture of North East India*. Delhi:Lsha books, 2006.

[3] Herbert Lorrainand Fred. W. Savidge. A Grammar and Dictionary of the Lushai Language (Dulien Dialect) [M]. Assam:The assam secretariat printing office, 1898.

[4] Lorrain, J. H.. *Dictionary of the Lushai Language* [M]. Royal Asiatic Society of Bengal, 1940.

[5] Buring, Robbins. Lushai Phonemics [M]. Indian Linguistics. G. S. Press, Madras, 1957.

[6] Evgenie J. A. Hendebson. Notes on the Syllable Structure of Lushai [EB/OL]. https://www.cambridge.org/core.

[7] Thangi Chhangte. Complementation in Mizo (Lushai) [C]. Linguistics of the Tibeto-Burman Area. Volume 12:1-Spring, 1989.

[8] Graham Thurgood, and Randy J. Lapolla. The *Sino-Tibetan Languages* [M]. Routledge 11 New Fetter Lance, London EC4P 4EE, 2003.

[9] 马得汶、李金轲,2011. 试析印度的米佐人问题 [J]. 世界民族(05).

［10］曹凤霞，2004. 建国后国内汉语方言代词研究综述［J］. 吉林师范大学学报（人文社会科学版）（02）.

［11］靳焱，倪兰，2003. 疑问代词研究综述［J］. 中南民族大学学报（人文社会科学版）（A2）.

邹学娥　温州大学国际教育学院

老挝语核心词 "胸（乳）" 研究

付 妮

摘 要：文章采用历史比较和比较词义法对老挝语核心词 "胸（乳）" 的来源与词义发展演变进行了梳理，并考察了其所蕴含的文化内涵。

关键词：老挝语；核心词；"胸（乳）"

语言中的核心词，是打开词汇系统奥秘的钥匙。掌握核心词的 "来龙去脉"，对了解语言中词汇的基本面貌、厘清词义引申发展规律有着重要意义。我们将历史比较法和比较词义法相结合，对老挝语中的核心词 "胸（乳）" 的来源与词义发展进行梳理。

语言中胸部与乳房语义联系很密切，斯瓦迪士 "百词表" 中，第 51 位是 breasts，这一词既可以指胸部，又可以指乳房，因此我们同时讨论 "胸" 与 "乳"。老挝语中与这一概念相关的词语主要有 $ʔok^7$、$ʔaːŋ^{1'}$、nom^2、$dɔːk^9 duːa^4$、$tuː^4$、tau^4。

一、来源

（1） $ʔok^7$

表 1 老挝语 $ʔok^7$

老挝文	老挝文转写	老挝语	汉义
ອກ	ʔokD1S	$ʔok^7$	胸,胸脯

老挝语 $ʔok^7$（表 1）在侗台语内部的同源词有："胸" 泰语 ok^7、西双版纳

傣语 ʔok⁷、德宏傣语 ok⁹、壮语 ak⁷、布依语 ɐk⁷、临高语 ɔk⁷。侗水语支中"胸"侗语 tak⁷、水语 te³tak⁷、毛南语 na³tak⁷、锦语 na³tak⁷、莫语 na³tak⁷ 跟台语中的形式有差别，梁敏、张均如（1996：180、585）将这些形式看成有同一来源的，构拟原始侗台语"胸脯"为 *ʔək，但认为侗台语各语言中语音变化较大。

老挝语 ʔok⁷ 在汉语、藏缅语、南岛语中都可以找到对应。

邢公畹（1999：125）用汉语"臆"*ʔjək⁷ 对应与老挝语 ʔok⁷ 同源的"胸脯"傣雅语 ʔək⁷、西双版纳傣语 ʔək⁷、德宏傣语 ʔok⁷、泰语 ʔok⁷。《说文·肉部》："肊，胸骨也。从肉乙声。肊或从意。"《汉书·叙传上》："黄道神邈而靡质兮，仪遗谶以臆对。"《注》引应劭曰："臆，胸臆也。"郑张尚芳（2014）也用汉语"臆"对应泰文 ok"胸、胸部"，壮语 ak⁷，傣语 ək⁷"胸脯"。

潘悟云（1995）则将汉语"臆"与侗台语、南岛语中的"胸"对应：南岛语中的"胸脯"，Tausug 语为 duruq。Subanon（Siocon）语、Tagbanwa（Aborlan）语则为 duduq，Kallahan（Keleyqiq）语为 huhuq。这个词在原始南岛语中可能为 *quluq 之类的音。壮侗语中的许多同源词都带喉塞音声母：武鸣壮语、布依语 ʔak⁷，龙州壮语 ʔək⁷，临高语 ʔɔk⁷，西双版纳傣语 ʔɣk⁷，德宏傣语 ʔok⁹。喉塞音声母 ʔ-很可能来自 *q-。这个词的侗语、水语、毛南语都作 tak，其中的 t-显然来自流音的塞化，最可能的情况是 *k·l-或 *q·l->t-。汉语的同源词为"臆" *qlɯkʔ-。

黄树先（2012：250）提到藏语 khog-ma"体腔，腹腔，内部，里面；心，心意"。khog 可以跟"臆"对应。"胸"与"心"发生语义变转很常见。老挝语ອກ[ʔok⁷] 既指"胸"也指"内心、心田；心肠"。（黄冰，2000：1412）。汉语"胸"也可以指"心胸"。

（2）ʔaːŋ¹'

表 2　老挝语 ʔaːŋ¹'

老挝文	老挝文转写	老挝语	汉义
ອາງ	ʔaːŋA1	ʔaːŋ¹'	胸,胸脯

老挝语 ʔaːŋ¹'（表2）主要在口语中使用，指"胸，胸脯"。这一词与西

双版纳傣语 ʔuŋ³ "胸脯"、德宏傣语 oŋ⁴ "胸"、壮语 ɣuŋ³ "胸前"是同源的。老挝语 ʔaːŋ¹' 可以用汉语"匈（胸）" *qhoŋ 来比较。"匈"同"胸"，《管子·任法》："是以官无私论，士无私议，民无私说，皆虚其匈以听其上。"后世通行字写作"胸"，出现在中古文献里（黄树先，2012：250）。

(3) nom²

表3 老挝语 nom²

老挝文	老挝文转写	老挝语	汉义
ນົມ	nomA2	nom²	乳房

老挝语 nom²（表3）在侗台语内部的同源词主要分布在台语支："乳房"泰语 nom²、西双版纳傣语 num²、龙州壮语 num²、邕宁壮语 nəm²。梁敏、张均如（1996：322、681）将这一词的原始形式构拟为 *nom，并注明邕宁壮语"乳房"叫 an¹' neːu¹，"无花果"叫 nəm²tsi²（乳房+黄牛），后者可能是早期的说法。侗台语中还有另一个形式的"乳"：柳江壮语 ne⁵、布依语 nɛ³/me⁶、侗语南部方言 mi³、侗语北部方言 me¹、仫佬语 nɛ⁶。梁敏、张均如（1996：288、595）将这一形式构拟为 *mlɛ。

老挝语 nom² 可以在汉语、藏缅语、南岛语中找到对应。请看潘悟云（2003）关于"乳房"这一基本词的比较：

南岛语：印尼语 *nunu，GawaArifama 语 nunu，赛德语 nunuh < nunuq，邹语 nunəʔu < nunəqu，Oyan 语 nun < *nunu。原始南岛语为 *nunuq 之类的音，印尼等语韵尾 -q 失落。

侗台语：武鸣壮语 nau⁵ < nu，横县壮语 neːu¹ < nuː，邕北壮语 ne¹u⁵ < nuː，德保壮语 nou⁴ < nuʔ，广南侬语 ʔu³ < ʔnuʔ，临高语 noʔ⁷，武鸣壮语等的韵尾失落。如果认为侗台语的韵尾 -ʔ 来自 -q，那么其原始形式就为 nuq 之类的音。

藏缅语：藏文 numa，墨脱门巴语 nu，嘉戎语 tənu，尔龚语 nunu，扎巴语 nu⁵³，载瓦语 nau⁵⁵ < nu，浪速语 nuk⁵⁵。从浪速语的形式看，这个词在原始藏缅语中可能是有韵尾的。

汉语：乳 *njoq > njoʔ > 中古汉语 ȵiu。

与潘先生文中侗台语"乳"的语音形式相比，老挝语 nom² 等带有 m-尾。

这与藏文 numa，印尼语 nunu 等形式相近，可能是原始多音节形式丢失了最后一个元音和韵尾而形成的。

郑张尚芳（2014）也用汉语"乳"njo'对应与老挝语 nom² 同源的泰文 nom"乳水、乳房"，石家语 nɔm"乳汁"、傣语-num⁴。并将缅文 nou'"乳、奶，乳房"、藏文 nu-ma"乳房、奶头"、nu-ba"哂奶"也纳入比较。

越南语 num⁴⁵"乳头，纽状物（器物供提起或拿住的部分）"① 和老挝语 nom² 等也可以对应。

布依语、侗语等语言中的"乳"可能跟"母亲"有联系。根据梁敏、张均如（1996）的记录，

表4 "乳房"与"母亲"语音形式的联系

	柳江壮语	布依语	侗语南部方言	侗语北部方言	仫佬语	拟音
乳房	nε⁵	nε³/mε³	mi³	me¹	nε⁶	*mlε
母亲	me⁶	me⁶	nəi⁴/mai⁴	mi⁶/wəi⁴	ni⁴/mai⁴	*mlε

"乳房"与"母亲"语音形式的联系非常明显，从语音上面来看，只有声母存在略微差异（见表4）。母亲的乳房是人类生命最初唯一的食物来源，"母亲"与"乳房"产生词义上的联系很容易理解。汉语方言中就有这一现象。洛阳方言中"妈妈儿"指"乳房"，武汉方言"妈（妈）头"指"乳头"（李荣，2002：5028）。黄树先（2012：256）就怀疑汉语表示女孩、母亲的"娘孃"可能来自表示乳房的"乳"。吴安其（2014）也用"乳房"侗台语*m-le?对应藏缅语*s-me"妇女"，汉语*mə?"母"。

金理新（2012：192）在讨论侗台语核心词"乳"时谈到壮语龙州型的 num²"乳房"出现在壮语南部方言里面，跟泰语、傣语同（按：与老挝语也相同）。壮语北部方言和南部方言"乳房"一词的最大差别是南部方言带鼻音韵尾-m。语词"乳房"跟"母亲"有着密切的联系。母亲，壮语多为 me⁶，如大新 me⁶（龙州对应语词的意义为"妻子"）。乳房，壮语龙胜方言为 me:m⁵；母亲，龙胜为 me⁶。如此看来，龙州的 num²"乳房"是由一个双音节语词蜕变而来的，它原来是*nu-me。南部壮语跟北部壮语"乳房"一词有共

---

① 参见：武忠定. 越南语核心词研究［D］. 武汉：华中科技大学，2012：80.

同的来源，只是南部壮语带上一个意义为"母亲"的语素。这可以比较侗水语支语言的"乳房"，如侗南 mi^3、侗北 me^1。乳房，柳江小孩称 ne^5。

郑张尚芳（2003）还将华澳语系语言中的"乳房"与"小孩"联系起来，构成一组同族词的对应：汉语"乳"*njoq 为"乳房、生孩子"，"孺"为"乳婴、幼儿"——藏文 nu-ma "乳"，nu-bo "弟"、nu-mo "妹"；景颇语波拉族（缅语支）nau "乳"，na̠uŋ "弟妹"——泰文 nom "乳"，nɔːcx "弟妹"；武鸣壮语 nau^5 "乳"，$nuuŋ^4$ "弟妹"；靖西壮语 nou^4 "乳"，$nooŋ^4$ "弟妹"——原始南岛语 nunuh "乳"，印尼语 nung "昵称小孩"。

老挝语"乳房" nom^2、"弟妹" $nɔːŋ^4$ 也可以纳入这组同族词的比较。"乳房"与哺乳有关，与"小孩"产生词义联系很常见。如汉语中称还没断奶的小孩作"奶娃娃"。西安、西宁等方言中将父母最后生的儿女称为"奶干子"（李荣，2002：1131）。

（4）$dɔːk^9duːa^4$

表5 老挝语 $dɔːk^9duːa^4$

老挝文	老挝文转写	老挝语	汉义
ດອກດົວ	ʔdɔːkD1L dwːaC1	$dɔːk^9duːa^4$	乳房

老挝语 $dɔːk^9duːa^4$（表5）在侗台语内部只与泰语 $dɔːk^9ʔduːa^3$ 同源。老挝语、泰语中的 $dɔːk^9$ 都指"花"。老挝语 $duːa^4$ 指"美丽的，匀称的"，但是这个词在 William L. Patterson 编纂的《老挝语英语词典》（*Lao-English Dictionary*）（1994）中标注现在已经废弃了。老挝语和泰语中用"花朵"来指"乳房"可能是比喻的用法。

（5）$tuː^4/tau^4$

表6 老挝语 $tuː^4$ 与 tau^4

老挝文	老挝文转写	老挝语	汉义
ຕູ້	tuːC1	$tuː^4$	乳房、胸脯
ເຕົ້າ	tauC1	tau^4	乳房

老挝语 $tuː^4$ 与 tau^4（表6）应该是同一个词的语音变体，有 u > au 的音变。老挝语ພໍ່ຕູ້ [$phɔː^5tuː^4$] "外祖父"，ແມ່ຕູ້ [$mɛː^5tuː^4$] "外祖母"。老挝语 $phɔː^5$、

mɛː⁵ 分别指"父亲""母亲"。老挝语中定语位于中心词之后,我们推测 tuː⁴ 应该有"母亲"的意思。根据《老挝语汉语词典》(黄冰,2000:628)老挝语 tau⁴ 有"葫芦""乳房"等义,还有一个同音词指"子女,儿女"。"母亲""葫芦""乳房""子女"之间的这些联系,似乎可以从老挝的葫芦神话中看出一些端倪。在老挝广泛流传着葫芦造人的神话,在这些故事中,人类躲避洪水灾害、再生繁衍是通过葫芦来完成的,葫芦是生命的源头。"葫芦就象征母体,葫芦崇拜也就是母体崇拜"(刘尧汉,1980:219),葫芦圆滚的外形像乳房,也像怀孕的母腹,葫芦内空就像孕育生命的子宫。"母亲""葫芦""乳房""子女"等词在语义上的纠葛,反映了老挝先民朴素的母体崇拜与生殖崇拜,也是老挝先民对人类起源这一问题的探索与认知在语言中打下的烙印。

二、词义发展

上文对老挝语"胸(乳)"的来源进行了梳理,下面对其涉及的语义演变进行分析。通过跨语言的词义比较,为老挝语"胸(乳)"的语义演变提供类型学的论据支撑。

(1)胸与心

"胸"与"心"的语义联系在语言中很常见。前面提到汉语中"胸"也有"心胸"义。老挝语 ʔok⁷ 也可以引申指"心"。如ອົກຫັກ [ʔok⁷hak⁷](胸+断)"因失恋而心碎的"。其他语言也有相同的词义引申,如:西班牙语 pecho"胸腔;胸,胸部;乳房;肺腑,内心",俄语 грудь"胸,胸部;胸腔,胸膛;心头,心怀;(女人的)乳房",印度尼西亚语 dada"胸,胸脯,胸膛;胸怀,心胸,胸襟,气量"。

(2)乳房与乳汁、奶

老挝语 nom² 可以引申指"乳汁、奶"。如ເຊົາ ນົມ [sau²nom²](停止+乳房)"断奶"。ນົມ ສົດ [nom²sot1](乳房+新鲜的)"鲜奶"。可以比较:印尼语 susu"乳房,乳汁,奶水";法语 mammaire"乳房;乳腺,乳汁",缅语 နို့"乳房;乳,乳汁"。

（3）乳房与乳状物

根据外形特征，老挝语 nom^2、tau^4 都还能指"乳状物，半球形物"。老挝语中花或果实呈圆球形的植物在命名时就用ນົມ作为语素。如ນົມ ຄວາຍ [nom^2 khua:i2]（乳房+水牛）"小花紫玉盘"（花为紫红色，花蕊呈淡黄色眼睛状，成熟的果实像黑紫色的葡萄，可以食用）。ນົມຕັ່ງເລືຍ"寄生球兰"（一种观赏性植物，花朵像球形，由18—34个小花呈星形簇组成）。前文提到的邕宁壮语中"无花果"叫 $nəm^2tsi^2$（乳房+黄牛），也是有同样的词义引申。老挝语ເຕົ້າໄຂ່ [tau^4khai^5]（乳房+卵）"植物的子房"，这一说法应该也是基于外形上与"乳房"的相似性，将"子房"看作乳状物。

三、小结

老挝语表达"胸（乳）"这一概念的词有 $ʔok^7$、$ʔaɪŋ^{1'}$、nom^2、$dɔːk^9duːa^4$、$tuː^4$、tau^4。其中 $ʔok^7$、$ʔaɪŋ^{1'}$、nom^2 可以在亲属语言中找到对应，nom^2 和侗台语"母亲"应该有同一来源。$dɔːk^9duːa^4$ 本义指"花朵"，用来指"乳房"是比喻的说法，$tuː^4/tau^4$ 包含有"母亲""乳房""子女""葫芦"等多重意思，我们认为这是原始老挝先民朴素的母体崇拜与生殖崇拜的反映。老挝语核心词"胸"还可以引申指"心"，"乳"可以发展出"乳汁""乳状物"义，这与人类语言中词义引申发展规律是一致的。

参考文献

[1] William L. Patterson, 1994. *Lao – English Dictionary*. Dunwoody Press.

[2] 黄冰, 2000. 老挝语汉语词典 [M]. 昆明：国际关系学院昆明分部（内部发行）.

[3] 黄树先, 2012. 汉语身体词探索 [M]. 武汉：华中科技大学出版社.

[4] 金理新, 2012. 汉藏语系核心词 [M]. 北京：民族出版社.

[5] 梁敏, 张均如, 1996. 侗台语族概论 [M]. 北京：中国社会科学出版社.

[6] 刘尧汉, 1980. 彝族社会历史调查研究文集 [M]. 北京：民族出版社.

[7] 潘悟云, 1995. 汉藏语、南亚语和南岛语——一个更大的语言联盟 [J]. 云南民族语文（01）.

[8] 潘悟云, 2005. 汉台关系词中的同源层探讨 [C] // 丁邦新, 余霭芹. 汉语史研究：

纪念李方桂先生百年冥诞论文集. 台北:"中央研究院"语言学研究所.
[9] 武忠定,2012. 越南语核心词研究[D]. 武汉:华中科技大学.
[10] 邢公畹,1999. 汉台语比较手册[M]. 北京:商务印书馆.
[11] 郑张尚芳,2003. 汉语与亲属语言比较的方法问题[J]. 南开语言学刊(01).
[12] 郑张尚芳,2014. 汉泰身体词同源比较五十词例[J]. 民族语文(03).
[13] 李荣,2002. 现代汉语方言大词典[M]. 南京:江苏教育出版社.
[14] 吴安其,2014. 东亚的语言和印欧语[J]. 民族语文(03).

付妮　首都师范大学文学院